金蝶 ERP 实验课程指定教材

# 金蝶 K/3 ERP 财务管理系统实验教程

郑菁　傅仕伟　李湘琳　张文　著

清华大学出版社

北　京

## 内容简介

本书为金蝶ERP实验课程指定教材。以金蝶K/3 WISE V13.1版为蓝本，详细介绍了总账、应收应付、工资、固定资产、费用预算、费用管理、现金管理、报表、内控管理等系统功能。除此之外，本书在最后一章还提供了练习案例，使学生在学完整个财务管理实验课程后，能按照案例数据自行练习，学会财务管理系统的功能操作和业务流程处理，并加深对企业财务管理的理解。

本书结合了作者所在企业的多年信息化实践经验，非常适合高等院校的财务会计、企业管理、软件技术、物流管理等相关专业作为教学用书，对于学生了解企业的管理与实际业务，以及如何与信息系统结合非常有帮助。同时，对于企业信息化主管及业务人员也是一本不错的参考书。



**图书在版编目(CIP)数据**

金蝶K/3 ERP财务管理系统实验教程/郑菁　等著. —北京：清华大学出版社，2015(2023.8重印)
(金蝶ERP实验课程指定教材)
ISBN 978-7-302-38223-2

Ⅰ. ①金…　Ⅱ. ①郑…　Ⅲ. ①财务软件—教材　Ⅳ. ①F232

中国版本图书馆CIP数据核字(2014)第231065号

**责任编辑：**崔　伟　高晓晴
**封面设计：**牛艳敏
**责任校对：**邱晓玉
**责任印制：**宋　林

**出版发行：**清华大学出版社
网　　址：http://www.tup.com.cn，http://www.wqbook.com
地　　址：北京清华大学学研大厦A座　　邮　　编：100084
社 总 机：010-83470000　　邮　　购：010-62786544
投稿与读者服务：010-62776969，c-service@tup.tsinghua.edu.cn
质 量 反 馈：010-62772015，zhiliang@tup.tsinghua.edu.cn
课 件 下 载：http://www.tup.com.cn，010-62796865

**印 装 者：**北京鑫海金澳胶印有限公司
**经　　销：**全国新华书店
**开　　本：**185mm×260mm　　**印　　张：**14.25　　**字　　数：**329千字
(附光盘1张)
**版　　次：**2015年3月第1版　　**印　　次：**2023年8月第13次印刷
**定　　价：**45.00元

---

产品编号：060660-02

# 前　　言

随着企业管理水平的不断提升，以及信息技术的发展，财务管理的内涵已经发生了很大变化。以往，大家都很注重财务如何做好账，但随着信息化与财务管理的结合，做好账已经不成问题。财务管理的侧重点已从核算型向管理控制型发展，也就是对于资金、预算、内控等方面的关注度加强了。

金蝶作为国内知名的企业管理软件厂商，最早也是从财务软件起家的，其软件在企业的财务信息化方面应用非常广泛。为此，本书以金蝶 ERP K/3 WISE V13.1 版为蓝本，详细介绍了财务管理系统的主要功能和业务操作。

金蝶 ERP K/3 WISE V13.1 可以说具有跨时代的意义，其中凝聚了一百多万家客户的成功实践，旨在为企业管理者打造最佳的信息化平台，为企业提供包括财务管理、供应链管理、生产制造管理、供应商关系管理(SRM)、客户关系管理(CRM)、分销管理、人力资源管理(HR)、协同办公(OA)、企业绩效、商业智能分析等全面的应用系统，有效整合企业内外部资源，实现企业价值最大化，推动中国企业走向卓越管理之路。

本书未采用纯模块功能的介绍模式，而是以贴近企业实际业务流程处理的方式进行编写。为此，本书设计了一个企业的案例来贯穿全书，每个章节都围绕该企业具体的管理和业务流程，同时提供完整的业务数据来详细介绍财务管理系统所涉及的功能和具体操作。这种业务流程化的编写模式有利于让读者对财务管理系统的功能有更深刻地认识，并对企业的实际业务理解更透彻，让学生达到不仅“知其然”，更“知其所以然”，能将所学的知识立刻应用于企业的实际业务处理。

本书共分为 14 章，详细介绍了总账管理、应收应付管理、工资管理、固定资产管理、费用预算管理、费用管理、现金管理、报表、成本管理、内控分析等系统功能。同时，本书最后一章还提供了模拟练习案例，可以让学生在学完本书后，进行实际操作演练。

本书还提供了完整的教学服务包，其中的内容包括：

(1) 金蝶 ERP K/3 V13.1 安装盘(本书附配光盘)。

(2) 金蝶 ERP K/3 V13.1 资源盘①(安装必备)。

---

① 因光盘容量有限，金蝶 ERP K/3 V13.1 资源盘、账套文件、教学 PPT 课件、考题等请通过百度云盘 http://pan.baidu.com/s/1eQirero(请注意此网址中英文字母大小写需区分)链接下载。

(3) 每个章节的账套数据，便于学生练习。

(4) 教学课件(PPT 格式)，便于教师授课。

(5) 考试题库，便于教师在教完本书后，利用题库进行关键知识点的考试。

关于每个章节账套数据的使用，在此特别说明：教师可以在讲完一个章节后，就恢复上一章节末的备份账套，让学生开始练习。这种方式有利于分章节独立教学，但又保证财务管理系统业务处理的连贯性。另外，考题的答案可发邮件至 cuiwei80@163.com 获取。

本书具有以下特色：

**(1) 更侧重于从企业的实际业务流程角度出发，深入浅出地介绍财务管理系统的应用**。在多年的信息化实践过程中，作者体会到从信息系统使用者的角度来介绍业务流程和业务操作会更便于被理解和接受。为此，本书突出介绍了企业的实际业务，并结合这些实际业务来阐述信息系统是如何操作和管理的。

**(2) 有利于自我学习**。本书每个章节的实验操作讲解都非常详细，读者完全可以按照实验操作进行自学，而且能快速上手。

**(3) 方便分学时的实验教学**。本书每个章节都配有账套，便于教师在完成一个章节的教学后就恢复账套，让学生进行练习，因此对于分学时的教学非常方便。

**(4) 强调实战应用**。本书的授课时长可由教师自行掌握，但应把握一个重点，即实验教程以练习为主，让学生在练习的过程中更加深刻地体会企业的实际业务，以及信息系统如何处理企业的业务。

本书结合了作者所在企业的多年信息化实践经验，非常适合高等院校财务会计、企业管理、软件技术、物流管理等相关专业作为教学用书，对于学生了解企业的管理与实际业务，以及如何与信息系统结合非常有帮助。当然，对于企业信息化主管及业务人员也是一本不错的参考书。

本书在编写的过程中，参考了作者所在公司的一些工作成果，也借鉴了一些企业管理和信息化建设的相关资料和文献。因人员较多，在此不一一表述。因为有了他们的辛勤劳动，才会凝结成本书的最终成果。在此，谨对他们表示衷心的感谢！

# 目　　录

# 第 1 章 系统简介

财务管理信息系统，是一门融电子计算机科学、管理科学、信息科学和会计学为一体的边缘学科。学生对财务管理信息系统基本理论的学习，可以为以后工作中的实际应用打下坚实的基础。随着企业市场竞争的日益激烈，越来越多的公司要求学生一上岗就能熟练操作信息化软件，光有理论的学习已远远不能满足企业的需要。本书以企业的实际运作为蓝本，结合学校实验操作的要求，让学生通过上机实验模拟企业的真实环境进行相关技能的演练和培训。

考虑到目前企业信息化软件的流行情况，本书选择了国内知名的软件公司——金蝶国际软件集团有限公司的 K/3 系统作为学习范本。

与国外软件相比，K/3 系统更适合中国企业，符合中国国情，其优异性已通过几十万客户的应用得到了验证。

K/3 系统是中国软件领域第一个基于 DNA 三层结构的 ERP 系统，希望通过接下来的实验练习，让我们对金蝶 K/3 系统软件有所了解。

## 1.1 产品体系结构

金蝶产品根据企业应用规模的大小划分为四个系列，它们分别是适用于小型企业的 KIS、适用于中小型企业的 K/3、适用于大中型企业的 K/3 Cloud 以及适用于超大型企业的 EAS。此外，金蝶还有第一个基于服务导向架构(SOA)的商业操作系统——金蝶 BOS。

下面以金蝶公司的主流产品 K/3 为蓝本，介绍金蝶软件的应用。

金蝶 K/3 ERP 系统是完全基于 Windows DNA(Windows Distributed interNet Application)技术架构的分布式应用系统。金蝶公司于 1997 年开始研究三层结构技术，1998 年应用于 K/3 系列产品的研发，1999 年 5 月推出业界第一个真正的三层结构的 ERP 产品。经过十几年的潜心研究和大量的客户验证，三层结构技术在金蝶 K/3 系统中的应用已经非常成熟、稳定，成为金蝶软件提供给中小企业用户的性价比最好的企业 ERP 系统。

金蝶 K/3 ERP 系统的主要功能涵盖了企业经营管理的各个方面，其子系统主要有：

- 总账管理子系统。
- 报表管理子系统。

- 现金流量表子系统。
- 现金管理子系统。
- 工资管理子系统。
- 固定资产管理子系统。
- 资产管理子系统。
- 费用管理子系统。
- 网上报销子系统。
- 网上银行子系统。
- 应收款管理子系统。
- 应付款管理子系统。
- 预算管理子系统。
- 业务预算管理子系统。
- 费用预算管理子系统。
- 资金预算子系统。
- 合并报表管理子系统。
- 合并账务管理子系统。
- 结算中心管理子系统。
- E-网上结算子系统。
- 企业绩效子系统。
- 内控管理子系统。
- 成本管理子系统。
- 采购管理子系统。
- 进口管理子系统。
- 销售管理子系统。
- 出口管理子系统。
- 仓存管理子系统。
- 存货管理子系统。
- 质量管理子系统。
- 分销管理子系统。
- 门店管理子系统。
- 零售前台子系统。
- 电子商务子系统。
- 主生产计划管理子系统。
- PLM 管理子系统。

- 物料需求管理子系统。
- 生产任务管理子系统。
- 车间管理子系统。
- 委外加工管理子系统。
- 设备管理子系统。
- 粗能力管理子系统。
- 细能力管理子系统。
- HR 管理子系统。
- OA 子系统。
- CRM 子系统。
- 供应商管理子系统。
- 供应商协同管理子系统。
- 客户门户等。

## 1.2　整体应用流程图

金蝶 K/3 ERP 各个系统无缝集成，基础资料数据完全共享，是真正意义上的集财务、业务、生产于一体化，实现各种信息一次录入永久可用、一人录入多人共享的高效集成与管理系统。

金蝶 K/3 ERP 各主要子系统间的数据流程，如图 1-1 所示。

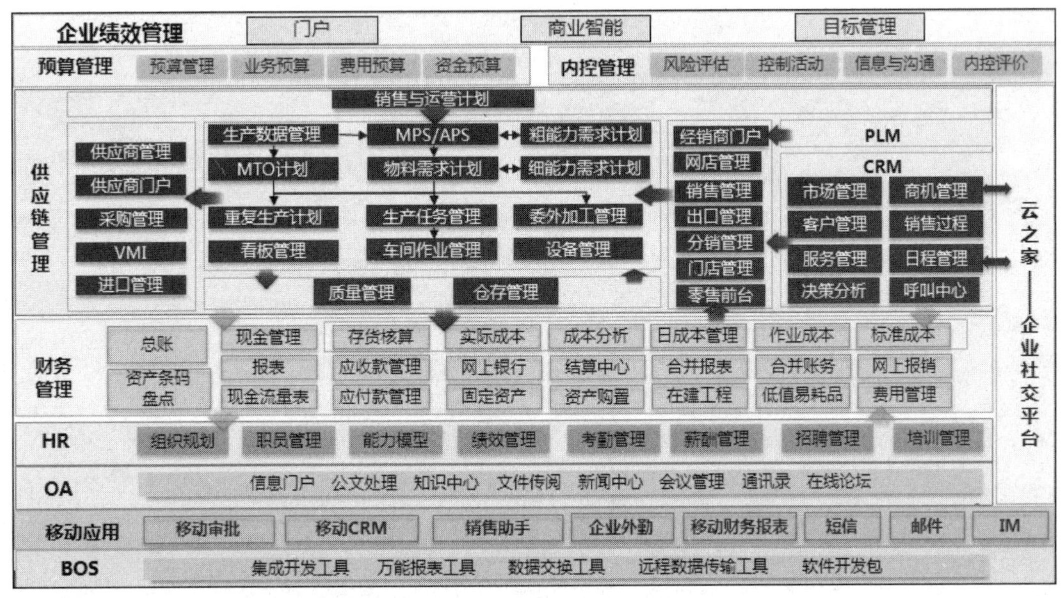


图 1-1　金蝶 K/3 ERP 整体应用流程

K/3 ERP 管理信息系统涵盖了企业管理的方方面面，这里以 K/3 WISE V13.1 为蓝本，介绍 K/3 系统财务管理模块的相关内容。

# 第 2 章 实验背景介绍

下面模拟一家高科技企业——诚信电子公司的 ERP 系统上线实施的全过程。

诚信电子公司是一家集研发、生产、销售电子产品为一体的高科技企业，生产的产品主要有数码相机、MP3、优盘、移动硬盘等。公司刚成立不久，财务部门采用市场上通用的一套财务软件，其他部门都暂时没有应用信息系统。随着业务的不断扩大，企业迫切希望整合各个部门的信息资源，以进行实时监控。在经过多方的考察、评估之后，企业于 2014 年末购买了金蝶 K/3 标准财务及供应链系统，并准备于次年 2 月正式启用。考虑到实施的难度及工作量，决定先实施财务管理系统，财务管理系统实施成功后，再实施供应链系统。

本次实施的财务管理系统包括总账管理子系统、应收款管理子系统、应付款管理子系统、工资管理子系统、固定资产管理子系统、费用预算管理子系统、网上报销子系统、费用管理子系统、现金管理子系统、报表管理子系统、现金流量表子系统、成本管理子系统、内控系统。

按照软件供应商的要求，上线前要先行整理企业的一些资料，如组织架构、部门、人员等。该企业的组织架构如图 2-1 所示。

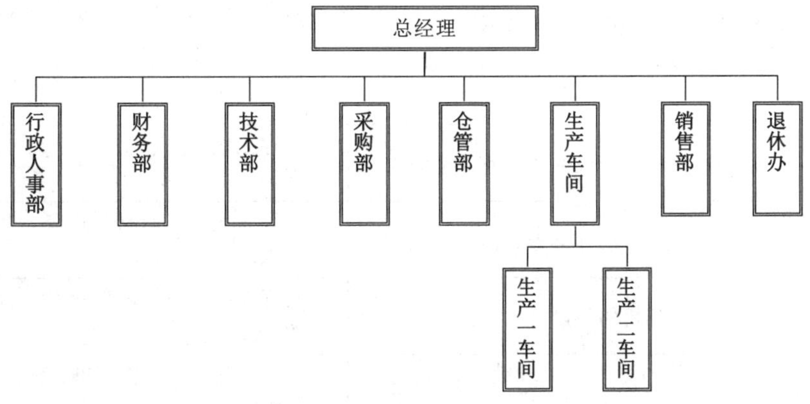


图 2-1　企业组织架构

各部门的主要职责如表 2-1 所示。

表 2-1 企业各部门的主要职责

| 部门 | 职责 | 拟使用的软件系统及功能 |
|---|---|---|
| 行政人事部 | • 采购发放办公用品、文具、福利品<br>• 制定员工工作手册，员工招聘、培训、绩效考核、管理等<br>• 制定薪资管理制度，计算员工的工资、奖金等<br>• 负责公司资产的综合管理 | • 资产购置系统——资产的采购、入库等<br>• 固定资产系统——固定资产的登记、计提折旧、报废等<br>• 工资系统——工资奖金的计算、发放<br>• 总账系统——查询相关资产及管理费用明细 |
| 财务部 | • 日常凭证、账簿的编制、登记及管理<br>• 采购、销售、生产各环节业务成本的核算与管理<br>• 出纳业务管理<br>• 为管理人员提供各种财务分析数据和报表 | • 总账系统——凭证制作、账簿输出<br>• 报表系统——报表制作与输出<br>• 成本管理系统——计算产成品、半成品的生产成本，并对成本进行管理<br>• 采购系统——采购发票管理及采购成本分析<br>• 销售系统——销售发票管理及销售损益分析<br>• 存货核算系统——根据选择的存货计价方法计算采购原材料的采购成本，并计算销售产品的销售成本<br>• 应收款、应付款系统——往来账款的管理，信用额度的管理<br>• 现金管理系统——现金、银行存款的日记账管理、各种票据管理，以及与银行对账等 |
| 技术部 | 研究新产品，抽查采购的原材料及生产的产成品是否符合质量要求 | 质量系统——原材料及产成品的检验 |
| 采购部 | 制定采购计划，采购原材料、供应商管理 | 采购系统——采购业务跟踪管理 |
| 仓库 | 检验原材料、产成品等，存货管理 | 仓存系统——原材料及产品的出入库管理等 |
| 生产一车间 | 负责优盘、移动存储器、MP3 的生产 | 仓存系统——原材料申请、领用及产品的入库 |
| 生产二车间 | 负责数码相机的生产 | 仓存系统——原材料申请、领用及产品的入库 |
| 销售部 | 负责产品的海内外市场销售政策的制定、业务的统计分析等 | 销售系统——销售订单、销售出货、货款催收等 |
| 退休办 | 负责退休人员的管理 | 无 |

企业的其他资料将在后述的操作中逐一介绍。

# 第 3 章

# 系统管理

## 3.1 系统概述

ERP 软件的使用不但涉及的部门、人员众多，而且对信息资源的共享要求度高，因此需要有标准统一的基础资料。同时，信息的共享又对权限的控制提出了要求，信息的集中也要求确保数据的安全可靠。上述这些业务都要在系统管理中得到处理。

## 3.2 实验练习

### 实验一 K/3 产品安装

在使用 K/3 系统之前，必须先行安装好金蝶 K/3 系统。

#### 应用场景

公司购买了金蝶软件 K/3 供应链系统和 K/3 财务系统，并准备于 2015 年 2 月正式使用，信息部主管收到软件供应商提供的软件安装包后，开始准备安装系统。

#### 实验步骤

- 硬件配置。
- 配套软件安装。
- 金蝶应用软件安装。
- 应用部署。

#### 操作部门及人员

软件的安装一般由软件供应商或公司信息系统部门的人员负责，有时也可以由财务人员负责兼做。在诚信电子公司，ERP 软件的安装等工作由财务部张婷兼管。

### ↗ 实验前准备

- 当企业购买了软件后，就要开始进行安装工作。与普通应用软件不同的是，ERP 软件的安装相对复杂，需要考虑的因素更多。根据使用人数的多少、数据量的大小等，ERP 软件的安装布局也有不同的解决方案。在安装金蝶软件前，需要统计企业的业务流量、数据大小、用户数等，据以分析计算机及网络等的配置标准。
- 一般情况下，中型应用企业客户需要准备两台部门级服务器及若干台计算机(根据用户数确定计算机数量)。

### ↗ 实验数据

根据公司未来的发展前景，预计该系统的使用人数可能为 30 人，每天处理的单据或凭证记录为 200 条左右，系统的使用都在同一局域网内。

### ↗ 操作指导

K/3 系统是一个三层结构的应用，系统安装也可以分为多个部分来进行，包括客户端、中间层、Web 服务部件、数据库端等。

客户端指的是基于 Windows 的 GUI 桌面应用程序，需要安装在业务系统使用人员的计算机上。

中间层包括所有业务系统的业务逻辑组件，这些组件会被客户端所调用，是 K/3 系统的核心部分，对硬件环境的配置要求较高。

Web 服务部件基于 IIS 提供 K/3 人力资源、SRM、CRM、网上报销等 Web 服务。

数据库端主要安装数据库产品和 K/3 系统的数据库端组件。对目前的 K/3 系统而言，要安装的数据库是 SQL Server，所有的业务数据都是存储在这里的。

不同部分可能需要安装在不同的机器上，它们对系统的配置要求也不尽相同，中间层和数据库还可以根据需要进行分布部署。高端应用可通过群集技术提供高可靠、高性能、容错等高级特性。下面我们来具体描述其配置策略。

#### 1. 硬件配置

进行硬件配置时，要考虑三方面的因素。

- 数据量。
- 并发客户端的数量。
- 安全问题。

衡量数据量的指标有：①账套数据文件的大小；②基础资料——物流中的物料或商品，财务中的科目和核算项目；③业务数据——财务中的凭证，物流中的仓库单据。一般的经验数据是：数据库服务器的内存要大于账套数据文件的大小，如数据文件 2.5GB，内存配置 3GB。

并发客户端的数量是指同时在线使用的人数、主要影响服务器 CPU 的个数。经验性的数据为：中间层服务器每 20 个客户端一个 CPU，数据库服务器每 10 个客户端一个 CPU，一个超线程 CPU 可以带 15 个客户端，但是 1+1>2，即两个 1GHz CPU 的负荷远远大于一个 2GHz CPU。

此外，考虑到安全需要，一般建议客户端、中间层和数据库服务器分别在不同的机器上安装，特别是客户端和数据库服务器最好隔离在不同的子网内。

(1) 数据库服务器配置

数据库服务器作为账套数据的存储平台，无论从性能还是可靠性方面都提出了很高的要求。其配置的基本要求如表 3-1 所示。

表 3-1 数据库服务器配置

| 项　目 | 配　置 |
| --- | --- |
| 处理器 | Intel Xeon 2.4GHz 及以上，建议配置四核以上的 CPU |
| 内　存 | 4GB 以上 |
| 存　储 | SAS 企业级存储，数据盘推荐设置为 RAID 5/10/50 |
| 网　络 | 1.0 Gbps 到中间层服务器 |
| 其　他 | 磁带机等备份设备 |

(2) 中间层服务器配置

中间层的任务是运行 K/3 系统的业务组件，一个中间层服务器往往要为多个客户端(包括 Web)提供服务，因此对中间层机器的配置要求一般较高。其配置的基本要求如表 3-2 所示。

表 3-2 中间层服务器配置

| 项　目 | 配　置 |
| --- | --- |
| 处理器 | Intel Xeon 2.4GHz 及以上，建议配置四核以上的 CPU |
| 内　存 | 4GB 以上 |
| 存　储 | SATA/SAS，推荐设置为 RAID 1/5 |
| 网　络 | 100 Mbps 到客户端，1.0 Gbps 到数据库和 Web 服务器 |

(3) Web 服务器配置

由于网上报销系统涉及浏览器方式远程应用的需要，因此需要配置相应的 Web 服务器。其配置的基本要求如表 3-3 所示。

表 3-3　Web 服务器配置

| 项　目 | 配　置 |
|---|---|
| 处理器 | Intel Xeon 2.4GHz 及以上，建议配置四核 CPU |
| 内　存 | 4GB 以上 |
| 存　储 | SATA/SAS，推荐设置为 RAID 1/5 |
| 网　络 | 100 Mbps 到局域网客户端，1.0 Gbps 到中间层服务器 |

(4) 客户端配置

客户端配置的基本要求如表 3-4 所示。

表 3-4　客户端配置

| 项　目 | 配　置 |
|---|---|
| 处理器 | P4 双核 2.0GHz 以上 |
| 内　存 | 最少 1.0GB，建议 2.0GB 以上 |
| 存　储 | 10GB 空闲空间 |
| 显　示 | 14"或更高 |
| 网　络 | 100MB/s |

(5) 网络配置

网络的选型可能会对 K/3 系统的性能产生较大的影响。下面分别介绍局域网和广域网的应用。

在局域网的应用环境下，网络带宽一般不会成为性能瓶颈，在进行网络设计和部署时应遵循如表 3-5 所示的一些原则。

表 3-5　局域网网络配置

| 项　目 | 配　置 |
|---|---|
| 局域网 | • 数据库/中间层布置在同一子网，网络带宽≥100MB/s<br>• 出于安全考虑，客户端在另一子网，并只能连接中间层，客户端与中间层之间的网络带宽≥10MB/s |

而广域网的应用比局域网复杂得多，因为整个系统往往需要跨越多个子网，网络带宽的不足往往成为系统性能的瓶颈。在广域网下的应用应遵循如表 3-6 所示的一些原则。

表 3-6　广域网网络配置

| 项　　目 | 配　　置 |
| --- | --- |
| 广域网 | • 中间层、数据库应尽可能部署在同一个子网里，同时保证高速的连接带宽<br>• 使用 Citrix 等终端模式以提高广域网 GUI 应用的性能，减少网络流量<br>• 使用 VPN 技术提高广域网 GUI 应用连接的安全性，并提供较理想的跨越防火墙的部署方案 |

注意

在网络应用中，各计算机之间必须通过 TCP/IP 协议进行通信，每台机器必须加入到某个域，这些域之间的通信必须保证畅通。由于安全性的问题，防火墙只允许通过 Internet 信息数据交换使用特定端口(如 Web 用80)，而 DCOM 创建对象时使用的是1024~65535之间的动态 TCP 端口，并且由于防火墙的 IP 伪装特性，使 DCOM 在有防火墙的服务器上不能进行正常连接。要解决此问题，可通过统一的 RPC 管理(远程过程调用，由 RPC 统一进行创建 DCOM 对象所需的端口的映射处理)，所以须在防火墙服务器上打开 RPC 端口135。

### 2. 配套软件安装

- 服务器端，SQL Server 2005 Standard/Enterprise SP3、SQL Server 2008 Standard/Enterprise 或者 Windows Server 2012 DataCenter/Standard 等。安装时系统管理员 sa 的口令设置为“sa123”。
- 中间层，Windows 2000 Server 或以上版本(需再打 SP4 补丁)、Windows Server 2003 Standard/Enterprise/DataCenter SP1/SP2、Windows Server 2008 Standard/Enterprise/DataCenter 或者 Window Server2012 Datacenter/Standard 等。
- 客户端，Windows XP Professional SP2/SP3、Windows 7 Home Basic/Home Premium/Professional/Ultimate、Windows Vista Ultimate/Enterprise/Business SP1 或者 Windows 8 Core/ Professional/Enterprise 等。

除此之外，还需要 Microsoft DCOM98 等组件。由于需要的配套软件比较多，本书所附光盘中提供了“环境检测”程序，来帮助用户自动检测当前机器的环境是否都符合安装金蝶 K/3 所需的条件。

### 3. 金蝶应用软件安装

机器及安装环境准备好后，接下来开始安装金蝶软件。下面所有安装都以本机系统管理员的身份登录，关闭其他应用程序，特别是防病毒软件。

**注意**

① 按下面的步骤进行安装前，一定要保证环境检测通过后才可以进行K/3 安装。

② 如果计算机上以前安装了其他版本的金蝶软件，建议完全卸载成功后再进行安装。

③ 如果安装过程中碰到一些更深层次的问题，可以参考安装盘中随机帮助手册。这里不作进一步介绍。

用户在新环境上安装 K/3 时，请按如下顺序进行。

登录百度云盘 http://pan.baidu.com/s/1eQirero(请注意此网址中英文字母大小写需区分)下载资源盘文件，并解压缩至本地磁盘。然后双击【K3_Wise_v13.1.0_资源盘】文件夹中的 Setup.exe 图标，打开如图 3-1 所示的窗口。单击【环境检测】按钮，先对环境进行检测。符合安装条件才可进行 K/3 安装。

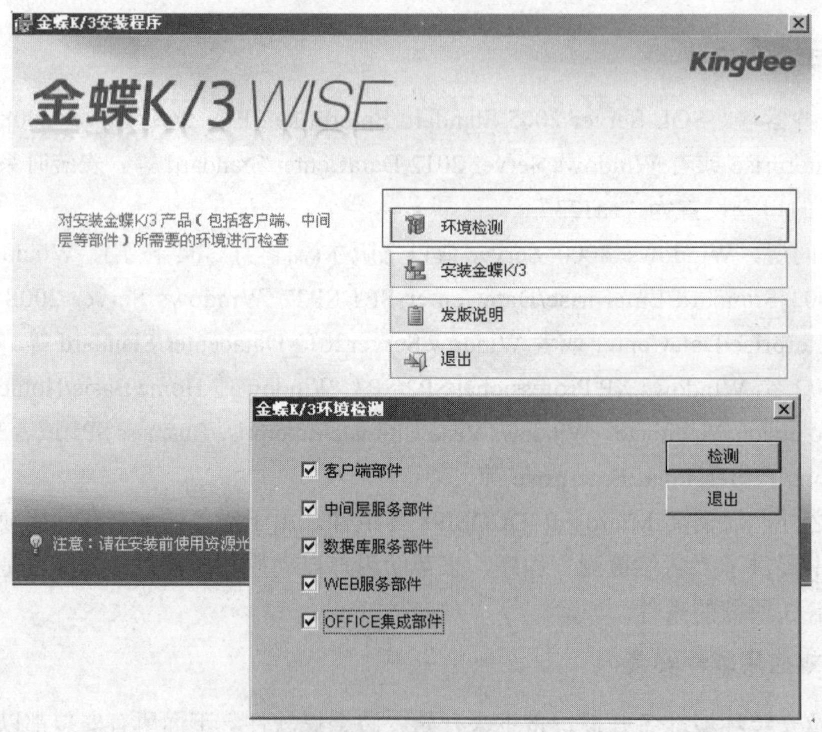


图 3-1　环境检测

注意

K/3 有两种部署方式：一种是可将所有的服务组件、客户端安装在一台计算机上，主要用于学习；另一种是采用网络部署方式，客户端和服务组件安装在不同的计算机上。

(1) 单机安装所有服务组件和客户端的操作步骤

如果想在一台计算机上将客户端、数据库服务、中间层服务都安装好，建议在进行图 3-1 所示的环境检测时，选中所有的部件进行检测，然后根据系统提示将相关的组件安装好。

注意

系统有可能提示 Windows XP、Windows 7 等非服务器端的操作系统不能安装数据库服务、中间层服务。可以忽略此提示，作为练习可以在这些操作系统上安装服务组件。

① 环境检测通过后，打开本书附配光盘中的【K/3 安装盘】文件夹，双击 Setup.exe 图标，首先出现 K/3 的安装程序界面，如图 3-2 所示。单击【安装金蝶 K/3】按钮，按照系统提示进行安装。

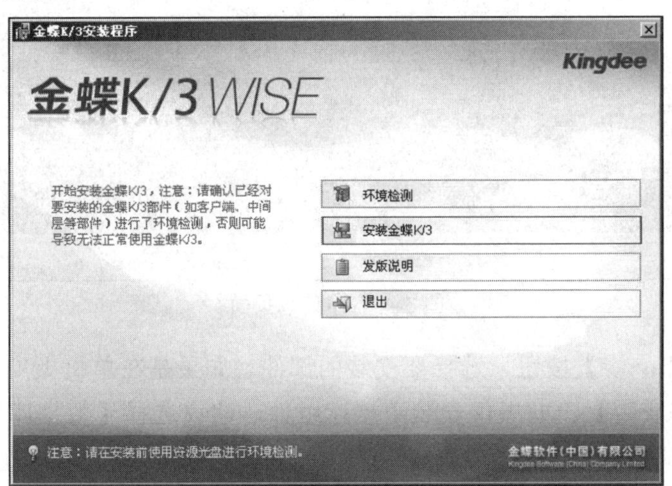


图 3-2　K/3 安装程序界面

② 单击【下一步】按钮，进入许可协议页面，如图 3-3 所示。

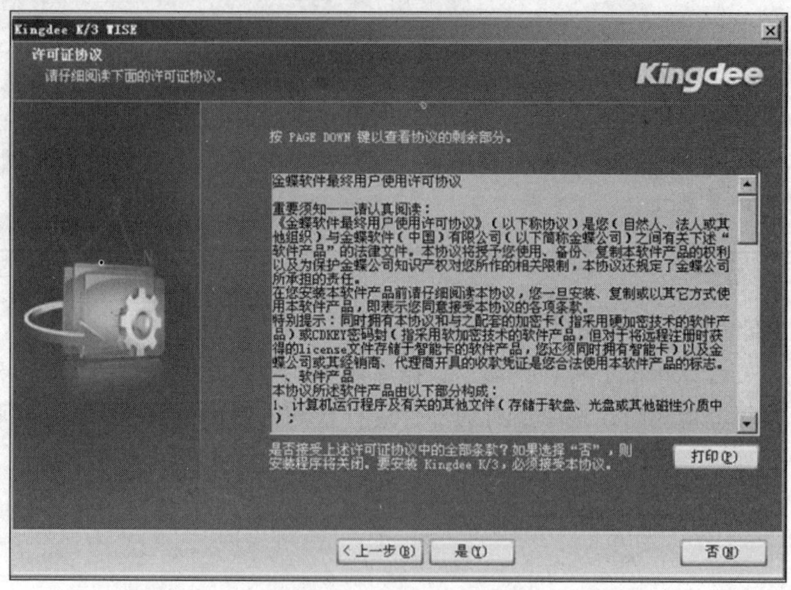


图 3-3　许可协议页面

③ 单击【是】按钮进入客户信息页面，输入用户名和公司名称，如图 3-4 所示。

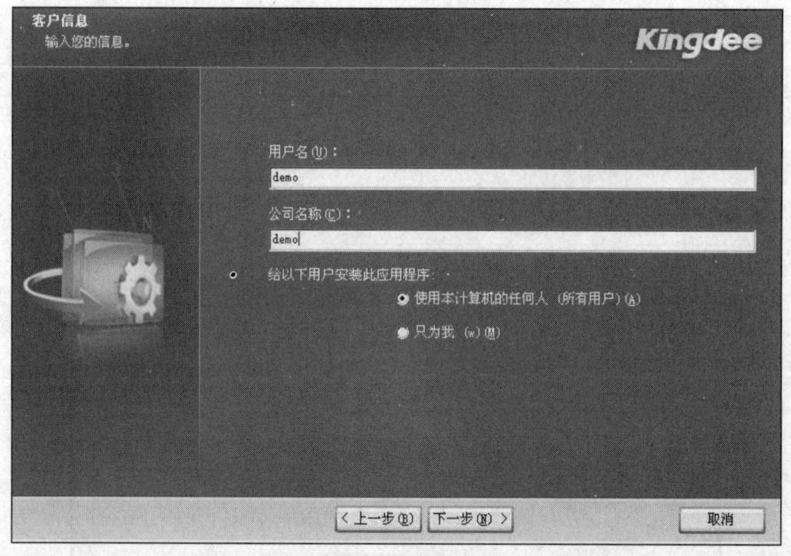


图 3-4 客户信息页面

④ 单击【下一步】按钮，选择要安装的部件。如果是在单机上安装所有的组件，建议选择【全部安装】。如果仅安装数据库组件，建议选择【数据库服务部件】。如图 3-5 所示。

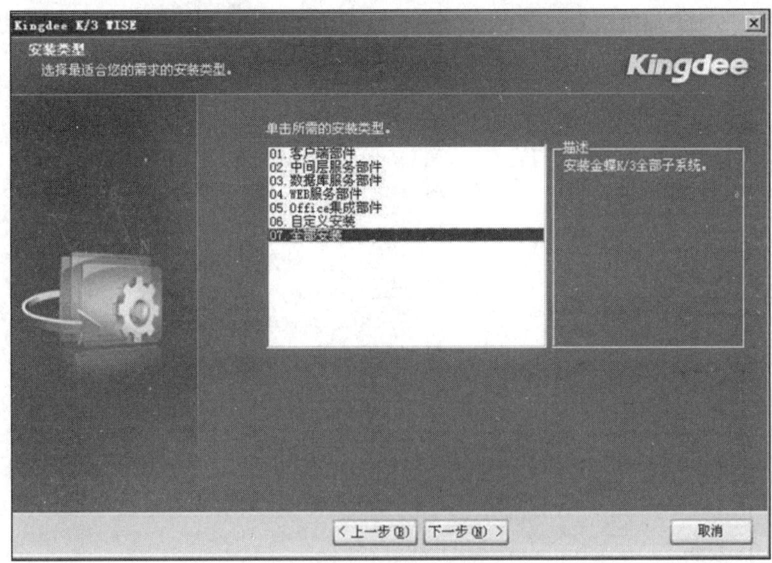


图 3-5　选择安装部件

⑤ 单击【下一步】按钮，系统开始安装，如图 3-6 所示。

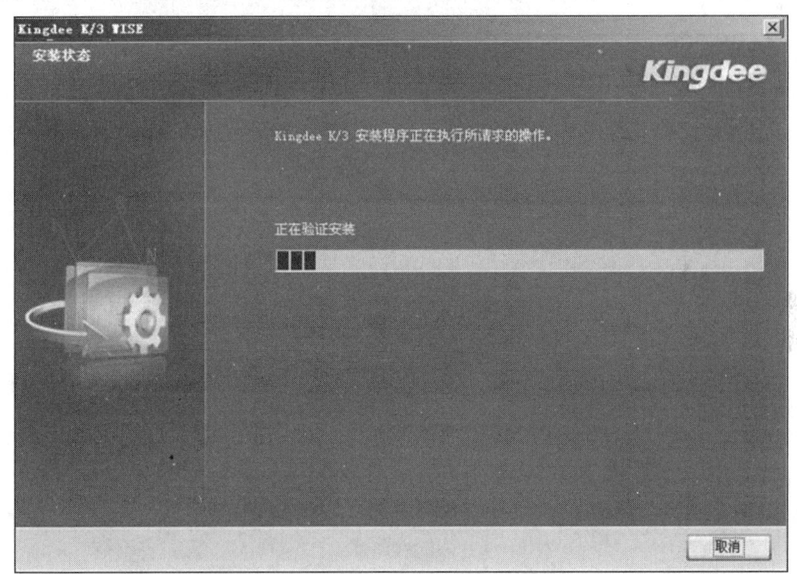


图 3-6　开始安装

⑥ 在以上系统安装完成之后，将开始进行中间层组件安装，如图 3-7 所示。单击【安装】按钮。

⑦ 安装完成之后，系统将自动运行“注册中间层组件”功能。注册完中间层组件后，将安装 Web 服务组件，并自动运行“注册 Web 服务组件”功能。

⑧ Web 服务组件注册完毕，将配置 Web 服务器站点，如图 3-8 所示。

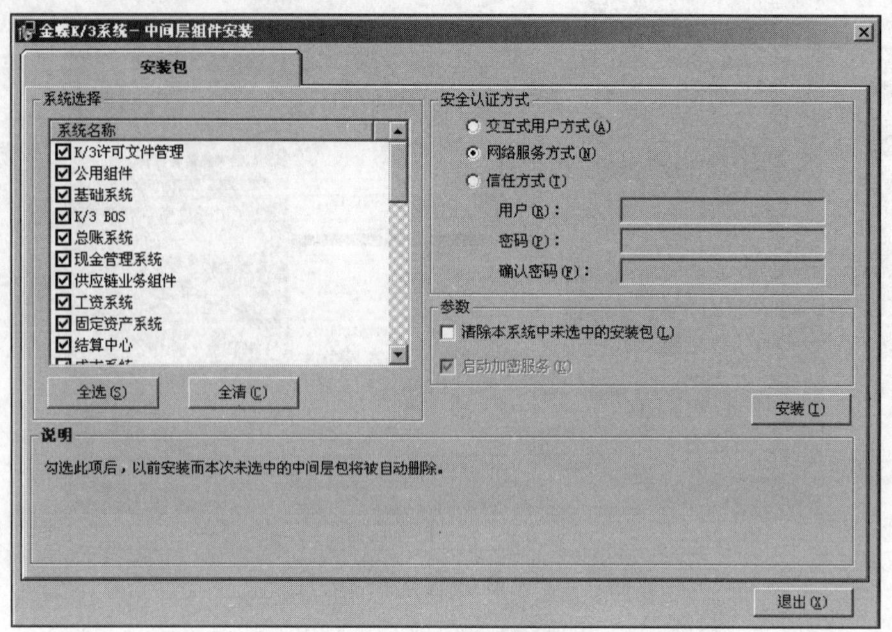


图 3-7　安装中间层组件

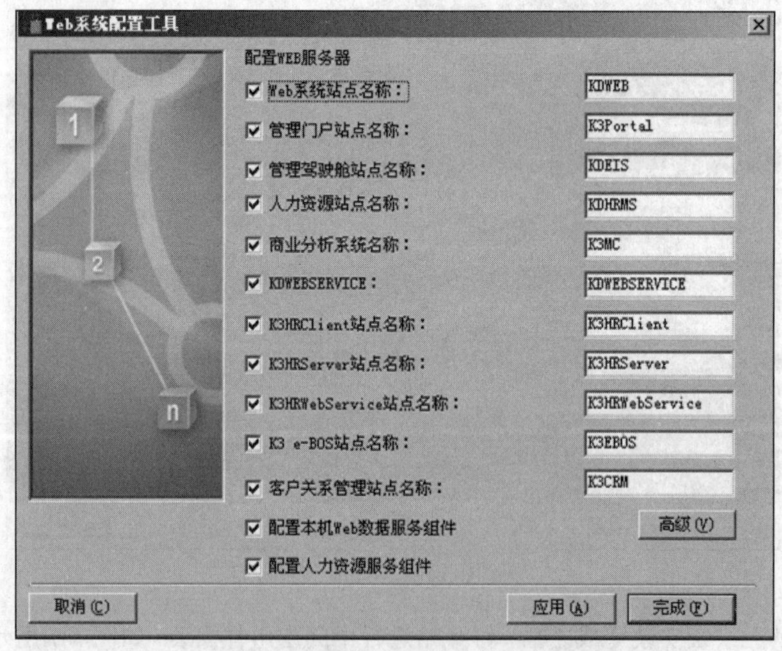


图 3-8　配置 Web 服务器站点

⑨ 配置完毕，系统会提示配置的结果。注意，查看各个站点是否配置成功。如图 3-9 所示。

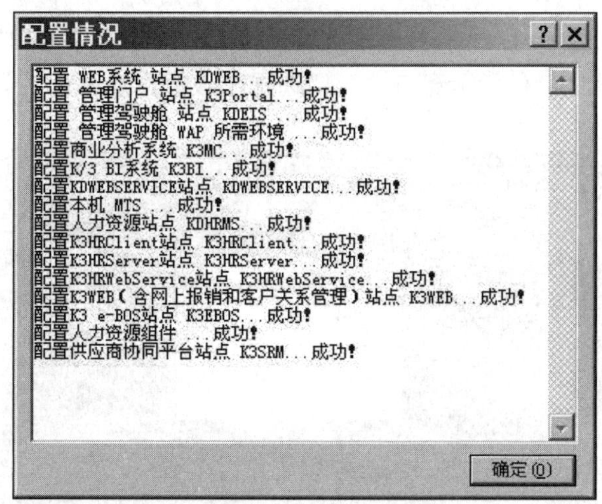

图 3-9　配置 Web 服务器站点的结果

配置完成之后，整个 K/3 的安装就完成了。

以下为网络应用的部署方式，将分数据库服务器、中间层服务器、Web 服务器、客户端等安装在不同的计算机上的方式进行部署。

(2) 数据库服务器安装操作步骤

数据库服务部件仅在数据库服务器与中间层服务器连接时，在中间层账套管理程序中进行新建、备份、恢复这三种账套操作时起作用。如果不需要在中间层服务器做上述操作，例如账套备份恢复直接通过 SQL Server 或者第三方备份软件进行，可以不必在数据库服务器安装 K/3 数据库服务部件。

① 打开计算机电源，启动操作系统。

② 通过 http://pan.baidu.com/s/1eQirero 链接下载资源盘文件，并解压缩至本地磁盘。

③ 双击【K3_Wise_v/3.1.0_资源盘】文件夹中的 Setup.exe 图标，进入【金蝶 K/3 安装程序】窗口。单击【环境检测】，如图 3-10 所示，选择【数据库服务部件】，先检查是否已经安装了相关的配套软件，如果没有，系统会给出提示，自动进入资源盘安装配套软件。

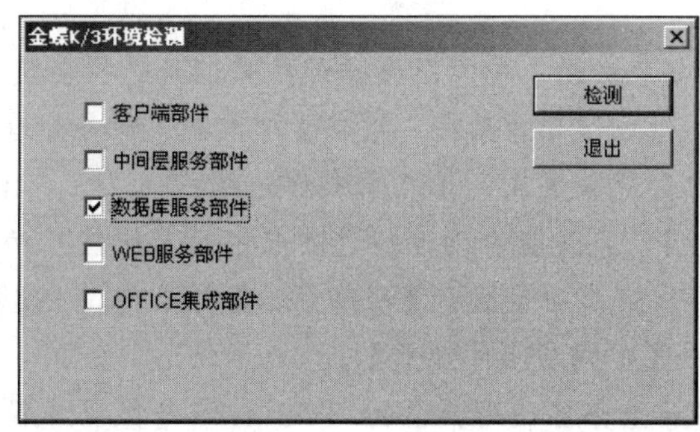

图 3-10　环境检测

④ 环境检测通过后，打开本书附配光盘中的【K/3 安装盘】文件夹，双击 Setup.exe 图标进行安装。在图 3-11 所示窗口中，仅选择【数据库服务部件】，按照系统提示逐步操作即可。

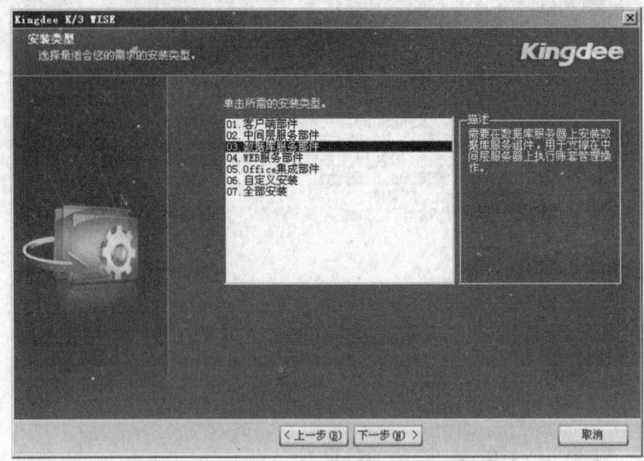

图 3-11 服务器部件安装

(3) 中间层安装操作步骤

① 选择中间层服务器，打开计算机电源，启动操作系统。

② 通过 http://pan.baidu.com/s/1eQirero 链接下载资源盘文件，并解压缩至本地磁盘。

③ 双击【K3_Wise_v/3.1.0_资源盘】文件夹中的 Setup.exe 图标，进入【金蝶 K/3 安装程序】窗口。同样，先进行环境检测，选择【中间层服务部件】。

④ 环境检测通过后，打开本书附配光盘中的【K/3 安装盘】文件夹，双击 Setup.exe 图标，根据系统提示安装中间层服务部件。

⑤ 安装完成后，会自动运行“注册中间层组件”。中间层组件注册完毕后，即可运行【程序】—【金蝶 K3 WISE】—【金蝶 K3 服务器配置工具】—【账套管理】，新建或恢复、注册账套。

注意

① 为了保证安装成功，中间层服务部件我们只选择会使用到的一些系统，如财务核算系统、供应链管理系统、基础管理系统、财务管理系统等(不选择人力资源系统，这部分比较复杂，不在本书作介绍)。

② 安装完成后，系统会自动运行“注册中间层组件”功能(如需安装后重新注册中间层组件，可以手动运行【程序】—【金蝶 K3WISE】—【金蝶 K3 服务器配置工具】—【中间层组件注册】)。

③ K/3 中间层服务器使用标准的 TCP 协议与数据库服务器、Web 服务器、客户端通讯。

(4) Web 服务器安装操作步骤

① 打开计算机电源，启动操作系统。

② 通过 http://pan.baidu.com/s/1eQirero 链接下载资源盘文件，并解压缩至本地磁盘。

③ 双击【K3_Wise_v13.1.0_资源盘】文件夹中的 Setup.exe 图标，进入【金蝶 K/3 安装程序】窗口。同样，先进行环境检测，选择【Web 服务部件】。

④ 环境检测通过后，打开本书附配光盘中的【K/3 安装盘】文件夹，双击 Setup.exe 图标，根据系统提示安装 Web 服务部件。

(5) 客户端安装操作步骤

① 打开计算机电源，启动操作系统。

② 通过 http://pan.baidu.com/s/1eQirero 链接下载资源盘文件，并解压缩至本地磁盘。

③ 双击【K3_Wise_v13.1.0_资源盘】文件夹中的 Setup.exe 图标，进入【金蝶 K/3 安装程序】窗口。同样，先进行环境检测，选择【客户端部件】。

④ 环境检测通过后，打开本书附配光盘中的【K/3 安装盘】文件夹，双击 Setup.exe 图标，根据系统提示安装客户端部件。

如果需要使用 K/3 HR/CRM/SRM/网上报销等系统，还必须进行 Web 服务器端的安装，这里不作详细介绍。远程使用也可以通过采用远程终端的方式实现。

⑤ 客户端安装完毕后，请先运行【程序】—【金蝶 K3 WISE】—【金蝶 K3 工具】—【远程组件配置工具】，指定中间层服务器，完成远程组件的注册和配置，客户端才能正常使用。

**注意**

K/3 软件的加密方式有软加密和硬加密两种，软加密和硬盘绑定，如果采用硬加密方式，则将加密狗插在中间层服务器的并口上。

### 4. 应用部署

金蝶 K/3 系统从应用上讲分为单机和网络两种模式。在企业的实际应用中，一般都是采用网络模式。

实验时，先模拟单机应用模式，如图 3-12 所示，将三层都安装在一台机器上。安装完毕，进入账套管理，新建账套，以检测是否都安装正确。

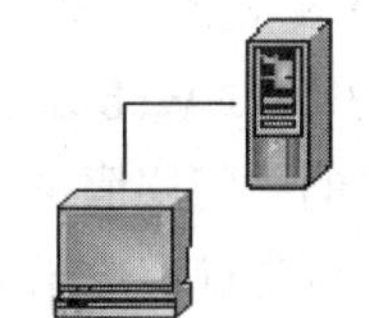

图 3-12 单机应用模式

接下来，再分组实验，模拟网络应用模式。如图 3-13 所示为根据诚信公司的实际情况给出的网络布局图。

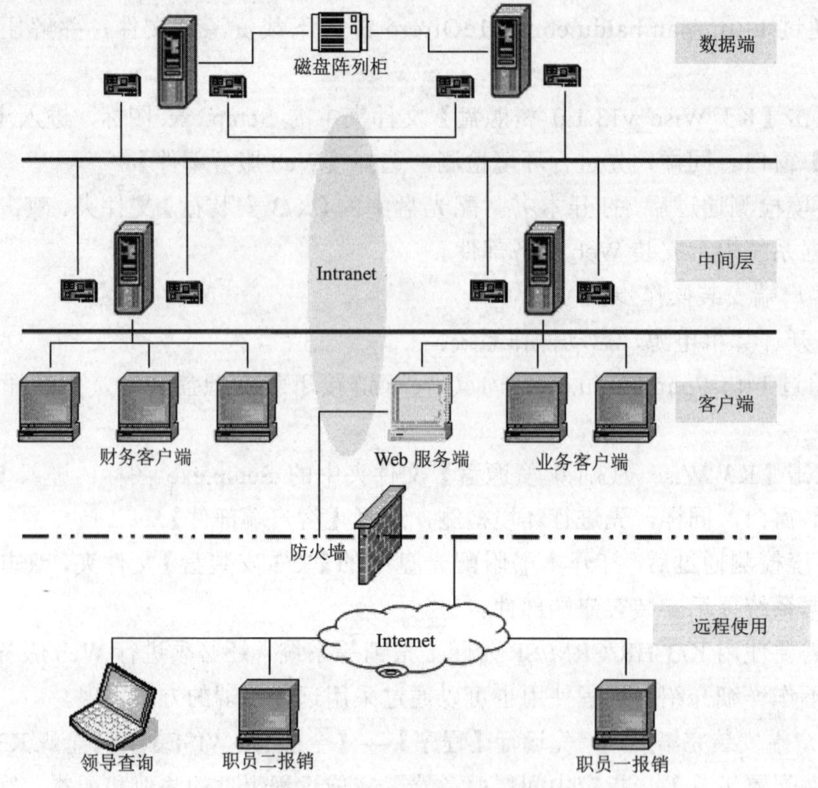


图 3-13　网络应用模式

按照上述给出的网络布局图来模拟企业的实际网络配置。每个小组一般 8 人左右，分别是 A1，A2，B1，B2，C1，C2，C3，D。

- A1，A2 负责数据端的配置，各自配置一台。
- B1，B2 负责中间层的配置，中间层服务器采用双网卡，其中一块和数据库在同一子网内，另一块和客户端在同一子网内，各自配置一台。加密狗插在 B1 配置的中间层上，负责承担财务人员的使用，B2 配置的中间层服务器负责承担业务人员的使用。
- C1 负责财务客户端的安装，并利用远程组件配置工具注册 B1 配置的中间层。
- C2 负责业务客户端的安装，并利用远程组件配置工具将客户端上除“系统服务”模块外的其他模块指向 B2 配置的中间层，系统服务模块必须指向有加密狗的 B1 配置的中间层。
- C3 负责 Web 服务器的配置安装，并利用站点及远程组件配置工具指定 B2 为配置的中间层服务器，并配置 Web 服务器，即录入 Web 站点名称。
- D 负责远程应用的配置。

## 实验二 新建账套

账套类似于手工方式下的凭证、账簿、报表等存储财务或业务数据的载体。要进行财务处理，必须先购置相应的凭证、账簿、报表等。同样，要使用 ERP 系统，也必须先建立存储数据的账套。

### ↗ 应用场景

金蝶软件安装已经完成，即将准备使用 ERP 软件。

### ↗ 实验步骤

- 新建账套。
- 设置参数及启用。

### ↗ 操作部门及人员

账套的设立可以由公司信息系统部的人员或财务人员负责兼做。在诚信电子公司，新建账套及设置启用由财务部张婷兼管。

### ↗ 实验前准备

- 了解拟使用的系统，进而确定账套类型。
- 确认数据库服务器路径、拟采用的数据库类型、身份验证方式。

### ↗ 实验数据

公司将于 2015 年 2 月正式使用 K/3 系统，考虑到后期还要上线供应链系统，所以账套选择“标准供应链解决方案”。设置账套号为“201502”；账套名称为“诚信电子公司”；拟采用 SQL Server 2005 数据库；采用 SQL Server 身份验证；用户名为“sa”；系统口令为“sa123”。

公司地址在深圳，电话号码是 88888888，将于 2015 年 2 月启用。记账本位币为“人民币”；小数点位数为 2。凭证过账前必须审核，会计期间采用自然年度会计期间。

### ↗ 操作指导

#### 1. 新建账套

(1) 选择中间层服务器，执行【开始】－【程序】－【金蝶 K/3 WISE】－【金蝶 K/3 服务器配置工具】－【账套管理】命令，打开【金蝶 K/3 系统登录】对话框。

(2) 输入用户名及密码，单击【确定】按钮，打开【金蝶 K/3 账套管理】对话框。用户名为 Admin，初次进入时，密码为空。

(3) 单击【新建】按钮，弹出【信息】窗口，浏览账套的分类后，单击【关闭】按钮，打开【新建账套】对话框，如图 3-14 所示。

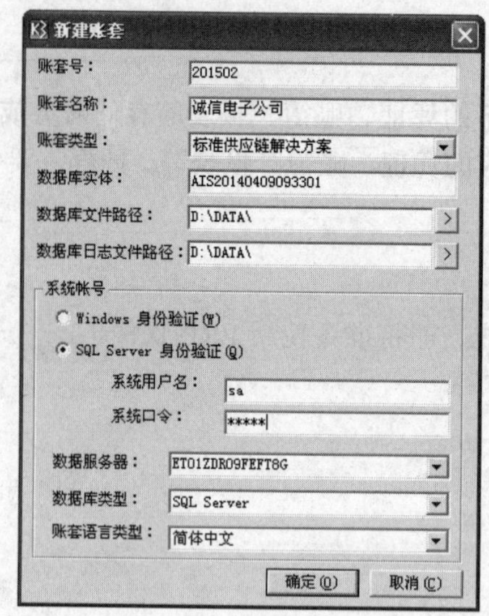


图 3-14　新建账套

**注意**

根据数据库结构表的不同，账套可以分为多种类型。不同的业务应用有不同类型的账套，可以选择使用的系统模块也不同，如“标准供应链解决方案”的账套类型，可以使用供应链系统、生产管理系统、人力资源系统、标准财务系统，而“标准财务解决方案”则不能使用供应链系统等，只能使用除合并报表、合并账务外的纯财务系统。

而有些行业由于行业属性非常明显且特殊，也有不同类型的账套，如医药行业，则需要根据企业性质选择“医药制造行业解决方案”或者“医药流通行业解决方案”。

大部分的机械、电子、五金等行业的企业，一般选择“标准供应链解决方案”即可。

(4) 输入账套信息。

- 账套号：必须输入，本例输入“201502”。
- 账套名称：必须输入，本例输入“诚信电子公司”。
- 账套类型：选择“标准供应链解决方案”。
- 数据库实体：由系统自动给出，为了方便管理，特别是存在多个账套时，可以修改为比较容易识别的内容，如“诚信电子公司 2015”。

- 数据库文件路径：指数据库存放的物理位置。考虑到扩展应用的需要，最好放在空间足够大的硬盘上。
- 数据库日志文件路径：指数据库日志资料存放的物理位置。考虑到扩展应用的需要，最好放在空间足够大的硬盘上。
- 系统账号：在该界面中，选择“SQL Server 身份验证”，并将“系统用户名”输入为“sa”，“系统口令”输入为“sa123”。
- 数据服务器：指安装了数据库端程序的计算机名称，也可以直接输入计算机的 IP 地址。
- 数据库类型：选择 SQL Server。
- 账套语言类型：简体中文。

(5) 单击【确定】按钮，系统开始创建 K/3 数据库。

(6) 数据库创建完毕，在【金蝶 K/3 账套管理】对话框的【账套列表】中，可以找到新增的数据库记录。

### 2. 设置参数及启用

系统参数是决定企业一些核算方法、规章制度等的重要选项，不同的选择往往会有不同的操作过程，或带来不同的结果。例如，固定资产折旧有多种折旧方法可以选择，每项资产只能选择一种，此时就必须进行参数的设置，账套也有自己的参数。

(1) 在【金蝶 K/3 账套管理】对话框的【账套列表】中，选择要设置参数的数据库记录。

(2) 单击【设置】按钮，打开【属性设置】对话框，如图 3-15 所示。

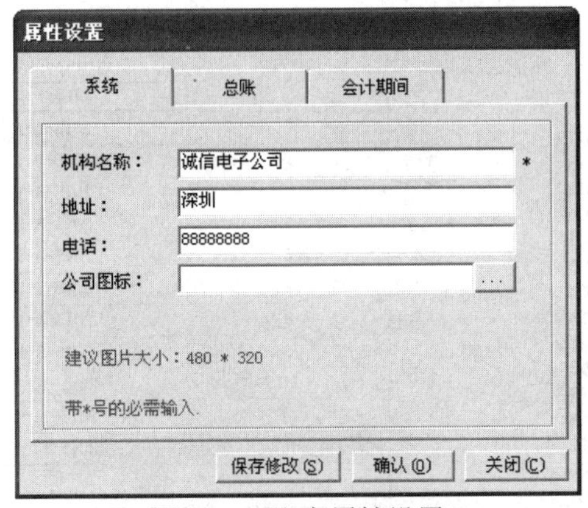


图 3-15 账套属性设置

(3) 输入系统信息。

- 机构名称：本例输入“诚信电子公司”。
- 地址：可以不输入。本例输入“深圳”。
- 电话：可以不输入。本例输入“88888888”。

**注意**

机构名称、地址、电话主要用于以后打印单据、账簿等时自动显示公司的信息。

(4) 输入总账信息。

- 记账本位币代码：默认为 RMB。如果采用外币核算，则可以修改。一旦启用后，在基础资料的【币别维护】窗口，可以看到系统自动新增了一条币别记录——代码：RMB；名称：人民币。
- 名称：本例为人民币。
- 小数点位数：2，指凭证、账簿等的小数位数。人民币的最小单位是分，所以小数点位数选择 2；对于日元来说，最小单位是元，小数点位数则选择 0。
- 凭证过账前必须审核：勾上。

(5) 输入会计期间。

单击【更改】按钮，打开【会计期间】对话框，如图 3-16 所示。按照提供的实验数据正确输入。单击【确认】按钮，返回【属性设置】对话框。

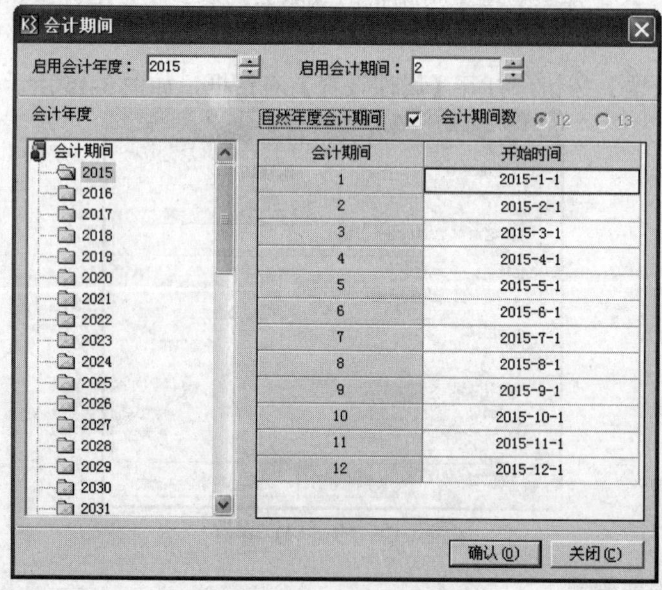


图 3-16　会计期间

**注意**

会计期间采用自然年度会计期间。中国会计制度要求采用自然会计年度，但对于某些国外公司，会计年度是从每年的7月1日到次年的6月30日，有的公司一个会计年度内有13个会计期间，这些都可以根据要求进行修改。

上述参数一旦设置就不能再进行修改，除非重新新建账套。

(6) 单击【确认】按钮，完成账套参数的设置。

## 实验三 账套维护

账套维护即对企业的数据资料进行定期备份、优化等。

### ↗ 应用场景

为了确保数据的安全或为了在灾难发生时将损失减少到最低限度，需要定期将业务操作过程中发生的各种数据保存存档。一旦原有的账套毁坏，则可以通过账套恢复功能将以前的账套备份文件恢复成一个新账套进行使用。

与机器设备随着使用时间的加长需要定期维护保养相类似，数据资料也需要定期优化。如果一个账套使用时间较长，由于其数据量日增，数据查询和使用的速度就会下降，则系统的整体性能就会下降。通过优化账套的功能，可以帮助用户减少这种性能下降的问题。

如果一个中间层需要使用多个数据库服务器上的账套，则可以通过注册账套功能连接网络内其他机器上的金蝶账套。

### ↗ 实验步骤

- 账套备份与恢复。
- 账套优化。
- 账套注册。

### ↗ 操作部门及人员

账套维护由公司信息系统部的人员负责，也可以由财务人员兼做。在诚信电子公司，账套维护由财务部张婷兼管。

### ↗ 实验前准备

根据企业业务的繁忙时间段确定备份等操作的时间，以及备份的机器及路径等。

## ↗ 实验数据

自系统启用起，每天 22：00 开始自动备份账套，每隔 24 小时完全自动备份一次，每隔 4 小时增量备份一次，每个月优化账套一次。

## ↗ 操作指导

### 1. 账套备份与恢复

(1) 以 Admin 的身份注册进入账套管理。

(2) 账套备份一般分为手工备份和自动批量备份。

手工备份时，选择需要备份的账套，执行【数据库】－【备份账套】命令，打开【账套备份】对话框，选择备份方式、备份路径，单击【确定】按钮即可。

自动批量备份时，执行【数据库】－【账套批量自动备份】命令，打开【账套批量自动备份工具】对话框，如图 3-17 所示，选择需要自动备份的账套，按实验数据设置账套备份方案并保存即可。

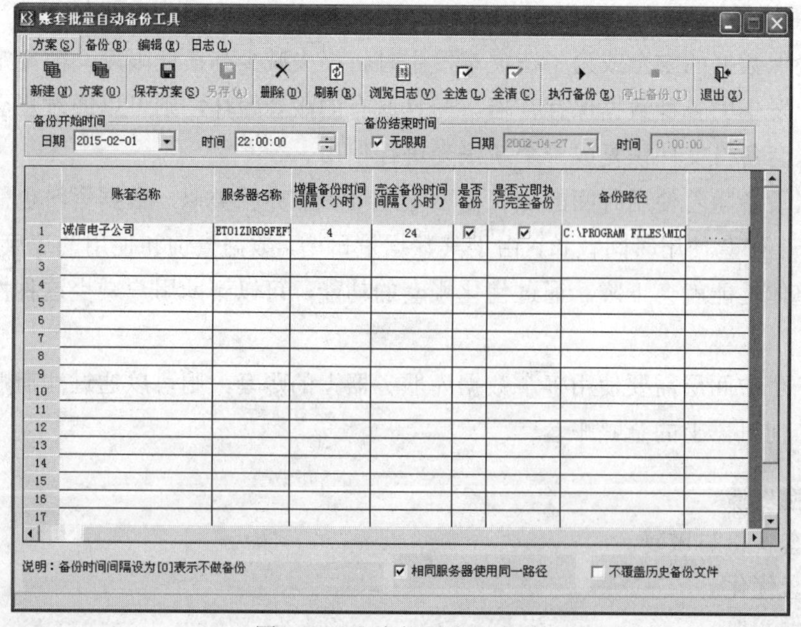


图 3-17　账套批量自动备份

(3) 如果要恢复账套，可执行【数据库】－【恢复账套】命令，打开【选择数据库服务器】对话框，输入数据库服务器等信息，单击【确定】按钮。在打开的【恢复账套】对话框中，从对话框左边的列表中选择需要恢复的备份文件，在右边输入账套号、账套名称及恢复后的数据库存放路径，单击【确定】按钮即可。

### 2. 账套优化

如果一个账套使用时间较长，由于其数据量日增，数据查询和使用的速度就会下降，系统的整体性能就会下降。通过优化账套的功能，可以帮助减少这种性能下降的问题。

优化账套的操作非常简单。执行【数据库】－【优化账套】命令，在弹出的提示框中，单击【是】按钮，系统即自动进行账套优化操作。

### 3. 账套注册

注册账套是将已经存在于其他数据库服务器上的金蝶账套，加入到当前的账套管理环境中，以实现一个中间层对多个数据库服务器上多个账套的管理。

(1) 执行【数据库】－【账套注册】命令，打开【注册账套】对话框。

(2) 输入需要注册的账套信息。

(3) 单击【确定】按钮即可。

## 实验四 用户管理

用户管理，即对用户使用某一个具体账套的权限进行控制，控制哪些用户可以登录到指定的账套中，对账套中的哪些子系统、哪些模块或者哪些单据甚至单据中的哪些项目有使用或者管理的权限等。

#### ↗ 应用场景

为了防止企业的一些关键信息被无关的人员随意获取，需要对操作软件系统的每一个人员进行权限的分配。

#### ↗ 实验步骤

- 新增用户组。
- 新增用户。
- 针对用户组授权。
- 针对用户授权。

#### ↗ 操作部门及人员

用户管理一般由系统管理员组的人员负责。在诚信电子公司，账套维护由财务部张婷兼管。

#### ↗ 实验前准备

先调查、统计每个系统使用人员的业务操作范围，并明确功能、业务等的操作权限。

#### ↗ 实验数据

用户分组及功能权限如表3-7所示。

表 3-7　用户分组及功能权限

| 用户组名 | 说　明 | 功能权限 |
| --- | --- | --- |
| Administrator | 系统管理员组 | 所有权限 |
| Cashiers | 收银员组 | 基础资料、现金管理、应收账、应付账 |
| 总账组 | 非业务类凭证制作、个人往来账管理、会计报表制作等 | 基础资料、数据引入引出、总账、报表、财务分析、现金流量表 |
| 应收应付组 | 企业往来账管理、坏账计提、往来凭证制作 | 基础资料、总账、应收账、应付账、采购管理、销售管理、仓存管理、供应链系统公用设置 |
| 人事薪资组 | 工资核算 | 基础资料、工资 |
| 固定资产组 | 固定资产入账、计提折旧、报废等管理 | 基础资料、固定资产、资产购置、在建工程、低值易耗品 |
| 存货核算组 | 材料成本、生产成本、销售成本的核算 | 基础资料、实际成本、存货核算、供应链系统公用设置 |
| 采购组 | 物料采购处理 | 基础资料、采购管理、供应链系统公用设置 |
| 销售组 | 商品销售处理 | 基础资料、销售管理、供应链系统公用设置 |
| 仓库组 | 各种出入库业务、库存盘点等业务的管理 | 基础资料、采购管理、仓存管理、销售管理、供应链系统公用设置 |
| 一车间组 | 一车间各种材料的申请、领用、生产产品及产品入库业务的处理 | 基础资料<br>高级授权中：<br>供应链物流单据中的采购申请单、供应链单据——领料/发货中的生产领料单、供应链单据——验收入库中的产品入库单的所有权限 |
| 二车间组 | 二车间各种材料的申请、领用、生产产品及产品入库业务的处理 | 基础资料<br>高级授权中：<br>供应链物流单据中的采购申请单、供应链单据——领料/发货中的生产领料单、供应链单据——验收入库中的产品入库单的所有权限 |
| 技术组 | 各种技术研究，材料、产品质量管理等业务的处理 | 基础资料、质量管理 |

操作人员明细资料如表 3-8 所示。

表 3-8 操作人员明细资料

| 姓　　名 | 认 证 方 式 | 权 限 属 性 | 用　户　组 |
| --- | --- | --- | --- |
| 金　鑫 | 密码认证，传统认证方式，密码：123 | 可以进行业务操作<br>具有用户管理权限 | Administrator |
| 许　静 | 密码认证，传统认证方式，密码：123 | 可以进行业务操作<br>具有用户管理权限 | Administrator |
| 张　婷 | 密码认证，传统认证方式，密码：123 | 可以进行业务操作<br>具有用户管理权限 | Administrator |
| 胡美玲 | 密码认证，传统认证方式，密码：123 | 可以进行业务操作 | 总账组 |
| 孙晓红 | 密码认证，传统认证方式，密码：123 | 可以进行业务操作 | 总账组 |
| 李　梅 | 密码认证，传统认证方式，密码：123 | 可以进行业务操作 | Cashiers |
| 张爱萍 | 密码认证，传统认证方式，密码：123 | 可以进行业务操作 | 人事薪资组 |
| 葛　微 | 密码认证，传统认证方式，密码：123 | 可以进行业务操作 | 人事薪资组 |
| 刘丽佳 | 密码认证，传统认证方式，密码：123 | 可以进行业务操作 | 固定资产组 |
| 马秀伟 | 密码认证，传统认证方式，密码：123 | 可以进行业务操作 | 应收应付组 |
| 徐力军 | 密码认证，传统认证方式，密码：123 | 可以进行业务操作 | 技术组 |
| 李大勇 | 密码认证，传统认证方式，密码：123 | 可以进行业务操作 | 采购组 |
| 胡开林 | 密码认证，传统认证方式，密码：123 | 可以进行业务操作 | 采购组 |
| 张二柱 | 密码认证，传统认证方式，密码：123 | 可以进行业务操作 | 一车间组 |
| 胡　兵 | 密码认证，传统认证方式，密码：123 | 可以进行业务操作 | 一车间组 |
| 朱　铁 | 密码认证，传统认证方式，密码：123 | 可以进行业务操作 | 二车间组 |
| 赵　武 | 密码认证，传统认证方式，密码：123 | 可以进行业务操作 | 二车间组 |
| 王　池 | 密码认证，传统认证方式，密码：123 | 可以进行业务操作 | 销售组 |
| 李　强 | 密码认证，传统认证方式，密码：123 | 可以进行业务操作 | 销售组 |
| 赵　力 | 密码认证，传统认证方式，密码：123 | 可以进行业务操作 | 仓库组 |
| 曹　敏 | 密码认证，传统认证方式，密码：123 | 可以进行业务操作 | 仓库组 |

### ↗ 操作指导

#### 1. 新增用户组

进入中间层服务器的账套管理界面，选择【用户】按钮，进入【用户管理】窗口，如图 3-18 所示。单击【新建用户组】按钮，进入【用户组属性】窗口，按照提供的实验数据正确输入。

**注意**

用户组除了方便管理外，其主要作用就是方便对多个用户进行集中授权。只要对用户组进行一次授权，用户组下的所有用户就都可以继承用户组下的权限，而无须对每个用户进行逐一授权。

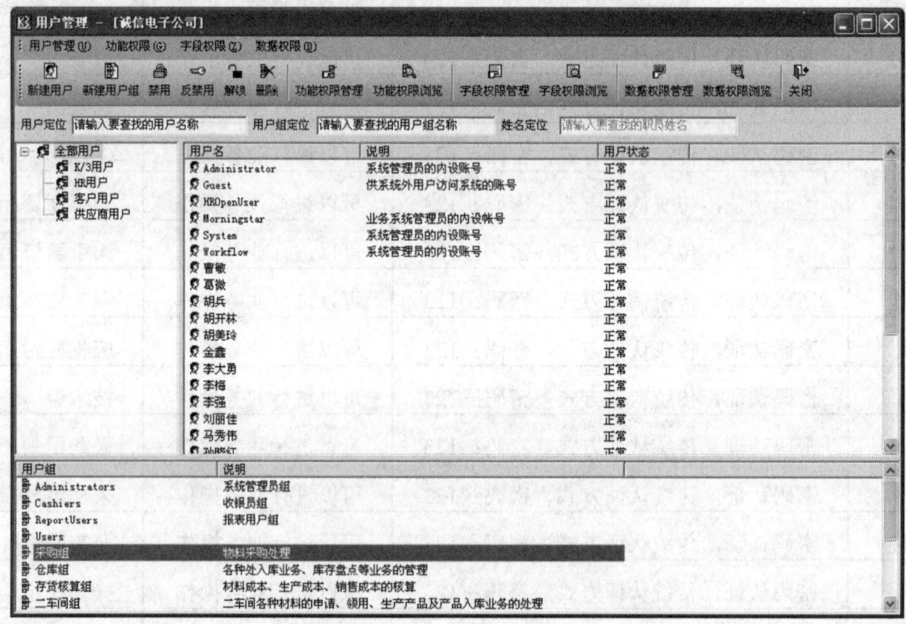

图 3-18 用户管理

## 2. 新增用户

单击【新建用户】按钮，进入【新增用户】窗口，如图 3-19 所示，按照提供的实验数据正确输入。

**注意**

用户认证分为 NT 安全认证和密码认证两种，密码认证又可以选择传统认证、动态密码锁认证等方式。

图 3-19 新增用户

### 3. 用户组授权

选定需要授权的用户组，执行【功能权限】－【功能权限管理】命令，打开【用户管理_权限管理[总账组]】对话框，如图 3-20 所示，按照提供的实验数据正确输入。输入完毕，单击【授权】按钮，完成对选定用户组的授权。

**注意**

除了功能授权外，系统还可以按字段授权，如仓库保管员不能看到存货的成本、销价等信息；还可以按数据进行授权，如销售人员分区管理，北区的销售员只能查看到北区自己客户的信息资料，不能查询其他区域的客户资料。

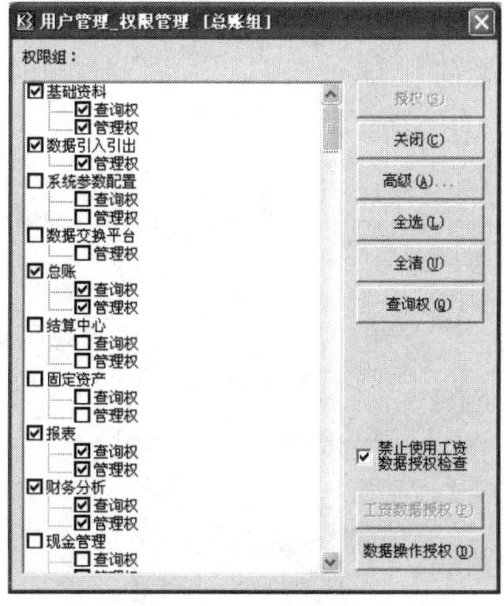


图 3-20 用户组授权

4. 用户授权

选定需要授权的用户，执行【功能权限】—【功能权限管理】命令。用户授权操作和用户组一样，此处不再赘述。

注意

① 某个用户隶属于某个用户组，如果对该用户组进行了授权，则某用户自动拥有隶属的用户组的所有权限。

② 某个用户除了拥有本组的权限外，如果还有其他的功能权限或需要删除一些功能权限等，则可以通过"用户授权"功能对该用户进行单独授权。

上述实验做完后，备份账套，备份文件名为"F 诚信电子公司(系统管理)"。

# 第 4 章 总账管理

## 4.1 系统概述

总账管理系统主要是进行凭证的处理，包括凭证的新增、查询、审核、修改、删除等操作，以凭证为基础编制科目汇总表，登记各种明细账、总账和多栏账，输出科目余额表、试算平衡表等。期末，系统可以自动完成汇兑损益结转、损益结转、自动转账等工作。

### 4.1.1 总账系统基本业务流程

一个完整的财务处理流程，通常有如下几个环节。

凭证录入→凭证审核→凭证记账→月末计提→结转损益→凭证汇总→结转下期

(1) 凭证录入主要是录入日常基本凭证，比如借款、费用报销、提现、收款、付款、进销存相关凭证、生产制造相关凭证等。

(2) 凭证审核是对录入的凭证进行审查、确认等工作。

(3) 凭证记账主要是将制作的凭证记录登记到账簿上以方便汇总、查询，系统通过“过账”功能自动完成。

(4) 月末经常需要计提折旧、坏账准备、跌价准备等，如果没有启用相关的业务系统，如固定资产、应收系统、存货核算，则可以通过总账系统的“自动转账”功能来完成。自动转账主要完成各种摊、提业务凭证的制作，是基于已有的数据和凭证而通过一定的逻辑关系，由系统来自动产生凭证的过程。

(5) 结转损益，对于损益类账户，每个月末或者年末，都需要将其实际发生额转入本年利润账户，系统将提供这类凭证的自动结账功能。

(6) 在手工方式下，凭证记账和凭证汇总需要分开处理；在计算机方式下，通过“过账”功能，系统自动完成账簿的登记及科目的汇总工作。

(7) 结转下期，即计算出本期的累计发生额、本年的累计发生额、期末余额，并将余额结转为下一会计期间的期初余额。系统通过“期末结账”功能完成。

如图 4-1 列示了财务处理在金蝶 K/3 总账系统中的主要操作流程。

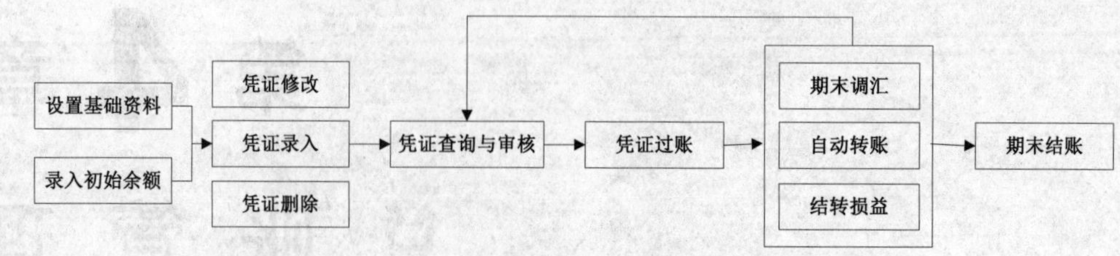


图 4-1　总账系统主要操作流程

### 4.1.2　重点功能概述

总账系统主要是进行凭证、账簿管理的系统，它提供凭证的录入、查询、审核、修改、删除；记账(过账)、总分类账查询、明细分类账查询、多栏账查询、自动转账、期末自动调汇、期末自动结账损益、期末结账等功能。

### 4.1.3　与其他系统的关系

总账系统和其他系统的关系如图 4-2 所示。

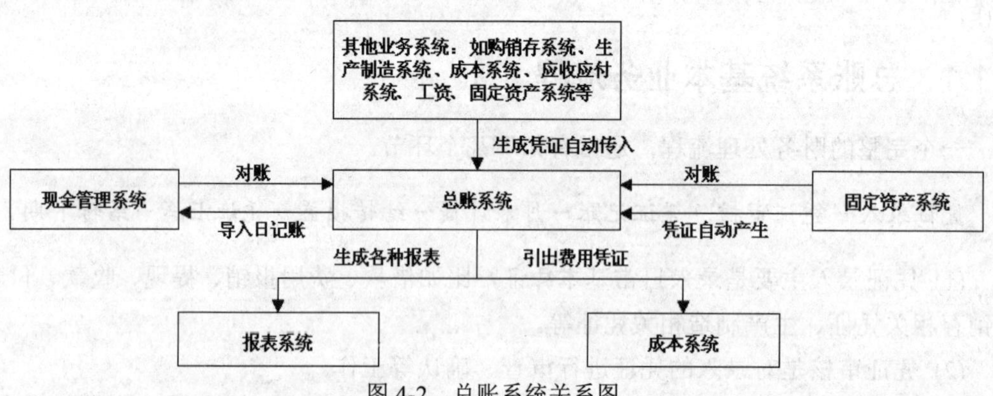


图 4-2　总账系统关系图

## 4.2　实验练习

### 实验一　系统初始化

**↗ 应用场景**

掌握总账系统初始化设置方法。

**↗ 实验步骤**

- 设置系统参数。
- 设置基础资料。

- 录入初始数据。
- 关闭初始化。

### ↗ 操作部门及人员

由财务主管张婷设置系统参数，由总账会计胡美玲录入基础资料、初始数据，并结束初始化的工作。

### ↗ 实验前准备

- 将系统日期调整为2015-02-01。
- 恢复前述备份账套“F诚信电子公司(系统管理)”。

### ↗ 实验数据

#### 1. 系统参数

系统参数如表4-1所示。

表4-1 系 统 参 数

| 参 数 名 称 | 参 数 值 |
| --- | --- |
| “本年利润”科目 | 4103 |
| “利润分配”科目 | 4104 |
| 数量单价位数 | 0 |
| 启用往来业务核销 | 是 |
| 结账要求损益类科目为零 | 是 |

注：其他参数采用系统默认值。

#### 2. 基础资料

基础资料是企业进行日常业务处理时所必需的，并且是一些通用的基础性数据，如币别、会计科目、结算方式、供应商、客户等。

(1) 币别资料如表4-2所示。

表4-2 币 别

| 币 别 代 码 | 币 别 名 称 | 记 账 汇 率 | 折 算 方 式 | 金额小数位数 |
| --- | --- | --- | --- | --- |
| RMB | 人民币 | (默认) | (默认) | 2 |
| USD | 美 元 | 8.00 | 原币×汇率=本位币 | 2 |

(2) 凭证字：“记”。

(3) 会计科目采用新会计准则科目，下面的科目稍做修改，如表4-3所示。

表 4-3 会计科目

| 科目代码 | 科目名称 | 核算项目 | 备　注 |
|---|---|---|---|
| 1001 | 库存现金 | | 外币核算：所有币别，期末调汇 |
| 1002 | 银行存款 | | 外币核算：所有币别，期末调汇 |
| 1221 | 其他应收款 | 职员 | 外币核算：所有币别，往来业务核算 |
| 1122 | 应收账款 | 客户 | 科目受控系统：应收应付 |
| 1123 | 预付账款 | 供应商 | 科目受控系统：应收应付 |
| 1408 | 委托加工物资 | | 数量金额辅助核算，加工物资组，箱 |
| 2202 | 应付账款 | 供应商 | 科目受控系统：应收应付 |
| 2203 | 预收账款 | 客户 | 科目受控系统：应收应付 |

(4) 新增明细科目，如表 4-4 所示。

表 4-4 明细科目

| 科目代码 | 科目名称 | 外币核算 | 期末调汇 | 核算项目 |
|---|---|---|---|---|
| 1002.01 | 招行 | 所有币别 | 是 | |
| 1002.01.01 | 人民币 | 不核算 | | |
| 1002.01.02 | 美元 | 美元 | 是 | |
| 1002.02 | 中行 | 不核算 | | |
| 2221.01 | 应交增值税 | 不核算 | | |
| 2221.01.01 | 进项税额 | 不核算 | | |
| 2221.01.05 | 销项税额 | 不核算 | | |
| 6601.01 | 办公费 | | | 部门 |
| 6601.02 | 招待费 | | | 部门 |
| 6601.03 | 工资福利 | | | 部门 |
| 6601.04 | 折旧费 | | | 部门 |
| 6602.01 | 办公费 | | | 部门 |
| 6602.02 | 差旅费 | | | 部门 |
| 6602.03 | 工资福利 | | | 部门 |
| 6602.04 | 折旧 | | | 部门 |
| 6602.05 | 坏账准备 | | | |
| 6602.09 | 其他 | | | |
| 6603.01 | 汇兑损益 | | | |
| 6603.02 | 利息 | | | |

注：2221.01.01 进项税额科目的余额方向为借方。

(5) 计量单位信息如表 4-5 所示。

表 4-5　计 量 单 位

| 计量单位组 | 计量单位代码 | 计量单位名称 | 是否默认 | 换算率/% |
|---|---|---|---|---|
| 存货组 | 01 | 个 | 是 | 1 |
| | 02 | 盒(数码相机) | | 10 |
| | 03 | 盒(MP3/优盘) | | 20 |
| | 04 | 盒(移动存储器) | | 5 |
| 加工物资组 | 001 | 箱 | 是 | 1 |
| 固定资产组一 | 1 | 辆 | 是 | 1 |
| 固定资产组二 | 2 | 台 | 是 | 1 |

注：全部采用固定换算方式。

(6) 仓库信息如表 4-6 所示。

表 4-6　仓　　库

| 库房代码 | 库房名称 | 仓库属性 | 仓库类型 | 是否进行仓位管理 |
|---|---|---|---|---|
| 001 | 西区库 | 良品 | 普通仓 | 否 |
| 002 | 东区库 | 良品 | 普通仓 | 否 |
| 003 | 代管库 | 良品 | 代管仓 | 否 |

(7) 客户信息如表 4-7 所示。

表 4-7　客　　户

| 客户代码 | 客户名称 |
|---|---|
| 001 | 香港中环公司 |
| 002 | 浦东金茂公司 |
| 003 | 北方高科公司 |

(8) 供应商信息如表 4-8 所示。

表 4-8　供　应　商

| 供应商代码 | 供应商名称 |
|---|---|
| 001 | 绵阳电子 |
| 002 | 佛山通讯 |
| 003 | 美国高盛 |

(9) 部门信息如表 4-9 所示。

表 4-9 部 门

| 部门代码 | 部门名称 | 部门属性 | 成本核算类型 |
|---|---|---|---|
| 001 | 技术部 | 非车间 | 期间费用部门 |
| 002 | 财务部 | 非车间 | 期间费用部门 |
| 003 | 行政人事部 | 非车间 | 期间费用部门 |
| 004 | 采购部 | 非车间 | 期间费用部门 |
| 005 | 生产车间 | | |
| 005.01 | 生产一车间 | 车间 | 基本生产部门 |
| 005.02 | 生产二车间 | 车间 | 基本生产部门 |
| 006 | 销售部 | 非车间 | 期间费用部门 |
| 007 | 仓管部 | 非车间 | 期间费用部门 |

(10) 职员信息如表 4-10 所示。

表 4-10 职 员

| 代码 | 姓名 | 部门名称 | 性别 | 职务 |
|---|---|---|---|---|
| 001 | 金 鑫 | 行政人事部 | 男 | 总经理 |
| 101 | 许 静 | 财务部 | 女 | 财务部经理 |
| 102 | 张 婷 | 财务部 | 男 | 财务主管 |
| 103 | 胡美玲 | 财务部 | 女 | 总账会计 |
| 104 | 李 梅 | 财务部 | 女 | 出纳 |
| 105 | 张爱萍 | 行政人事部 | 女 | 薪资管理员 |
| 106 | 刘丽佳 | 行政人事部 | 女 | 资产管理员 |
| 107 | 马秀伟 | 财务部 | 女 | 往来账会计 |
| 201 | 孙晓红 | 财务部 | 女 | 费用及个人往来账会计 |
| 202 | 葛 微 | 行政人事部 | 女 | 行政专员 |
| 301 | 徐力军 | 技术部 | 男 | 经理 |
| 401 | 李大勇 | 采购部 | 男 | 经理 |
| 402 | 胡开林 | 采购部 | 男 | 采购员 |
| 501 | 张二柱 | 生产一车间 | 男 | 车间主任 |
| 502 | 胡 兵 | 生产一车间 | 男 | 工人 |
| 601 | 朱 铁 | 生产二车间 | 男 | 车间主任 |

(续表)

| 代　码 | 姓　名 | 部门名称 | 性　别 | 职　务 |
| --- | --- | --- | --- | --- |
| 602 | 赵　武 | 生产二车间 | 男 | 工人 |
| 701 | 王　池 | 销售部 | 男 | 经理 |
| 702 | 李　强 | 销售部 | 男 | 销售员 |
| 801 | 赵　力 | 仓管部 | 男 | 经理 |
| 802 | 曹　敏 | 仓管部 | 女 | 仓管员 |

### 3. 初始余额

(1) 人民币账户余额如表4-11所示。

**表4-11　人民币账户余额**

| 科目代码 | 科目名称 | 核算项目类别及明细 | 本年累计借方 | 本年累计贷方 | 期初余额 | 实际损益发生额 |
| --- | --- | --- | --- | --- | --- | --- |
| 1001 | 库存现金 | | 100 000.00 | 30 000.00 | 80 000.00 | |
| 1002.01.01 | 人民币 | | 278 000.00 | 515 000.00 | 9 016 500.00 | |
| 1122 | 应收账款 | 香港中环公司 | 1 000.00 | | 1 000.00 | |
| | | 浦东金茂公司 | 2 000.00 | | 2 000.00 | |
| 1405 | 库存商品 | | 120 000.00 | | 120 000.00 | |
| 1403 | 原材料 | | 126 000.00 | | 126 000.00 | |
| 1601 | 固定资产 | | 1 200 000.00 | | 1 325 000.00 | |
| 1602 | 累计折旧 | | | 2 000.00 | 24 000.00 | |
| 2202 | 应付账款 | 佛山通讯 | | 5 000.00 | 5 000.00 | |
| | | 绵阳电子 | | 30 500.00 | 30 500.00 | |
| 2001 | 短期借款 | | | 50 000.00 | 50 000.00 | |
| 2501 | 长期借款 | | | 1 332 500.00 | | |
| 6001 | 主营业务收入 | | 1 000 000.00 | 1 000 000.00 | | 1 000 000.00 |
| 6401 | 主营业务成本 | | 632 000.00 | 632 000.00 | | 632 000.00 |
| 6601.01 | 销售费用——办公费(财务部) | | 30 000.00 | 30 000.00 | | 30 000.00 |

(续表)

| 科目代码 | 科目名称 | 核算项目类别及明细 | 本年累计借方 | 本年累计贷方 | 期初余额 | 实际损益发生额 |
|---|---|---|---|---|---|---|
| 6601.04 | 销售费用——折旧费(行政人事部) | | 2 000.00 | 2 000.00 | | 2 000.00 |
| 4103 | 本年利润 | | | 336 000.00 | 336 000.00 | |
| 2221.01.01 | 进项税额 | | 4 000.00 | | 170 000.00 | |
| 2221.01.05 | 销项税额 | | | 170 000.00 | | |
| 4001 | 实收资本 | | | | 11 035 000.00 | |

(2) 美元账户期初余额如表 4-12 所示。

表 4-12 美元账户期初余额

| 科目代码 | 科目名称 | 累计借方发生额 | | 累计贷方发生额 | | 期 初 余 额 | |
|---|---|---|---|---|---|---|---|
| | | 原币 | 本位币 | 原币 | 本位币 | 原币 | 本位币 |
| 1002.01.02 | 美元 | 80 000.00 | 640 000.00 | | | 80 000.00 | 640 000.00 |

## 操作指导

### 1. 设置基础资料

(1) 总账会计胡美玲登录金蝶 K/3 主控台。

执行【开始】－【程序】－【金蝶 K/3 WISE】－【金蝶 K/3 WISE】命令，打开【金蝶 K/3 系统登录】窗口，输入需要登录的账套信息。

当前账套：本案例选择“201502|诚信电子公司”。

选择命名用户身份登录。

用户名：胡美玲。

密码：123。

单击【确定】按钮，进入【我的工作台】，在工具栏选择【K/3 主界面】进入【K/3 系统-[主界面]】窗口。

(2) 设置币别。

执行【系统设置】－【基础资料】－【公共资料】－【币别】命令，进入【基础平台-[币别]】窗口。单击【新增】按钮，打开【币别-新增】对话框，按照提供的实验数据正确输入。币别的相关属性如表 4-13 所示。

表 4-13 币别属性

| 项目名称 | 相关说明 |
| --- | --- |
| 币别代码 | 表示货币币别的代码，一般使用 3 个字符表示 |
| 币别名称 | 表示货币的名称，如人民币、港币、美元等 |
| 记账汇率 | 在经济业务发生时的记账汇率，期末调整汇兑损益时，系统自动按对应期间的记账汇率折算，并调整汇兑损益额度 |
| 折算方式 | 提供两种方式 |
| 金额小数位数 | 指定币别的精确小数位数，范围为 0～4 |

(3) 设置凭证字。

执行【系统设置】－【基础资料】－【公共资料】－【凭证字】命令，进入【基础平台-[凭证字]】窗口。单击【新增】按钮，打开【凭证字-新增】对话框，在【凭证字：】文本框中录入【记】，单击【确定】按钮，完成凭证字录入。单击【关闭】按钮，退出凭证字录入。

(4) 设置会计科目。

第一步，引入系统设置的会计科目模板。

执行【系统设置】－【基础资料】－【公共资料】－【科目】命令，进入【基础平台-[科目]】窗口。选择【文件】－【从模板中引入科目】菜单项，打开【科目模板】对话框，选择【新会计准则科目】，单击【引入】，在【引入科目】对话框，依次单击【全选】、【确定】，引入系统预设的会计科目。

第二步，修改引入的会计科目属性。

选定需要修改的会计科目，单击【属性】，打开【会计科目-修改】对话框，如图 4-3 所示，按照提供的实验数据修改刚才引入的个别会计科目。会计科目的相关属性说明如

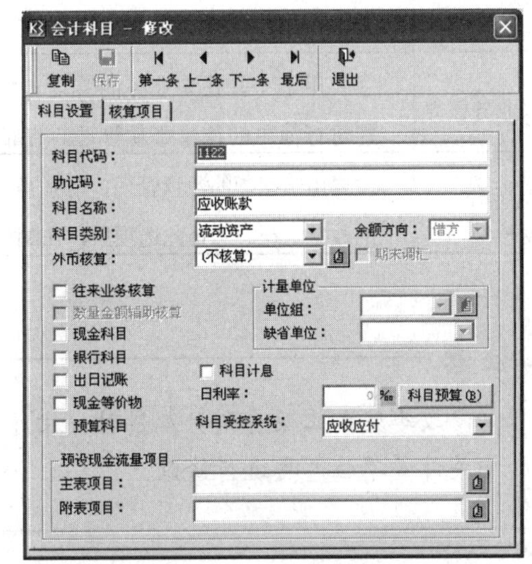


图 4-3 修改会计科目

表 4-14 所示。

表 4-14　会计科目属性

| 项 目 名 称 | 相 关 说 明 |
| --- | --- |
| 科目代码 | 科目的代码，在系统中必须唯一 |
| 助记码 | 帮助记忆科目的编码。在录入凭证时，为了提高科目录入的速度，可以用助记码进行科目录入。例如：将“银行存款”科目的助记码输为“YHCK”，则在查看银行存款科目时输入“YHCK”，系统将会自动找到“银行存款”科目 |
| 科目名称 | 科目名称是该科目的文字标识 |
| 科目类别 | 科目类别用于对科目的属性进行定义。科目的属性一般分为六大类：资产类、负债类、所有者权益类、成本类、损益类及表外科目 |
| 余额方向 | 余额方向是指该科目的余额默认的方向。一般资产类科目的余额方向在借方，负债类科目的余额方向在贷方 |
| 核算项目 | 多项目核算，可全方位、多角度地反映企业的财务信息，设置核算项目就相当于将某类核算项目具体的内容作为该科目的明细科目 |
| 外币核算 | · 如果选择不核算，则表示此科目在使用时只能选择记账本位币<br>· 如果选择核算某种外币，则表示此科目在使用时只能选择某外币，但是系统会自动根据汇率折算成记账本位币<br>· 如果选择核算所有外币，则表示此科目在使用时可以选择“币别”资料中的所有币别，包括本位币。对于非本位币，系统也会自动根据汇率折算成记账本位币 |
| 往来业务核算 | 主要用于一些往来业务的管理，特别是没有启用应收应付系统时，可以利用此功能进行简单的往来账款管理，包括输出往来对账单、账龄分析表 |
| 数量金额辅助核算 | 主要用于存货的数量管理，特别是没有启用供应链系统时，可以利用此功能进行简单的数量管理。选择此选项后，在制作凭证时，会要求既录入金额，又录入数量 |

注意

修改委托加工物资科目属性时，由于需要引用到计量单位，所以还须先增加相关计量单位，再进行修改。

第三步，增加新的会计科目，在此主要练习新增一些明细科目。

在【基础平台-[科目]】窗口，单击【新增】，打开【会计科目-新增】对话框，按照提供的实验数据新增会计科目。

第四步，删除不需要的会计科目。

注意

① 科目的属性关系到后面账务、报表的处理，以及是否能由业务系统自动生成凭证等，因此需要慎重设置科目属性。

② 核算项目，简言之，就是另一种形式的明细科目，只是比普通的明细科目使用起来更灵活、更方便。以往来账款为例，应收账款、预收账款都要按客户明细进行分类统计。手工方式下，必须在应收账款下设置客户明细，同时还要在预收账款科目下再设置一次明细。如果有了核算项目，则只需要设置好客户资料后，将应收账款、预收账款分别绑定即可。这样大大减少了科目设置的工作量，同时还能快速获得客户的数据资料。手工方式下，要查询某客户的往来款余额，还需要将此客户涉及的所有科目进行手工汇总统计，经常会由于遗漏等问题而导致统计的数据不准确。计算机方式下，只需按客户进行查询即可。

③ 科目通过点号来区分级次。科目的代码不能重复。新增科目时先增加上级科目，再增加下级科目，下级科目可以自动携带上级科目的属性。

④ 如果会计科目被其他系统引用，如供应链系统指定存货会计科目为1243，则1243不允许被删除。或者，会计科目已有发生额、余额，也不允许删除，但可以禁用。删除的资料不能自动恢复，如果需要被删除的基础资料，需要手工重新录入一遍。此外，非最明细的科目也不允许删除。

(5) 设置计量单位。

要设置计量单位，必须先增加计量单位组。在K/3系统主界面，执行【系统设置】—【基础资料】—【公共资料】—【计量单位】命令，打开【基础平台-[计量单位]】对话框。单击【新增】，打开【新增计量单位组】对话框，按照提供的实验数据新增计量单位组。计量单位组设置完毕，选择需要增加计量单位的组，如“存货组”，鼠标在右边空白方框中单击，执行【编辑】—【新增计量单位】命令，在打开的【计量单位-新增】对话框中，依次增加计量单位“个”、“盒(数码相机)”等。

**注意**

① 设置计量单位，首先需要设置计量单位组，没有计量单位组，就无法增加计量单位。例如，计量单位组可以分为数量组、重量组、体积组等。每一个计量单位组中，系统要求有一个基本的计量单位，本组内的其他计量单位与基本计量单位都有一定的换算关系。比如“个”是基本计量单位，还有计量单位“箱”，且 1 箱 = 20 个，就与基本计量单位有一定的换算关系。

② 系统默认计量单位组中新增的第一个计量单位为基本计量单位。即【是否默认】中显示的是【是】。如果要修改基本计量单位，则选中要设为基本计量单位的行，单击鼠标右键，选择【设为默认值】即可。

③ 选择工具栏上的【新增】命令，可以新增计量单位组，也可以增加计量单位。如果选择根目录“计量单位”，则新增的是组；如果选择具体的计量单位组，则新增的是本组内具体的计量单位。

④ 通过给计量单位设置不同的换算方式，可以支持多计量单位处理。固定换算方式的计量单位与默认计量单位间始终维持固定的换算比率，而浮动换算计量单位则可在物料、单据上使用时根据需要指定其换算率，实现了更加灵活的运用。例如：钢材入库的时候一般按吨计量，使用时可能按米一根根切割领用，此时吨和米之间就没有固定的换算关系，可能这次是 1 吨=600 米，下次是 1 吨=620 米。

⑤ 计量单位设置完毕，可以再修改前面委托加工物资科目的属性。

(6) 设置仓库(存放地点)。

在 K/3 系统主界面，执行【系统设置】—【基础资料】—【公共资料】—【仓库】命令，打开【基础平台-[仓库]】对话框。单击【新增】，打开【仓库-新增】对话框，按照提供的实验数据新增仓库。

**注意**

① 根据企业的实际管理需要，可以在仓库下设置仓位。仓库多用于供应链系统中。

② 仓库的类型分为普通仓和代管仓等。普通仓是实仓，进行数量和金额核算；代管仓等是虚仓，只核算数量，不核算金额。

(7) 设置客户。

在K/3系统主界面，执行【系统设置】—【基础资料】—【公共资料】—【客户】命令，打开【基础平台-[客户]】对话框。单击【新增】，打开【客户-新增】对话框，按照提供的实验数据新增客户资料。客户的信息除了代码、名称外，还有联系人、地址、电话等其他信息，不一一列举。但是有些内容会涉及其他系统或功能的使用，如是否进行信用管理，如果不选，则不能在应收或销售系统进行信用控制。

(8) 设置供应商。

执行【系统设置】—【基础资料】—【公共资料】—【供应商】命令，打开【基础平台-[供应商]】对话框。单击【新增】，打开【供应商-新增】对话框，按照提供的实验数据新增供应商资料。供应商的信息除了代码、名称外，也有联系人、地址、电话等其他信息。

(9) 设置部门资料。

执行【系统设置】—【基础资料】—【公共资料】—【部门】命令，打开【基础平台-[部门]】对话框。单击【新增】，打开【部门-新增】对话框，按照提供的实验数据新增部门资料。

注意

部门资料中的“部门属性”、“成本核算类型”用于生产管理系统、成本管理系统。此外，设置【生产车间】时，注意选择【上级组】。

(10) 设置职员资料。

执行【系统设置】—【基础资料】—【公共资料】—【职员】命令，打开【基础平台-[职员]】对话框。单击【新增】，打开【职员-新增】对话框，按照提供的实验数据新增职员资料。此处，只需先录入职员的代码、名称、性别、所属部门信息，因职务和工资系统紧密相关，所以在工资系统中再进行录入、介绍。

### 2. 设置系统参数

由于系统参数只能由系统管理员设置，以张婷的身份登录系统，执行【系统设置】—【系统设置】—【总账】—【系统参数】命令，打开【系统参数】对话框，如图4-4所示。按照提供的实验数据正确输入。

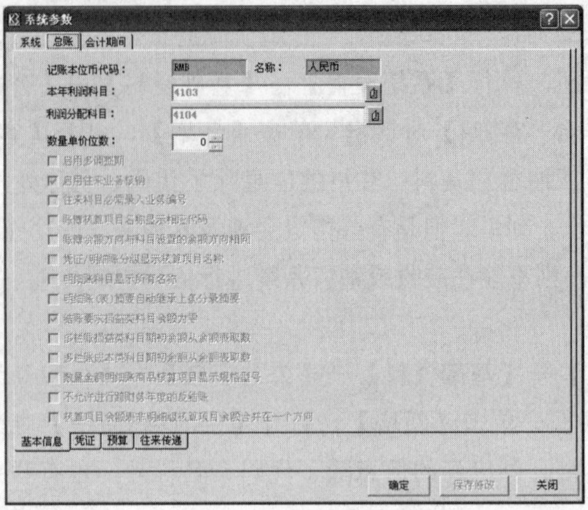

图 4-4　设置系统参数

### 3. 录入初始数据

以胡美玲身份重新登录系统，执行【系统设置】—【初始化】—【总账】—【科目初始数据录入】命令，打开【总账系统-[科目初始余额录入]】对话框，如图 4-5 所示。按照提供的实验数据正确输入。

图 4-5　录入初始数据

(1) 先录入科目的人民币初始余额。

注意

① 在录入初始数据时，首先根据核算币别的不同，分别录入初始数据。

② 录入初始数据时，只需录入明细科目的初始数据，即白色的行。黄色的行是非明细科目，由系统自动汇总算出。

③ 当输入到损益类科目时，还需输入“实际损益发生额”，这关系到损益表输出的正确性。

④ 对于有核算项目的会计科目，需通过单击对应会计科目行、核算项目列的带有“√”的单元格，进入分核算项目录入的窗口，其数据内容和普通窗口一致。

⑤ 进行数量金额辅助核算的科目，还需要输入相关科目的数量信息。数量资料的内容和金额内容相似。

(2) 再录入科目的美元初始余额。

录入科目的“美元”账户初始余额时，在【总账系统-[科目初始余额录入]】窗口的【币别】处，通过下拉按钮选择【美元】。

(3) 试算平衡。

如图 4-5 所示，在【币别】处，单击下拉按钮选择【综合本位币】选项，再单击工具栏的【平衡】按钮，即可测算初始数据的正确性。

注意

① 如果试算的结果不平衡，则系统不允许结束初始化。

② 如果此处试算不平衡，请检查一下是否是在科目设置时，没有将 2221.01.01 进项税额科目的余额方向修改为借方。

### 4. 结束初始化

以财务主管张婷的身份登录系统，执行【系统设置】－【初始化】－【总账】－【结束初始化】命令，完成初始化录入工作。初始化结束后，初始数据无法再修改。

注意

① 一旦结束初始化，所有科目的初始数据将不能再修改、再录入。

② 如果发现初始化数据错误，可以通过反初始化，再进行修改。

上述实验完成后，备份账套，备份文件名为“F 诚信电子公司(总账初始化)”。

## 实验二 日常凭证处理

### 应用场景

财务人员最日常的财务处理即是根据原始单据按照会计法的要求制作会计凭证，并登记到相应的会计账簿中，月末由主管会计对所有会计凭证进行科目汇总，并试算平衡后登记总账，最终编制会计报表。

在会计信息系统中，最主要的工作即是制作会计凭证，登记会计账、科目汇总等可以由信息系统自动完成。

### 实验步骤

- 凭证录入。
- 凭证审核。
- 凭证过账。

### 操作部门及人员

在诚信公司，总账会计胡美玲等负责每月凭证的制作，财务主管张婷负责审核已录入的凭证。

### 实验前准备

- 将系统时间调整为 2015-02-25。
- 恢复前述备份账套“F 诚信电子公司(总账初始化)”。

### 实验数据

2015 年 2 月发生的业务有：

(1) 2 月 8 日，葛微报销办公用品费用 500 元。

借：管理费用——办公费(行政人事部)　　500

　　贷：库存现金　　500

(2) 2 月 10 日，采购部李大勇出差新加坡，借款 1 000 美元(合人民币 8 000 元)。

借：其他应收款——李大勇　　8 000

　　贷：银行存款——招行——美元　　8 000

(3) 2 月 12 日，出纳李梅到银行提取现金 1 000 元。

借：库存现金　　1 000

　　贷：银行存款——招行——人民币　　1 000

(4) 2 月 22 日，李大勇出差回来报销差旅费 800 美元(合人民币 6 400 元)，还款 200 美元(合人民币 1 600 元)。

借：管理费用——差旅费(采购部)　　6 400
　　银行存款——招行——美元　　1 600
　　贷：其他应收款——李大勇　　8 000

## 操作指导

### 1. 凭证录入

在K/3系统主界面，执行【财务会计】—【总账】—【凭证处理】—【凭证录入】命令，打开【总账系统-[记账凭证-新增]】对话框。按照提供的实验数据逐笔正确输入记账凭证。输入完成后可以查看记账凭证，如图4-6所示。

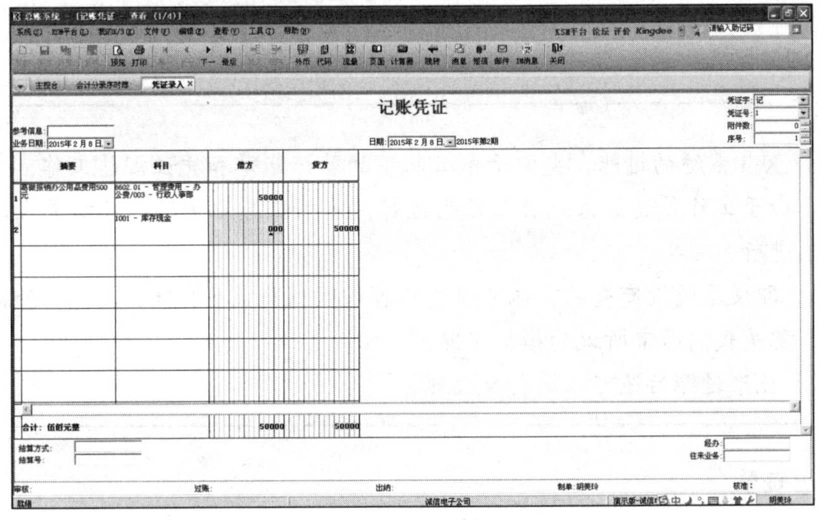

图4-6　记账凭证

**注意**

① 在录入摘要的过程中，还可以使用“..”自动复制上条摘要，使用“//”自动复制第一条摘要，以减少输入量。

② 对于提现等一些只涉及金额改动的会计凭证，可以使用模式凭证来加速会计凭证的制作。即将常用凭证的摘要和科目等内容保存为模式凭证，制作凭证时调入模式凭证，修改相关内容后，保存即可。

③ 凭证输入时，可以通过按F7键来查询科目代码等相关信息。

④ 如果要输入涉及外币的凭证，单击【外币】按钮即可。由于系统参数中没有勾选【凭证中的汇率允许手工修改】，所以制作外币凭证时，汇率不能修改。

⑤ 如果制作的凭证错误，在未审核前可以直接修改；如果已审核但没过账(登账)，则可以反审核，然后再修改；如果已过账(登账)，则可以使用“对冲”功能，先生成一张红字凭证，再手工制作一张蓝字凭证(虽然系统提供反过账功能，但是不建议使用)。错误的凭证也可以直接删除。删除是不可逆操作，删除后无法恢复。已经审核或过账的凭证不能删除。

2. 凭证审核

张婷登录 K/3 系统主界面，执行【财务会计】—【总账】—【凭证处理】—【凭证查询】命令，弹出【会计分录序时簿过滤】对话框，单击【确定】，进入总账系统【会计分录序时簿】列表窗口。单击【审核】，逐笔审核刚才录入的记账凭证。凭证审核后不能再进行修改。凭证审核后可以进行反审核。

3. 凭证过账

在 K/3 系统主界面，执行【财务会计】—【总账】—【凭证处理】—【凭证过账】命令，打开【凭证过账】向导，按照系统的提示逐步操作。

注意

① K/3 系统的过账，类似于手工账下的登记账簿和凭证汇总工作。手工方式下，由于工作量的关系一般在月底进行，采用信息系统后，可以每天、每周或月末进行。

② 即使系统没有登账，也可以查询各种明细账、多栏账、总账、余额表等内容，就是我们通常所说的模拟记账。

③ 凭证过账后还可以进行反过账。

输出表单

(1) 凭证汇总表

在 K/3 系统主界面，执行【财务会计】—【总账】—【凭证处理】—【凭证汇总】命令，弹出【过滤条件】对话框，币别选择【综合本位币】，选择【包含所有凭证字号】选项，单击【确定】按钮，进入【凭证汇总表】窗口，系统列出了指定日期会计科目的借方发生额汇总数及贷方发生额汇总数。

(2) 总分类账

在 K/3 系统主界面，执行【财务会计】—【总账】—【账簿】—【总分类账】命令，弹出【过滤条件】对话框，单击【确定】，进入【总分类账】窗口，系统列出了指定期间指定会计科目的期初余额、本期借方发生额合计及贷方发生额合计、期末余额。

(3) 多栏账

在 K/3 系统主界面，执行【财务会计】—【总账】—【账簿】—【多栏账】命令，打开【多栏式明细分类账】对话框。先单击【设计】，打开【多栏式明细账定义】对话框，在【编辑】页签中，单击【新增】，设计多栏账的方案。

首先在【会计科目】处选择“管理费用”，然后在【币别代码】处选择“RMB”，单击下方的【自动编排】按钮，即完成了多栏账的设计，如图 4-7 所示。设计完毕，单击【保存】。在【浏览】页签中，选择刚定义的多栏账，单击【确定】，系统自动按定义的规则显示符合要求的多栏账。

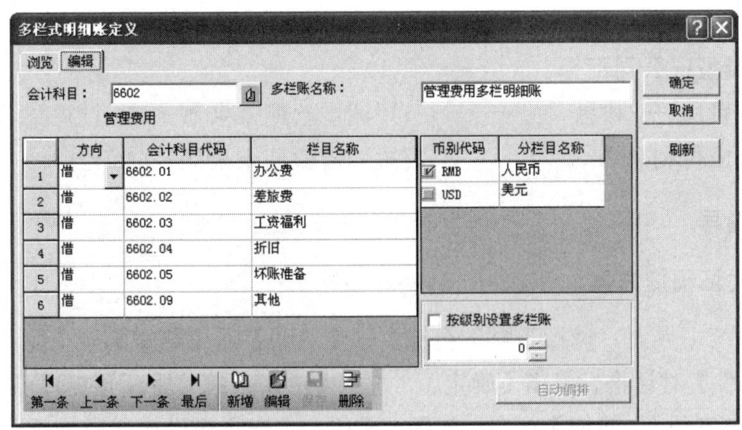


图 4-7　多栏账设计

实验做完后，备份账套，备份文件名为“F 诚信电子公司(总账实验二)”。

## 实验三　摊提凭证处理

### 应用场景

企业经常要在期末处理租金、保险费、借款利息、固定资产修理费等的预提，或是进行制造费用、产品生产成本等的结转。

### 实验步骤

- 新增凭证预提方案。
- 生成凭证。
- 凭证审核、过账。

### 操作部门及人员

在诚信公司，总账会计胡美玲负责每月月末固定的一些业务凭证制作，财务主管张婷审核胡美玲录入的凭证。

### 实验前准备

- 将系统时间调整为 2015-02-28。
- 恢复前述备份账套“F 诚信电子公司(总账实验二)”。

### 实验数据

- 每月月末按短期借款期末余额计提短期借款利息，利率为年率 6%。

- 方案名称：计提借款利息。
- 摘要：月末计提短期借款利息。
- 凭证字：记。
- 币别：人民币。
- 汇率类型：公司汇率。

借：财务费用——利息　　　　(短期借款期末余额×6%/12)

　　贷：应付利息　　　　(短期借款期末余额×6%/12)

### 操作指导

#### 1. 新增凭证预提方案

在 K/3 系统主界面，执行【财务会计】—【总账】—【结账】—【凭证预提】命令，打开【过滤条件】对话框，单击【确定】，进入【总账系统-[凭证预提]】窗口。单击【新增】，打开【方案设置-新增】窗口，如图 4-8 所示。按照提供的实验数据录入方案名称、摘要、凭证字等，单击【保存】按钮，建立预提方案。

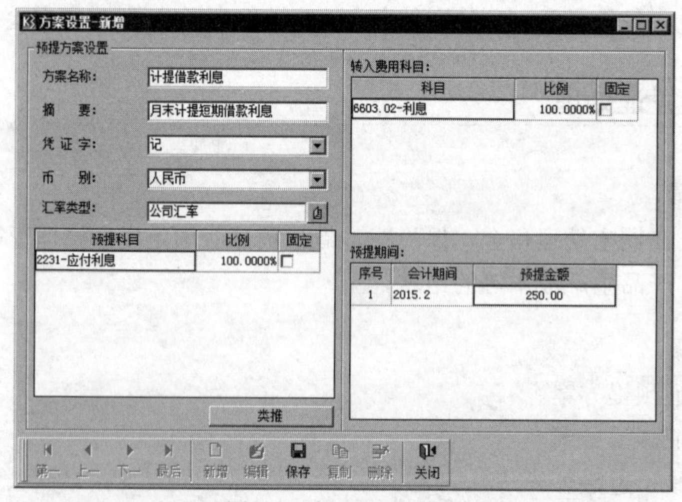


图 4-8　凭证预提方案

**注意**

① 预提科目是“应付利息”，转入费用科目是“财务费用_利息”。

② 预提金额的选择可以通过单击右边的【获取】按钮进入【取数公式定义向导】对话框进行设置。取数公式的具体含义可以参考第 11 章关于报表的介绍，此处设置为：-ACCT("2001","Y","",0,0,0,"")*0.06/12，注意前面有个负号。

③ 在【预提金额】处，按 Enter 键，可以设置预提期间。

### 2. 生成凭证

参照第一步的操作，进入【总账系统-[凭证预提]】窗口。选择预提方案，单击【凭证】，系统将自动生成一张凭证，并弹出生成凭证的信息提示框。

### 3. 凭证审核、过账

预提凭证的审核、过账操作参考前述介绍。

注意

摊销凭证、自动转账凭证的制作也与预提相类似，此处不再赘述。

## 实验四 期末调汇

### 应用场景

对于有外币业务的凭证，期末需要根据记账汇率对科目余额进行相应调整。

### 实验步骤

- 期末调汇。
- 调汇凭证审核。
- 调汇凭证过账。

### 操作部门及人员

总账会计胡美玲进行期末调汇的操作，生成凭证，由主管会计张婷对凭证进行审核。

### 实验前准备

- 将系统时间调整为 2015-02-28。
- 接实验三继续练习。

### 实验数据

期末，美元的汇率为 7.8，需要对美元账户进行期末调汇，汇兑损益计入财务费用。

### 操作指导

### 1. 修改汇率

在 K/3 系统主界面，执行【系统设置】－【基础资料】－【公共资料】－【汇率体系】命令，进入【基础平台-[汇率体系]】窗口。选择【公司汇率】，将原来的汇率失效日期修改为 2015-02-27，同时单击【新增】按钮，新增一个汇率为 7.8，生效日期为 2015-02-28，失效日期为 2015-03-30。保存后再进行审核。

2. 调汇

在 K/3 系统主界面，执行【财务会计】－【总账】－【结账】－【期末调汇】命令，打开【期末调汇】向导。汇率类型选择【公司汇率】，单击【下一步】，再设置期末调汇的参数。如汇兑损益科目为“6603.01”；生成转账凭证；生成凭证分类为“汇兑损益”；凭证日期为“2015-02-28”；凭证字为“记”；凭证摘要为“结转汇兑损益”。单击【完成】，系统自动生成一张凭证，并弹出生成凭证的信息提示框。单击【确定】，完成期末调汇操作。

调汇凭证的审核、过账操作参考前述介绍。

## 实验五 结转损益

### 应用场景

为了正确编制损益表，月末需要将损益类科目实际发生额自动转入本年利润科目。

### 实验步骤

- 自动结转损益。
- 结转损益凭证审核。
- 结转损益凭证过账。

### 操作部门及人员

由总账会计胡美玲进行自动结转损益的操作，由主管会计张婷对凭证进行审核、过账。

### 实验前准备

- 将系统时间调整为 2015-02-28。
- 接实验四继续练习。

### 实验数据

2 月 28 日，将所有损益类科目实际发生额结转到本年利润科目中。

- 凭证类型：损益。
- 凭证生成方式：按普通方式结转。

#### 操作指导

在 K/3 系统主界面，执行【财务会计】－【总账】－【结账】－【结账损益】命令，打开【结转损益】向导，依照系统提示操作。

审核结账损益凭证并过账。

注意

损益类科目结转到本年利润必须使用系统提供的结转损益功能，否则将影响损益表的正确性。

上述实验做完后，备份账套，备份文件名为“F 诚信电子公司(总账期末处理)”。

### 实验六 期末结账

#### 应用场景

了解期末结账的方法，待相关系统业务都处理完毕，凭证全部生成，并审核、过账后，再做结账工作。

#### 实验步骤

期末结账。

#### 操作部门及人员

主管会计张婷进行期末结账处理。

#### 实验前准备

- 将系统时间调整为 2015-02-28。
- 接实验五继续练习。

#### 实验数据

无。

#### 操作指导

在 K/3 系统主界面，执行【财务会计】－【总账】－【结账】－【期末结账】命令，打开【期末结账】向导，依照系统提示操作。结账完成，系统进入下一会计期间，在窗口的右下角，可以看到当前会计期间为：2015 年第 3 期。

注意

① 如果其他系统参数设置了“与总账同步”，则需要其他系统先结账，总账系统才能结账。

② 期末结账是本期的最后一项工作，一定要慎重，确保前面的工作都完成后再进行结账。

③ 系统还提供反结账的功能，建议大家不要轻易进行结账、反结账处理。

# 第 5 章 应收应付管理

## 5.1 系统概述

应收款管理，是指通过销售发票、其他应收单、收款单等单据的记录，对企业的往来账款进行综合管理，及时、准确地给客户提供往来账款余额资料，以及各种分析报表。同时，系统还提供了各种预警、控制功能，如到期债权列表的列示以及合同到期款项列表，帮助企业及时对到期账款进行催收，以防止发生坏账，信用额度的控制有助于企业随时了解客户的信用情况。此外，还提供了应收票据的跟踪管理，企业可以随时对应收票据的背书、贴现、转出、作废等操作进行监控。该系统既可独立运行，又可与销售、总账、现金管理等其他系统结合运用，提供完整的业务处理和财务管理信息。独立运行时，通过与金税系统的接口，可以避免发票的重复录入。

而应付款管理，通过采购发票、其他应付单、付款单等单据的记录，对企业的应付账款进行综合管理，及时、准确地提供与供应商往来账款余额资料，以及各种分析报表。同时系统还提供了各种预警、控制功能，如到期债务列表的列示以及合同到期款项列表，帮助企业对到期的应付账款提前进行资金筹划，以保证良好的支付信誉。应付款管理系统既可独立运行，又可与采购、总账、现金管理等其他系统结合运用，提供完整的业务处理和财务管理信息。

### 5.1.1 应收应付基本业务处理流程

应收应付业务的处理通常处于完整采购或销售业务的末端，包括以下几个环节。

财务登记应收(付)款→出纳收(付)款→核销往来账→凭证制作

(1) 财务一般根据发票或其他应收(付)单，登记应收(付)账，如果应收应付独立使用，则可以直接在应收应付系统中输入发票及其他应收(付)单。如果同时启用了供应链系统，则发票直接在供应链系统输入，保存后自动传递到应收应付系统，往来账会计只需添加相关的往来信息即可，同时，应收应付凭证也由供应链系统制作完成后传递到应收应付系统。

(2) 收(付)款单据输入及收(付)款凭证制作在应收应付系统完成。

K/3 应收业务的处理流程如图 5-1 所示。

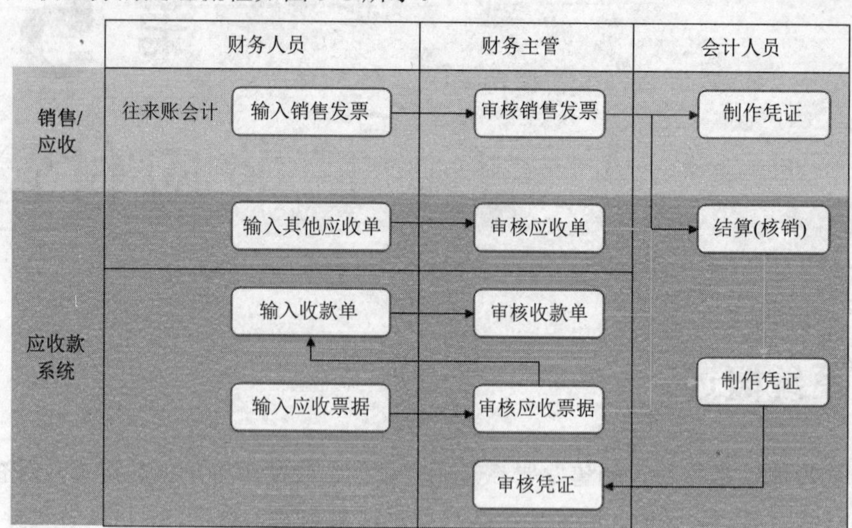


图 5-1　应收业务处理流程

应付业务处理与应收业务类似，本节不再赘述。

从图 5-1 中可以看出，应收应付系统最关键的操作是单据输入、单据审核、单据核销及凭证制作。

## 5.1.2　重点功能概述

应收系统关键的操作是单据输入、审核及核销，其重要功能主要包括以下几个方面。

### 1. 与其他系统紧密集成的单据管理

如果启用了销售系统，则销售系统的赊销发票会自动传递到应收系统统计为应收账款，避免了由于业务繁多而漏登或错登应收账款。如果启用了现金管理系统，出纳在现金管理系统录入的收款单可以自动传递到应收系统，保证了业务员随时准确地了解客户的往来款，方便与客户对账，同时也有利于货款的催收。如果没有启用销售或现金管理系统，也可以在应收系统进行发票、收款单的录入，保证了系统单独使用时业务的完整性。

### 2. 信用管理

赊销目前已经成为各行业市场中主要的交易方式。作为一种有效的竞争手段和促销手段，赊销能够为企业带来巨大利润。同时，伴随着赊销产生的商业信用风险以及对这种风险的管理就变得越来越重要。K/3 应收管理系统提供了完善的信用管理功能，具体内容如下。

(1) 在销售类单据新增时，系统会针对不同信用对象(客户、职员)进行信用的控制，如控制客户的信用额度是否超过规定标准等。

(2) 进行应收账款预警。体现在登录销售系统时，系统自动列示所有超过信用期限的未收货款的销售发票。

(3) 根据客户的付款时间，自动计算客户可以享受的现金折扣。

(4) 在销售类单据输入时，可以通过快捷键 Shift+F8 随时查询客户的资信状况，以事前规避坏账可能发生的风险。

(5) 提供各种信用报表查询，从中进行总结以咨决策。

### 3. 票据管理

提供全面的商业汇票的业务处理与跟踪管理，应收票据审核后可以自动生成收款单或预收单，参与后续的结算处理；同时，系统支持应收票据的进一步业务处理，帮助企业随时监控应收票据的背书、贴现、收款、作废等业务。

### 4. 坏账管理

提供坏账准备的计提、损失和收回的业务和相关的账务处理，对于坏账准备的计提，系统支持备抵法下的三种计提方法：销货百分比法、账龄分析法和应收账款百分比法，满足企业灵活的业务需要，帮助企业加强对应收账款的管理。

### 5. 往来账款核销处理

往来账款核销最常见的方式就是收款冲抵客户的应收账款，但在现实中，应收账款的核销往往种类繁多。比如 A 欠 B，B 又欠 C，B 建议 A 直接还钱给 C，这就是转销。另外，还可能 A 采购了 B 的一些商品，而 B 也采购了 A 的一些商品，这时候就可能是双方的往来款互抵。应收系统不但提供了收款对应收账款的核销，还提供了应收款与应付款(应付系统)的冲销、应收款的转销(A 转到 B)、预收款冲应收款、收款单与退款单冲销等。

### 6. 对账功能

提供应收系统的单据与总账账簿的对账功能，包括按总额对账和按往来科目对账两种方式，帮助企业随时进行业务信息与财务信息的核对，及时发现和遏制业务部门与财务部门之间由于信息不对称造成的账实不符问题。

与应收系统相类似，应付系统的重要功能包括如下几个方面。

### 1. 与其他系统紧密集成的单据管理

如果启用了采购系统，则采购系统的赊购发票会自动传递到应付系统统计为应付账款，避免了由于业务繁多而漏登或错登应付账款。

此外，相对于收款管理，资金的支付要求应更严格，因为资金一旦支付出去，就很难追收。所以在应付款管理系统增加了“付款申请单”单据，要求所有资金的支付必须预先申请。如果启用了现金管理系统，应付款管理系统的“付款申请单”可以传递到现金系统，出纳根据付款申请单进行资金的支付处理(现金管理系统的付款单)，而现金管理系统的付款单又可以传递到应付款管理系统进行应付款的冲销处理，保证了采购员随时准确地了解供应商的往来款，方便与供应商对账。如果没有启用采购或现金管理系统，也可以在应付系统直接进行发票、收款单的录入，保证了系统单独使用时业务的完整性。

2. 票据管理

与应收系统稍有不同的是应付系统的票据仅提供付款、退票操作，因为应付票据一般是由供应商持有，出票人一般只负责在指定日期支付确定的金额，所以系统支持应付票据涉及的操作也就只是付款、退票业务。

3. 往来账款核销处理

与应收系统相类似，应付系统不但提供了付款对应付账款的核销，还提供应付款与应收款(应收系统)的冲销，应付款的转销(A 转到 B)、预付款冲应付款、付款单与退款单冲销等。

4. 对账功能

提供应付系统的单据与总账账簿的对账功能，包括按总额对账和按往来科目对账两种方式，帮助企业随时进行业务信息与财务信息的核对，及时发现和遏制业务部门与财务部门之间由于信息不对称造成的账实不符问题。

### 5.1.3 与其他系统的关系

应收应付系统与其他系统的关系如图 5-2 所示。

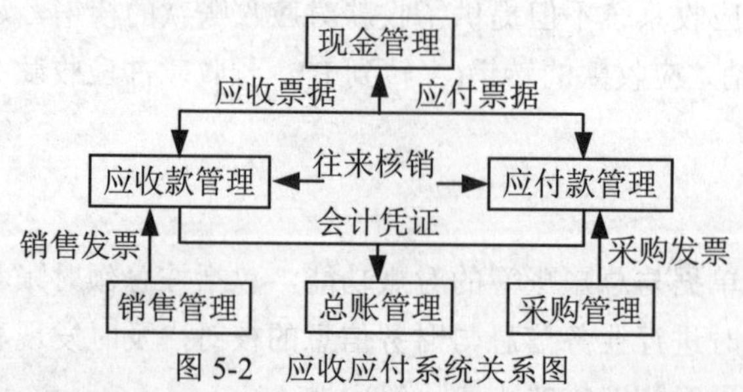


图 5-2 应收应付系统关系图

(1) 销售系统录入的销售发票可以传入应收款管理系统进行应收账款的核算，同时，发票可以和应付款系统进行应收冲应付的核算。

(2) 采购系统录入的采购发票可以传入应付款管理系统进行应付账款的核算，同时，发票可以和应收款系统进行应收冲应付的核算。

(3) 应付系统录入的单据可以与应收款管理系统录入的单据进行各种对冲核算。

(4) 现金管理系统可以和应收应付系统进行票据的互相传递。

(5) 应收应付系统生成的往来款凭证可以传递到总账系统。

# 5.2　实验练习

## 实验一　应收应付初始化

应收应付系统可以相互独立使用，如果要使用应收应付系统，则必须先进行应收应付系统初始化操作。下面我们以应收系统为例进行介绍，应付系统则留给大家自己练习。

### ↗ 应用场景

如果要启用应收应付系统进行往来账管理，则必须先进行应收应付系统初始化操作。

### ↗ 实验步骤

- 设置系统参数。
- 设置基础资料。
- 输入初始数据。
- 与总账对账。
- 结束初始化。

### ↗ 操作部门及人员

初始建账时，由财务部往来账会计马秀伟负责应收应付系统初始余额输入。

### ↗ 实验前准备

- 系统日期调整为 2015-02-01。
- 恢复前述备份账套“F 诚信电子公司(总账期末处理)”。
- 如果采用新建账套，则账套(即数据库)已经建好并已启用，操作员的往来业务操作权限已经分配。币别、凭证字已经设置，会计科目已经引入。应收账款科目下挂客户核算，应付账款科目下挂供应商核算，并设置为应收应付系统受控科目。客户资料、存货资料、部门资料、职员资料已经输入完毕。

### ↗ 实验数据

(1) 系统参数如表 5-1 和表 5-2 所示。

表 5-1　应收系统参数

| 基本信息 | 启用年份 2015，启用期间 2 月 |
|---|---|
| 坏账计提方法 | 坏账损失：6602.05；坏账准备：1231；计提坏账科目：应收账款；计提比例：0.5% |
| 科目设置 | 单据类型科目都为 1122；应收票据：1121；应交税金：2221.01.05 |
| 凭证处理 | 使用凭证模板(勾选)；预收冲应收需要生成转账凭证(不勾选) |

表 5-2 应付系统参数

| | |
|---|---|
| 基本信息 | 启用年份 2015，启用期间 2 月 |
| 科目设置 | 单据类型科目都为 2202；应收票据：2201；应交税金：2221.01.01 |

没有特殊说明的内容均采用系统默认值，不更改。

(2) 基础资料

基础资料包括：单据类型(采用系统默认设置，不作更改)，凭证模板、信用管理的相关内容在后面介绍。

(3) 初始数据如表 5-3 和表 5-4 所示。

表 5-3 应收账款余额

| 客户名称 | 单据类型 | 单据日期 | 财务日期 | 本年发生额 | 本年收款 | 余额 | 应收日期 | 应收金额 |
|---|---|---|---|---|---|---|---|---|
| 浦东金茂公司 | 增值税发票 | 2015-01-23 | 2015-01-23 | 2 000.00 | 0 | 2 000.00 | 2015-01-30 | 2 000.00 |
| 香港中环公司 | 其他应收单 | 2015-01-23 | 205-01-23 | 1 000.00 | 0 | 1 000.00 | 2015-01-30 | 1 000.00 |

两张单据部门均为销售部，业务员均为王池。

表 5-4 应付账款余额

| 供应商名称 | 单据类型 | 单据日期 | 财务日期 | 本年发生额 | 本年付款 | 余额 | 应付日期 | 应付金额 |
|---|---|---|---|---|---|---|---|---|
| 佛山通讯 | 增值税发票 | 2015-01-23 | 2015-01-23 | 5 000.00 | 0 | 5 000.00 | 2015-01-30 | 5 000.00 |
| 绵阳电子 | 其他应付单 | 2015-01-23 | 2015-01-23 | 30 500.00 | 0 | 30 500.00 | 2015-01-30 | 30 500.00 |

两张单据部门均为采购部，业务员均为李大勇。

## ↗ 操作指导

### 1. 设置应收应付系统参数

以往来账会计马秀伟的身份登录金蝶 K/3 主控台，执行【系统设置】－【系统设置】－【应收款管理】－【系统参数】命令，打开应收系统的【系统参数】对话框，如图 5-3 所示，按照提供的实验数据正确输入。

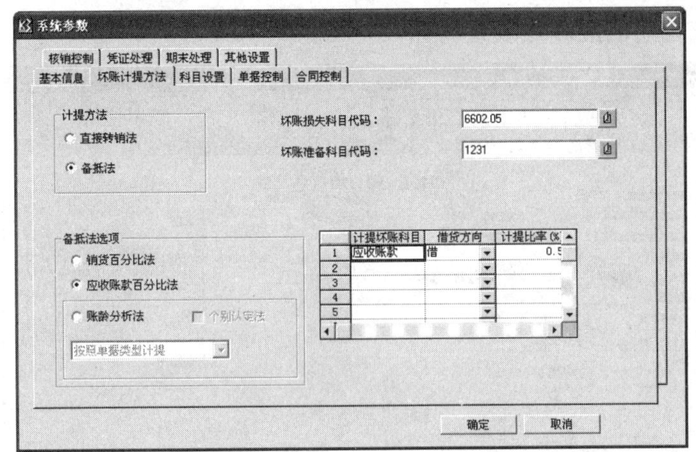


图 5-3　应收应付系统参数设置

注意

① 启用年份、启用会计期间指初次启用应收款管理系统的时间。它决定了初始化数据输入时应输入哪一个会计期间的期初余额。如启用年份为 2015 年，启用会计期间为 2 期，则在初始化数据输入时应输入 2015 年第 2 期的期初余额。启用年份、启用会计期间在初始化结束后不能修改。

当前年份、当前会计期间指当前应收款管理系统所在的年度与期间。初次使用时，启用年份=当前年份，启用会计期间=当前会计期间。初始化结束后，每进行一次期末处理，当前会计期间自动加 1，如果经历一个会计年度，则当前年份自动加 1。当前年份、当前会计期间由系统自动更新，用户不能修改。

由于销售系统、应收款管理系统启用后，销售系统的发票会自动传递到应收款管理系统，故用户必须正确处理好销售系统与应收款管理系统的启用期间问题，否则可能会造成数据错误。

② 坏账计提的方法可以随时更改。系统根据设置的方法计提坏账准备，并产生相应的凭证。

### 2. 设置基础资料

执行【系统设置】—【基础资料】—【应收款管理】—【类型维护】命令，打开【类型维护】对话框，可以设置应收应付系统的一些基础信息。

### 3. 输入初始数据

执行【系统设置】—【初始化】—【应收款管理】—【初始销售增值税发票-新增】命令，打开【初始化_销售增值税发票-新增】窗口，如图 5-4 所示。按照提供的数据资料输入浦东金茂公司的应收账款资料。

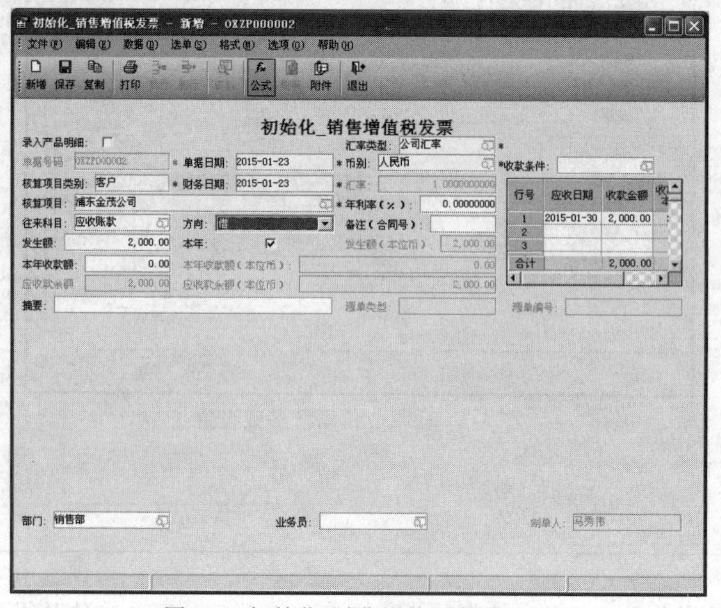

图 5-4　初始化_销售增值税发票录入

注意

① 应收余额在窗口右上角的收款计划中填入。

② 往来科目中输入“1122 应收账款”，否则会与总账数据对不上账。

执行【系统设置】－【初始化】－【应收款管理】－【初始其他应收单-新增】命令，打开【初始化_其他应收单-新增】窗口，如图 5-5 所示。按照提供的数据资料输入香港中环公司的应收账款资料。

注意

① 发生额、本年收款额、应收款余额都在对话框下面的活动框中填入，同时，系统会将应收款余额自动回填到对话框右上角的收款计划中。

② 销售发票或应收单单据中的本年发生额一般指应收账款明细科目的本年借方累计发生数，本年收款额指应收账款明细科目的本年贷方累计发生数，应收款余额指应收账款明细科目的期初余额。

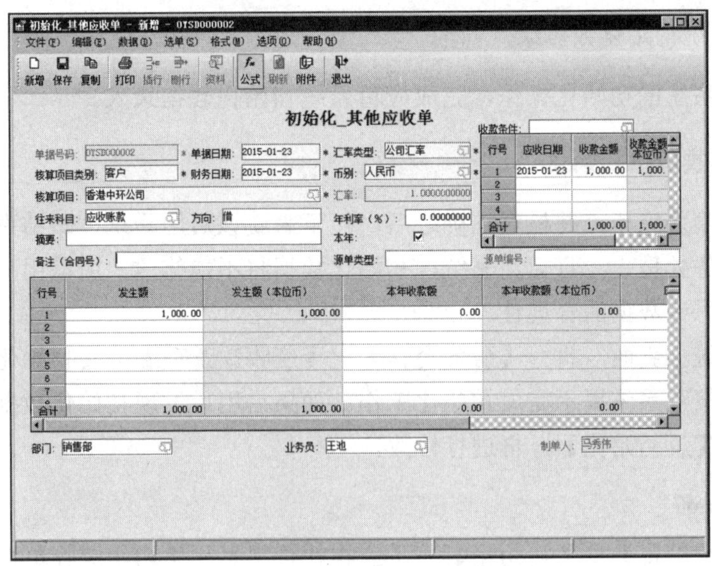


图 5-5 初始化_其他应收单录入

## 4. 与总账系统进行对账

对账是将输入的发票、其他应收单等的应收款余额等按所属科目汇总，并将汇总数据与总账进行核对的过程。

(1) 在 K/3 系统主界面窗口，执行【财务会计】－【应收款管理】－【初始化】－【初始化对账】命令，进入【初始化对账-过滤条件】窗口。

(2) 输入过滤条件：科目代码为“1122”，选择【显示核算项目明细】选项。

(3) 单击【确定】，进入【应收款管理系统-[初始化对账]】窗口，如图 5-6 所示。窗口中显示了会计科目 1122 应收账款在应收系统的余额和在总账系统的余额，并列出了两者的差额。

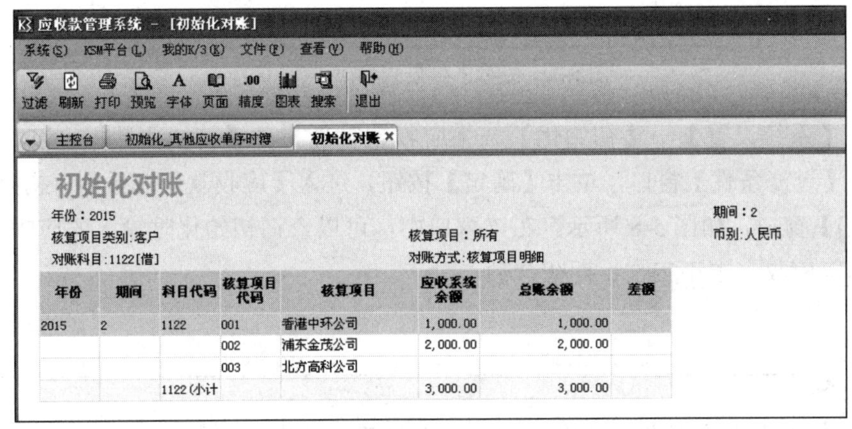


| 年份 | 期间 | 科目代码 | 核算项目代码 | 核算项目 | 应收系统余额 | 总账余额 | 差额 |
|---|---|---|---|---|---|---|---|
| 2015 | 2 | 1122 | 001 | 香港中环公司 | 1,000.00 | 1,000.00 | |
| | | | 002 | 浦东金茂公司 | 2,000.00 | 2,000.00 | |
| | | | 003 | 北方高科公司 | | | |
| | | 1122(小计 | | | 3,000.00 | 3,000.00 | |

图 5-6 初始化对账(应收系统)

进行初始化对账，是为了保证日后总账系统和应收应付系统数据的一致性。

### 5. 应付系统初始化数据录入

参考应收系统的初始化操作，完成应付系统初始化数据录入。

### 6. 结束应收应付初始化

初始数据输入完毕，并核对正确之后，接下来就该启用系统，即结束初始化操作，进入日常的业务处理。一旦启用系统，初始化数据将不能修改，所以用户在启用前一定要慎重，仔细思考数据的合理性。

在 K/3 系统主界面，执行【财务会计】－【应收款管理】－【初始化】－【结束初始化】命令，按照系统提示完成初始化工作。如果启用后发现初始化数据错误，需要修改，可以通过【反初始化】，再进行修改。

**↗ 输出表单**

执行【系统设置】－【初始化】－【应收款管理】－【初始应收单据-维护】命令，进入【过滤】窗口。输入过滤条件，在【事务类型】列表框中选择【初始化_销售增值税发票】。单击【确定】，进入【应收系统-[初始化_销售增值税发票序时簿]】窗口，如图 5-7 所示。窗口中显示了初始化时录入的销售增值税发票单据。

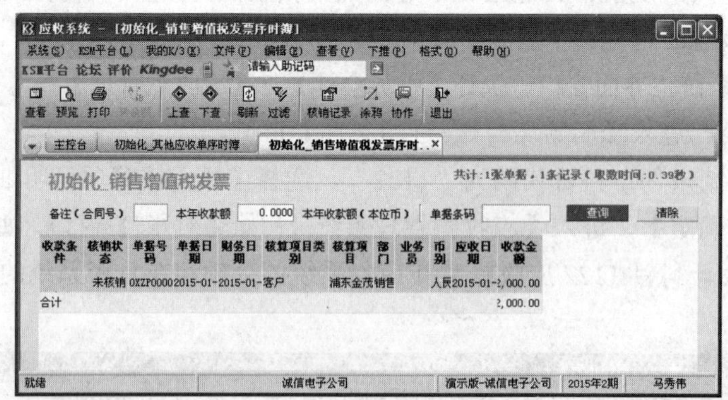


图 5-7　初始化单据查询(应收系统)

执行【系统设置】－【初始化】－【应收款管理】－【初始化数据-应收账款】命令，进入【过滤条件】窗口，单击【确定】按钮，进入【应收款管理系统-[初始化数据_应收账款]】窗口，如图 5-8 所示。在该窗口中，可以查询初始化时输入的应收账款的发生额、本年应收、本年实收、期初余额。

**注意**

① 旦结束初始化，所有的初始数据将不能再修改、再录入。

② 如果发现初始化数据错误，可以通过反初始化进行修改。

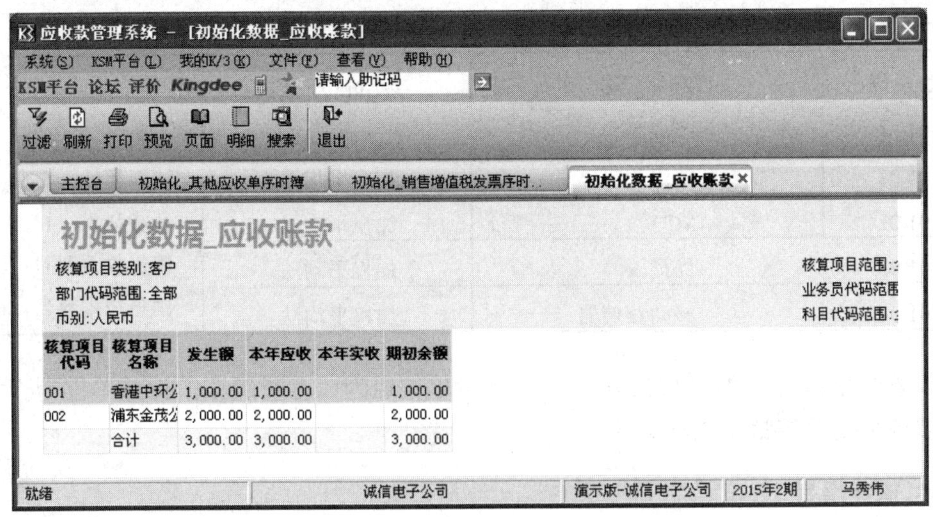


图 5-8　初始化余额查询(应收系统)

## 实验二　物料设置

初始化时，初始单据(包括销售发票)无须录入产品内容，只需输入初始应收总金额。而初始化结束后，销售发票中必须输入销售的产品明细项，所以，要使用应收系统中的销售发票统计应收账款，需要先设置物料信息。

### 应用场景

用于销售发票中的产品销售明细项，特别是要进行信用数量控制时，必须有物料信息。

### 实验步骤

- 相关基础资料的设置。
- 物料的设置。

### 操作部门及人员

在诚信电子公司，物料管理由往来账会计马秀伟负责。

### 实验前准备

直接采用前述操作账套。

### 实验数据

物料资料如表 5-5 所示。

表 5-5　物 料 资 料

| 代　码 | 名　称 | 计 价 方 法 | 其　他 |
|---|---|---|---|
| 01 | 产成品 | | |
| 01.01 | 数码相机 | 加权平均法 | 物料属性：自制<br>存货科目：1405<br>销售收入科目：6001<br>销售成本科目：6401 |
| 01.02 | MP3 | 加权平均法 | |
| 01.03 | 优盘 | 加权平均法 | |
| 01.04 | 移动存储器 | 加权平均法 | |

设置数量精度为 0，单价精度为 0，计量单位组为“存货组”，计量单位为“个”，其他参数采用系统默认选项。

### ↗ 操作指导

#### 1. 相关基础资料的设置

在新增物料前，需要先完成会计科目、计量单位等的设置，物料属性中需要引用这些资料。前面介绍总账系统时已设置过，这里无须再操作。

#### 2. 物料设置

马秀伟登录 K/3 系统主界面，执行【系统设置】—【基础资料】—【公共资料】—【物料】命令，打开【基础平台-[物料]】对话框，单击【新增】，打开【物料-新增】对话框，单击【上级组】，新增物料组 01 产成品。

接下来，按照实验数据新增具体的明细物料。选择【产成品】，单击鼠标右键，选择【新增物料】菜单项，打开【物料-新增】对话框，如图 5-9 所示，按照实验数据新增具体的明细物料。

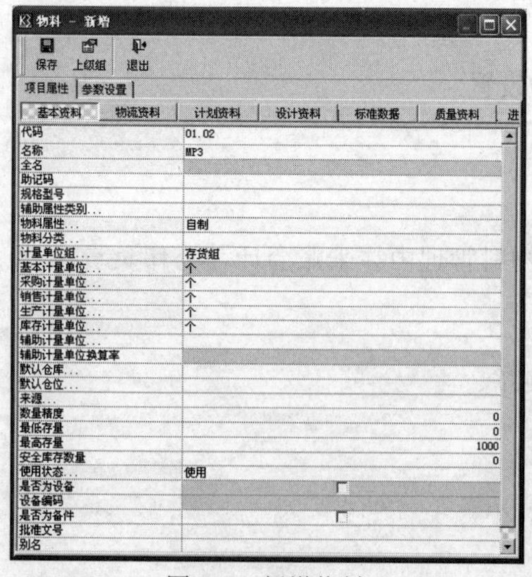


图 5-9　新增物料

注意

如果物料的大部分属性相同，可以采用复制方式快速新增其他物料。

## 实验三　信用管理

信用管理的目的是为了在不影响销售的前提下，最大限度地减少企业应收账款发生坏账的风险。

### 应用场景

用于对往来账款进行控制，减少坏账发生。

### 实验步骤

- 相关基础资料的设置。
- 信用额度的设置。
- 信用额度的应用。

### 操作部门及人员

在诚信电子公司，信用管理由往来账会计马秀伟负责。

### 实验前准备

直接采用前述操作账套。

### 实验数据

香港中环公司的信用等级是 A 级，信用额度是人民币 100 000 元；浦东金茂公司的信用等级是 A 级，信用额度是人民币 30 000 元；北方高科公司的信用等级是 B 级，信用额度是人民币 10 000 元。对这些公司都不进行信用数量、信用期限的管理。

### 操作指导

#### 1. 结束应收系统的初始化操作

信用管理的目的是为了减少应收账款发生坏账的风险，所以在使用信用管理功能时，必须首先完成应收系统的初始化操作。前述我们已经介绍了应收系统的初始化操作。

#### 2. 相关基础资料的设置

往来账会计马秀伟登录金蝶 K/3 主控台，执行【系统设置】－【基础资料】－【公共资料】－【客户】命令，打开【基础平台-[客户]】对话框，选择需要进行信用管理的客户，单击【属性】，打开【客户-修改】对话框，在客户的属性设置中，选择需要进行的信用管理。

3. 信用额度的设置

执行【系统设置】－【基础资料】－【应收款管理】－【信用管理】命令，打开【系统基本资料(信用管理)】对话框，如图 5-10 所示。选择客户“001(香港中环公司)”可以看到，香港中环公司已有应收款余额 1 000 元，这是应收系统初始化时输入的数据。销售和应收系统的数据互相共享，保证了信用管理的正常使用。先单击【启用】，启用信用额度管理。再单击【管理】，按照提供的实验数据设置每一个客户的信用额度。

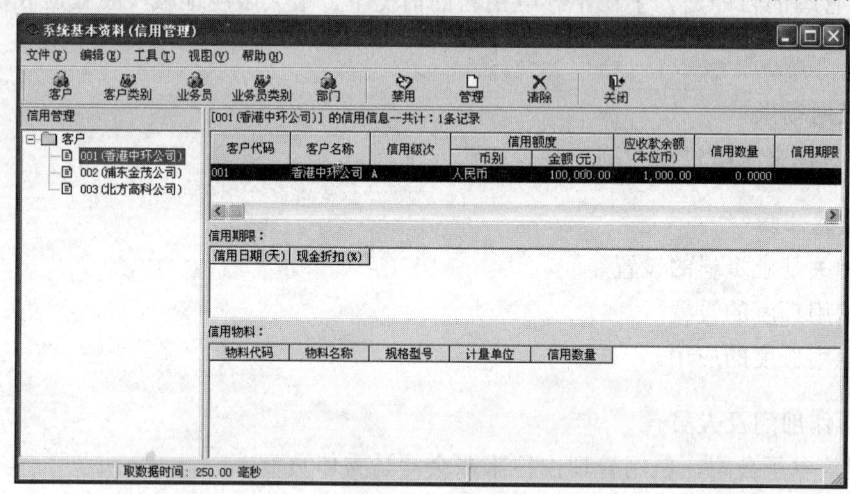


图 5-10　信用管理

① 信用额度：即允许当前客户的最大欠款金额。当签订销售订单时，如果超过了规定的信用额度即进行信用控制。

② 信用数量：当前客户针对每种物料所能赊销购进的最大数量。

③ 信用期限：企业允许客户从购货到付款之间的时间。一般情况下，为了满足销售的需要，允许客户有一个付款期限，即信用期限。

4. 信用参数的设置

在【系统基本资料(信用管理)】对话框中，单击【工具】菜单的【选项】，设置信用参数。如信用管理对象：客户；信用控制强度：取消交易；信用管理选项：不选。

选择“浦东金茂公司”，单击【工具】菜单中的【公式】，打开【信用公式设置】

对话框，如图 5-11 所示，在其中设置信用的计算公式。例如，信用控制单据为销售发票(信用额度)，控制时点为保存时控制，信用额度为当前单据金额+所有选项。

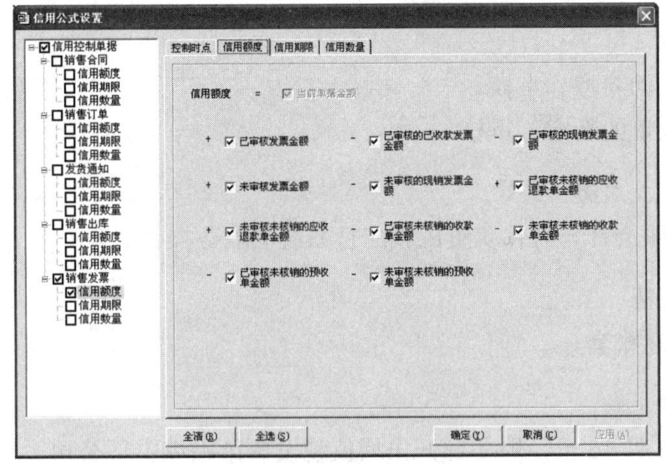

图 5-11 信用公式设置

### 5. 信用额度的应用

执行【财务会计】—【应收款管理】—【发票处理】—【销售普通发票-新增】命令，新增一张销售发票，如 2015-02-01，向浦东金茂公司销售 100 台数码相机，单价 1 400 元，保存时系统会提示超出信用额度，不能保存。【信用管理提示窗口】对话框如图 5-12 所示。

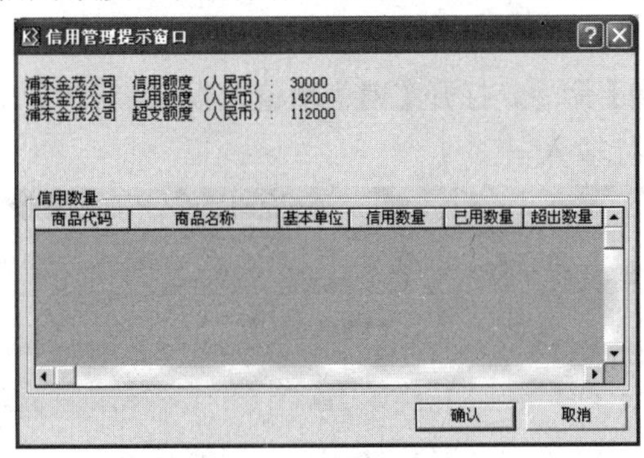

图 5-12 信用控制

#### ↗ 输出表单

执行【财务会计】—【应收款管理】—【分析】—【信用额度分析表】命令，可以查看每一个客户的信用额度、已经使用的信用额度，以及还能使用多少信用额度。

## 实验四 登记应收款

在销售业务发生的过程中，会有许多不同种类的单据，如销售订单、销售发票、销售出库单等。由于销售发票的权威性(据以纳税的依据)，一般以销售发票作为统计应收账款的依据。

### ↗ 应用场景

用于登记、计算客户所欠的所有货款。

### ↗ 实验步骤

- 销售发票的新增、审核。
- 其他应收单的新增、审核。

### ↗ 操作部门及人员

财务部往来账会计马秀伟负责应收应付系统的业务操作。

### ↗ 实验前准备

直接采用前述账套。

### ↗ 实验数据

(1) 2015 年 2 月 15 日，财务部开出增值税发票给香港中环公司，销售 MP3 100 个，不含税单价 180 元，计划当日收款。

(2) 2015 年 2 月 21 日，应收香港中环公司包装箱款 2 000 元。

### ↗ 操作指导

#### 1. 新增销售发票

马秀伟登录金蝶 K/3 主控台，执行【财务会计】－【应收款管理】－【发票处理】－【销售增值税发票-新增】命令，打开【销售增值税发票-新增】对话框，如图 5-13 所示，按照提供的实验数据进行输入。

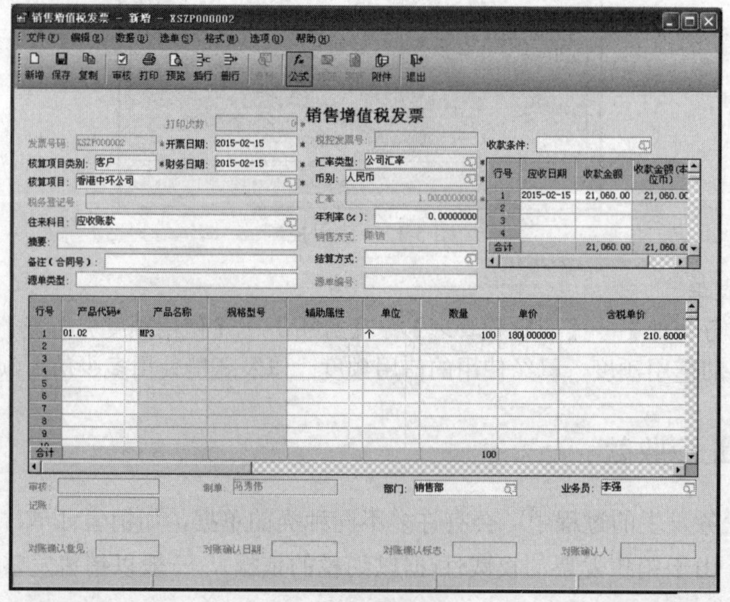


图 5-13　新增发票

如果启用了销售系统，为了保证数据的一致性，所有的销售发票都在销售系统输入，应收系统可以自动接收并查看，同时可以根据实际业务需要修改应收系统特有的收款计划栏。如果没有启用销售系统，则发票的新增、审核、凭证制作、核销操作都在应收款系统中处理。

### 2. 新增其他应收单

马秀伟登录金蝶 K/3 主控台，执行【财务会计】—【应收款管理】—【其他应收单】—【其他应收单-新增】命令，打开【其他应收单-新增】对话框，如图 5-14 所示，按照提供的实验数据进行输入。

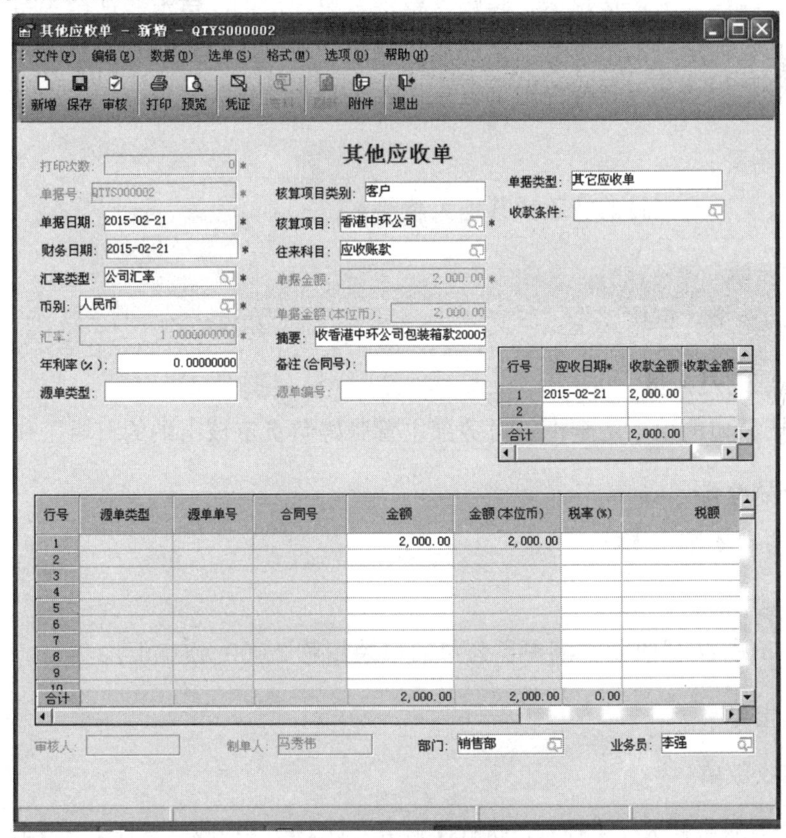


图 5-14　新增其他应收单

### 3. 审核应收单据

财务部经理许静登录金蝶 K/3 主控台，执行【财务会计】—【应收款管理】—【发票处理】－【销售发票-维护】命令，弹出【过滤】对话框。单击【确定】，进入【销售增值税发票序时簿】窗口，逐条审核销售发票，若数据无误，单击【审核】，完成操作。

参照上述操作，审核其他应收单。

**↗ 输出表单**

执行【财务会计】－【应收款管理】－【账表】－【应收款明细表】命令，可以查看每一个客户每一笔应收账款的金额。

执行【财务会计】－【应收款管理】－【账表】－【到期债权列表】命令，可以列出所有客户到期的应收账款金额及过期的天数，以方便催款。

## 实验五　出纳收到钱款

在日常贸易过程中，货款的结算方式通常多种多样，如转账支票、本票、信汇、电汇、现金、汇票等。一般情况下，转账支票、本票、信汇、电汇、现金等可以及时转入企业银行账户，而承兑汇票则有一定的兑付期限。所以，收到承兑汇票时可以作为应收票据输入，其他方式的收款凭据则可以直接作为收款单输入系统。

**↗ 应用场景**

登记、计算客户支付的货款或其他欠款等。

**↗ 实验步骤**

收款单的新增、审核。

**↗ 操作部门及人员**

诚信电子公司的出纳是李梅，财务部主管张婷负责审核出纳的日常工作。

**↗ 实验前准备**

直接采用前述操作账套。

**↗ 实验数据**

2015 年 2 月 21 日收到香港中环公司的包装箱款 2 000 元(电汇)。

**↗ 操作指导**

**1. 新增收款单**

出纳李梅登录金蝶 K/3 主控台，执行【财务会计】－【应收款管理】－【收款】－【收款单-新增】命令，打开【收款单-新增】窗口，如图 5-15 所示。在【源单类型】下拉框中选择【其他应收单据】，在【源单编号】处，按 F7 键进入【其他应收单据】窗口进行选单。可以通过 Shift 键选择多条记录，单击【返回】，系统自动携带选中的记录，按照提供的实验数据进行修改。

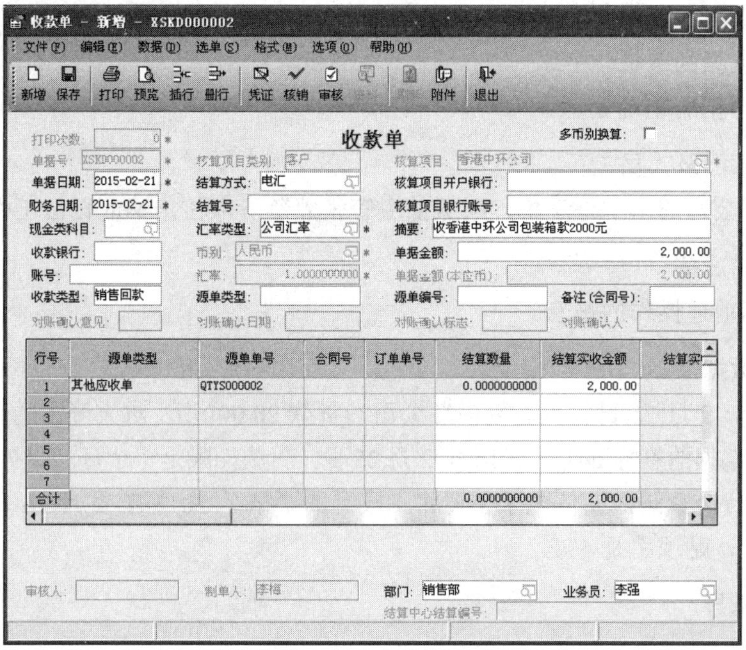

图 5-15　新增收款单

### 2. 财务部主管张婷审核李梅输入的收款单

张婷登录金蝶 K/3 主控台，执行【财务会计】—【应收款管理】—【收款】—【收款单-维护】命令，弹出【过滤】对话框。单击【确定】，进入【收款单序时簿】列表窗口，逐条审核输入的收款单，若数据无误，单击【审核】，完成操作。

由于在应收系统的参数设置中，选择了【审核后自动核销】选项，故张婷审核收款单后，系统自动将收款单关联的源单同步核销。如果没选择【审核后自动核销】，也可以在审核后，单击收款单界面中的【核销】按钮及时核销，或者通过结算处理(实验七将讲述)进行核销。

### ↗ 输出表单

执行【财务会计】—【应收款管理】—【分析】—【回款分析】命令，可以查看所有的收款明细，包括交款的客户、金额等。

## 实验六　出纳收到应收票据

### ↗ 应用场景

登记、跟踪管理客户已支付的银行票据。

## 实验步骤

- 应收票据的新增。
- 应收票据的审核。
- 应收票据的贴现处理。

## 操作部门及人员

诚信电子公司的出纳是李梅，财务部主管张婷负责审核出纳的日常工作。

## 实验前准备

直接采用前述操作的账套。

## 实验数据

(1) 2015 年 2 月 25 日收到香港中环公司的货款 20 000 元，对方开出的是不带息的银行承兑汇票，票据的签发日期是 2015 年 2 月 25 日，付款期限是 3 个月，即 90 天。

(2) 由于资金紧张，诚信电子公司将刚收到的票据于 2015 年 2 月 26 日到招商银行办理贴现手续，贴现率是 5%。

## 操作指导

### 1. 新增应收票据

出纳李梅登录金蝶 K/3 主控台，执行【财务会计】－【应收款管理】－【票据处理】－【应收票据-新增】命令，打开【应收票据-新增】窗口，如图 5-16 所示，按照提供的实验数据进行输入。

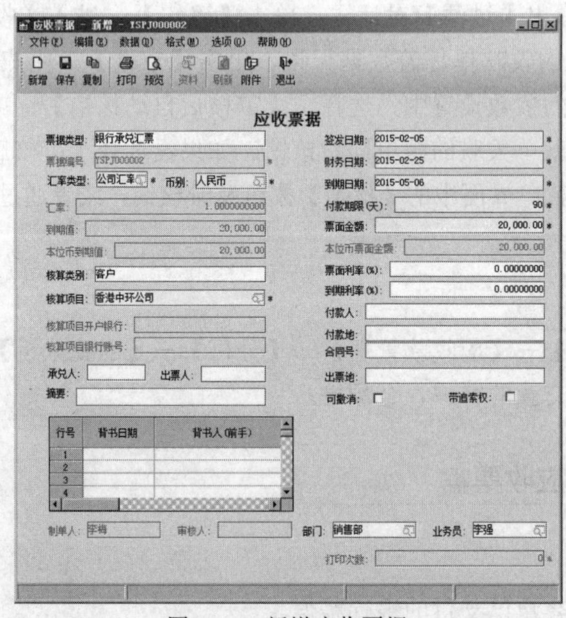


图 5-16　新增应收票据

### 2. 财务部主管张婷审核李梅输入的应收票据，许静审核系统自动产生的收款单

张婷登录金蝶 K/3 主控台，执行【财务会计】—【应收款管理】—【票据处理】—【应收票据-维护】命令，弹出【过滤】对话框(事务类型选择【应收票据】)。单击【确定】，进入【应收票据序时簿】列表窗口，逐条审核李梅输入的应收票据。若数据无误，单击【审核】按钮，系统自动弹出一个选择对话框，选择【生成收款单】，单击【确定】，即完成应收票据的操作。

由于审核的同时还生成了收款单，所以须对收款单进行审核操作。

许静登录金蝶 K/3 主控台，参考前述介绍的收款单的审核操作步骤审核系统刚自动生成的收款单。

注意

① 审核应收票据时，自动产生的收款单或预收单，主要用于与应收账款进行核销处理。

② 由于制单与审核不能为同一人，系统审核时自动产生的收款单由财务经理许静审核。

### 3. 应收票据贴现

财务部主管张婷登录金蝶 K/3 主控台，执行【财务会计】—【应收款管理】—【票据处理】—【应收票据-维护】命令，弹出【过滤】对话框。单击【确定】，进入【应收票据序时簿】列表窗口，选中需要贴现的票据，单击【贴现】，进入【应收票据贴现】对话框，如图 5-17 所示，按照提供的实验数据进行输入(结算科目为银行存款——招行)。

应收票据贴现

币别:人民币

| | |
|---|---|
| 贴现日期 | 2015-02-26 |
| 贴现银行 | 招商银行 |
| 贴现率% | 5.0000 |
| 调整天数 | 0 |
| 净额 | 19,752.78 |
| 利息 | 247.22 |
| 费用 | |
| 结算科目 | 人民币 |

确定　取消

图 5-17　应收票据贴现

### 输出表单

执行【财务会计】—【应收款管理】—【票据处理】—【应收票据贴现表】命令，可

以查看贴现票据的签发日期、到期日期、贴现日期、贴现净额、贴现利息等信息。

## 实验七 往来账款核销

### 应用场景

统计客户的实际欠款。

### 实验步骤

应收账款和收款的核销。

### 操作部门及人员

财务部往来账会计马秀伟负责应收应付系统的账款核销操作。

### 实验前准备

直接采用前述操作的账套。

### 实验数据

2015 年 2 月 15 日，对给香港中环公司开出的 21 060 元的蓝字销售发票和 2015 年 2 月 25 日收到的应收票据 20 000 元进行部分核销。

### 操作指导

往来账会计马秀伟登录金蝶 K/3 主控台，执行【财务会计】－【应收款管理】－【结算】－【应收款核销-到款结算】命令，弹出【单据核销】过滤条件框，单击【确定】，进入【应收款管理系统-[核销(应收)]】窗口，如图 5-18 所示。选择本次参与核销的单据，单击【核销】，即完成本次的核销操作。

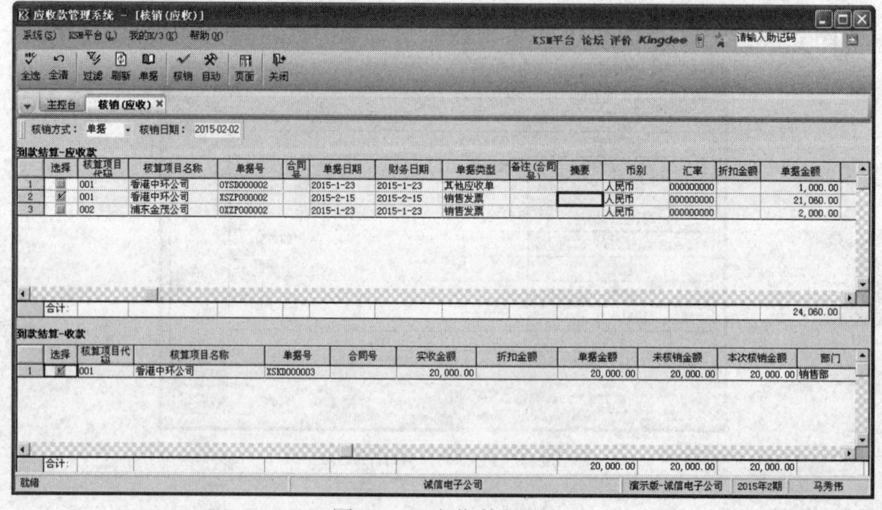

图 5-18 应收款核销

由于经济业务的复杂性，除了常用的应收款与收款单的核销之外，系统还提供了应收款冲应付款、收款冲付款、应收款转销等多种核销方式，这里不一一介绍。

## 实验八　坏账处理

### 应用场景

用于坏账发生时的各种会计处理。

### 实验步骤

- 坏账损失的处理。
- 坏账的计提。
- 坏账凭证的处理。

### 操作部门及人员

财务部往来账会计马秀伟负责应收应付系统的坏账业务。

### 实验前准备

直接采用前述操作的账套。

### 实验数据

2015 年 2 月 23 日，应收香港中环公司的往来款 1 000 元由于收款凭据丢失，加之时间过长，收回无望，特申请作为坏账处理。

### 操作指导

#### 1. 处理坏账损失及凭证制作

往来账会计马秀伟登录金蝶 K/3 主控台，执行【财务会计】—【应收款管理】—【坏账处理】—【坏账损失】命令，弹出【过滤条件】对话框。

设置核算项目代码为“001”，单据类型为“应收单”，单击【确定】，进入【坏账损失处理】对话框，如图 5-19 所示。选择需要进行坏账处理的记录，单击【坏账】列下方的方框，再单击【凭证】按钮，弹出【记账凭证-新增】窗口。如果系统自动生成的凭证无误，单击【保存】后返回【坏账损失处理】对话框，即完成坏账损失的处理。

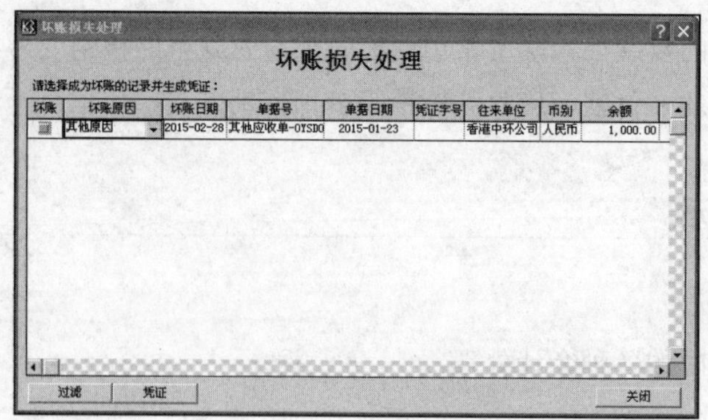


图 5-19　坏账损失处理

## 2. 计提坏账准备

往来账会计马秀伟，执行【财务会计】－【应收款管理】－【坏账处理】－【坏账准备】命令，打开【计提坏账准备】对话框，如图 5-20 所示。单击【凭证】，弹出【记账凭证-新增】窗口，如果系统自动生成的凭证无误，单击【保存】后返回，即完成坏账准备计提的处理。

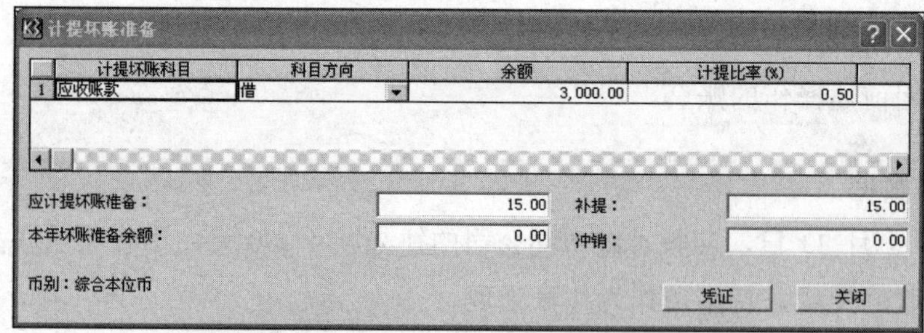


图 5-20　计提坏账准备

注意

① 坏账业务的所有凭证都不采用凭证模板方式生成。

② 坏账计提可以一年一次，也可以随时计提。

### ↗ 输出表单

执行【财务会计】－【应收款管理】－【坏账处理】－【坏账计提明细表】命令，可以查看坏账计提的金额等信息。

## 实验九 凭证制作

### 应用场景

用于往来业务的会计处理。

### 实验步骤

- 凭证模板的设置。
- 应收系统单据的凭证制作。
- 凭证审核。

### 操作部门及人员

财务部往来账会计马秀伟负责应收应付系统的凭证。

### 实验前准备

直接采用前述操作的账套。

### 实验数据

凭证模板设置如表 5-6 所示。

表 5-6 凭证模板

<table>
<tr><th>事务类型</th><th>科目来源</th><th>科目</th><th>借贷方向</th><th>金额来源</th><th>摘要</th></tr>
<tr><td rowspan="3">销售增值税发票</td><td>单据上的往来科目</td><td></td><td>借</td><td>价税合计</td><td>核算项目</td></tr>
<tr><td>凭证模板</td><td>2221.01.05</td><td>贷</td><td>税额</td><td></td></tr>
<tr><td>凭证模板</td><td>6001</td><td>贷</td><td>金额</td><td></td></tr>
<tr><td rowspan="2">其他应收单</td><td>单据上的往来科目</td><td></td><td>借</td><td>应收金额</td><td>核算项目</td></tr>
<tr><td>凭证模板</td><td>1002.01.01</td><td>贷</td><td>应收金额</td><td></td></tr>
<tr><td rowspan="2">收款单</td><td>凭证模板</td><td>1002.01.01</td><td>借</td><td>收款单收款金额</td><td>核算项目</td></tr>
<tr><td>单据上的往来科目</td><td></td><td>贷</td><td>收款单收款金额</td><td></td></tr>
<tr><td rowspan="2">收到票据</td><td>凭证模板</td><td>1121</td><td>借</td><td>票面金额</td><td>核算项目</td></tr>
<tr><td>单据上的往来科目</td><td></td><td>贷</td><td>票面金额</td><td></td></tr>
</table>

(续表)

| 事务类型 | 科目来源 | 科目 | 借贷方向 | 金额来源 | 摘要 |
|---|---|---|---|---|---|
| 应收票据贴现 | 凭证模板 | 1002.01.01 | 借 | 贴现额 | 贴现银行 |
| | 凭证模板 | 6603.02 | 借 | 贴息 | |
| | 凭证模板 | 1121 | 贷 | 票面金额 | |
| | 凭证模板 | 1121 | 贷 | 票面利息 | |

## 操作指导

### 1. 设置凭证模板

往来账会计马秀伟登录金蝶 K/3 主控台，执行【系统设置】－【基础资料】－【应收款管理】－【凭证模板】命令，进入【凭证模板设置】窗口。选择【其他应收单】，单击【新增】按钮，弹出【凭证模板】对话框，按如下数据输入信息：设置模板编号为“1201”，模板名称为“其他应收单”，凭证字为“记”。

参考提供的实验数据设置模板完毕，如图 5-21 所示，单击【保存】。再选择【编辑】－【设为默认模板】菜单项，将设置好的凭证模板设为生成凭证时的首选模板。

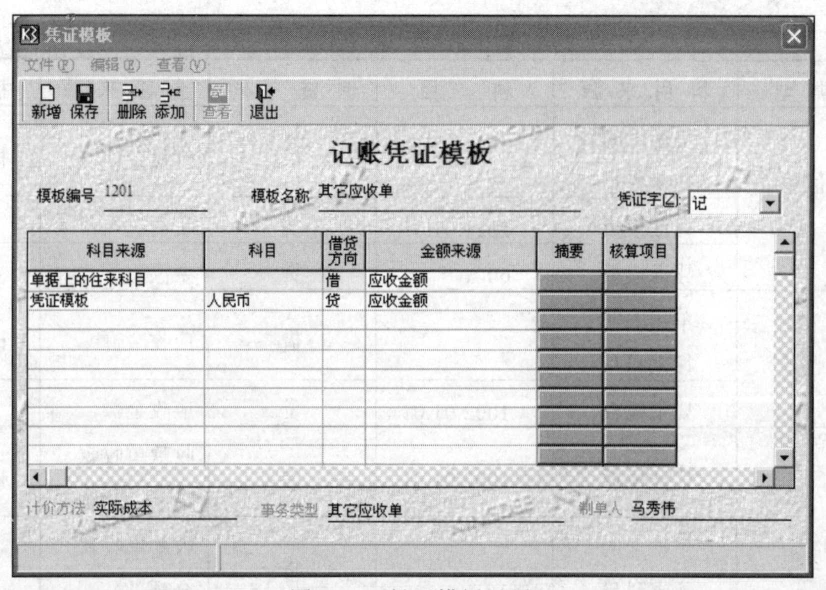


图 5-21　凭证模板设置

参考刚才的操作步骤依次新增销售增值税发票等的凭证模板。模板编号依次为 1200，1202，1203，1204 等等。

### 2. 应收系统单据的凭证制作

往来账会计马秀伟执行【财务会计】－【应收款管理】－【凭证处理】－【凭证-

生成】命令，在【选择事务类型】对话框，选择【其他应收单】。再单击【确定】，弹出【过滤】窗口，将【核销状态】选择为【全部】。单击【确定】按钮，进入【单据序时簿】界面，如图 5-22 所示。选择需要生成凭证的单据，单击【按单】，系统自动按设置的凭证模板逐张单据生成凭证。如果单击【汇总】按钮，则将所有选中的单据汇总生成一张凭证。

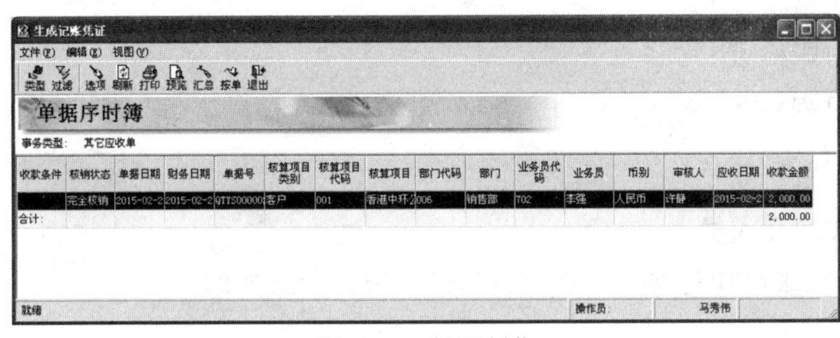


图 5-22　凭证制作

参考刚才的操作步骤依次生成收款单等的凭证。

### 3. 凭证审核

财务部主管张婷执行【财务会计】—【应收款管理】—【凭证处理】—【凭证-维护】命令，弹出【会计分录序时簿-过滤条件】窗口。单击【确定】，进入【应收款管理系统-[会计分录序时簿(应收)]】窗口，如图 5-23 所示。选择需要审核的凭证，单击【审核】，即可审核马秀伟制作的所有凭证。

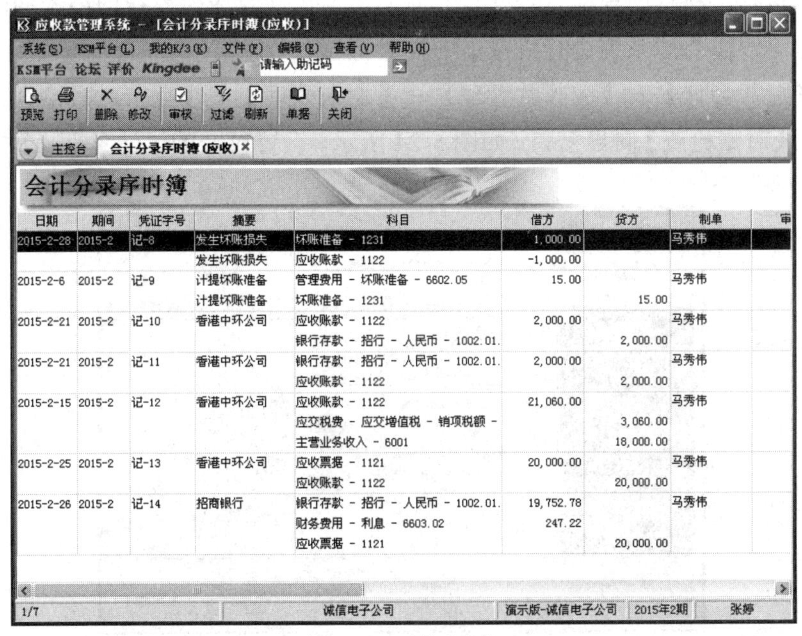


图 5-23　凭证查询

## 实验十　期末处理

### 应用场景

用于往来业务的会计处理。

### 实验步骤

- 期末对账检查。
- 期末总额对账。
- 结账。

### 操作部门及人员

财务部往来账会计马秀伟负责应收应付系统的期末处理。

### 实验前准备

直接采用前述操作的账套。

### 实验数据

无。

### 操作指导

#### 1. 期末对账检查

为了检查指定科目的凭证是否存在对应的单据，应收应付系统的结账期间是否和总账系统匹配等，需要对系统进行结账前的核对检查。

执行【财务会计】－【应收款管理】－【期末处理】－【期末对账检查】命令，弹出【应收系统对账检查】向导窗口，如图 5-24 所示。设置对账的过滤条件，单击【确定】，开始对账检查。

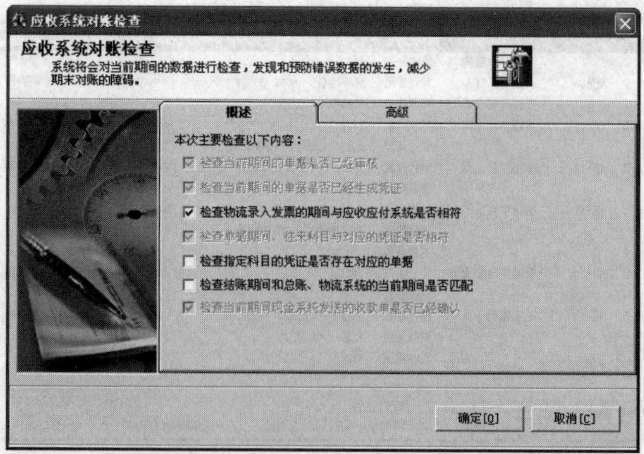


图 5-24　对账检查

### 2. 期末总额对账

为了让应收应付系统的数据和总账系统等的数据保持一致，需要对数据进行核对检查。

执行【财务会计】－【应收款管理】－【期末处理】－【期末总额对账】命令，弹出【期末总额对账-过滤条件】对话框，如图 5-25 所示。设置对账的过滤条件，将科目代码设为“1122”，单击【确定】，开始对账检查。

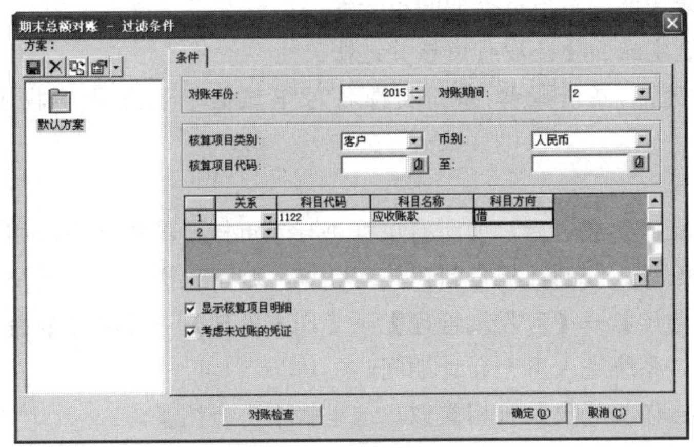


图 5-25　设置对账条件

**注意**

① 应收系统生成的凭证会自动传递到账务系统。一般情况下，应收系统的往来款余额应该与总账系统往来科目的余额保持一致。【应收款管理系统-[期末总额对账]】窗口如图 5-26 所示。

② 如果启用了销售系统，由于发票从供应链系统传入，要在核算管理系统生成凭证，故需要等核算管理系统的发票生成凭证后，再进行对账。

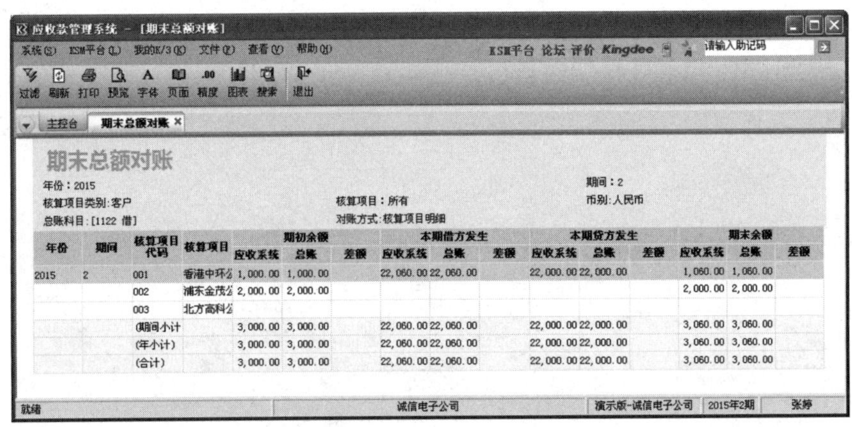


图 5-26　期末科目对账

与总账对账前，必须确保所有应收系统的相关单据已经生成了凭证。

若对账不平，可从以下几个方面查找原因。

(1) 还有应收单据未生成凭证，造成应收系统有记录、总账系统无记录的情况。

(2) 应收系统凭证金额与单据金额不一致。

(3) 总账系统存在没有对应单据的往来业务凭证。

(4) 应收系统凭证期间与单据期间不一致。

(5) 应收系统生成的凭证没有审核并过账。

上述实验做完后，备份账套，备份文件名为“F 诚信电子公司(应收应付期末处理)”。

### 3. 结账

当本期所有操作完成之后，如所有单据进行了审核、核销处理，相关单据已生成了凭证，并且与总账等系统的数据资料已核对完毕，则可以进行应收系统期末结账工作。

执行【财务会计】－【应收款管理】－【期末处理】－【结账】命令，按系统提示操作。结账完成，系统进入下一会计期间。

应付系统的操作和应收系统相类似，这里就不再介绍了。

注意

期末结账后，以前期间的数据不能再进行更改，故结账前一定要仔细检查。

如果要修改上一期的数据资料，必须先反结账，但还是建议大家不要轻易进行结账、反结账处理。

# 第 6 章 工资管理

## 6.1 系统概述

在知识经济时代，企业如何设计科学合理的薪资福利，吸引并留住企业发展所需要的人才是企业长远发展战略的一项关键工作，而工资管理首先就是制定适应本企业特点的薪资福利管理政策，然后根据政策制定员工工资体系、工资标准，并完成工资的核算和日常管理。

工资管理系统是企业工资管理的有力工具，主要帮助企业处理工资核算、工资发放、工资费用分配、银行代发、个人所得税计算、申报功能、职员计提基金等业务，并通过提供多工资库管理、丰富实用的多种管理报表满足各类企业薪酬核算和管理的要求。

### 6.1.1 日常业务处理流程

工资管理日常业务主要负责完成企业工资计算和发放的过程管理，包括如下 3 个环节。

员工工资体系建立→工资核算→工资发放

(1) 员工工资体系建立主要是根据企业薪酬制度制定出员工工资核算标准。

(2) 工资核算是根据工资发放制度及规则按次或按一定周期进行员工工资、福利发放金额的计算。

(3) 工资发放是指企业依据工资计算结果通过银行、现金或其他方式发放劳动报酬。

工资管理系统日常业务处理流程如图 6-1 所示。

其中：

(1) 工资数据录入指输入考勤数据、绩效考核数据或计时/计件工资等工资核算所需项目的数据。

(2) 工资计算是依据系统设置的工资计算公式进行工资、所得税、基金等项目的计算。

(3) 工资发放通过输出工资发放表、工资配款表的方式进行，现在大部分企业是银行代发工资，则需要按照银行要求的格式输出银行代发工资表，传输到银行，银行根据代发工资表进行工资的放发。

(4) 月末或本次工资发放完成后，可通过期末结账进入下一个期间或下一次工资发放，开始新的业务，系统可以按照工资类别分别进行期末结账处理。

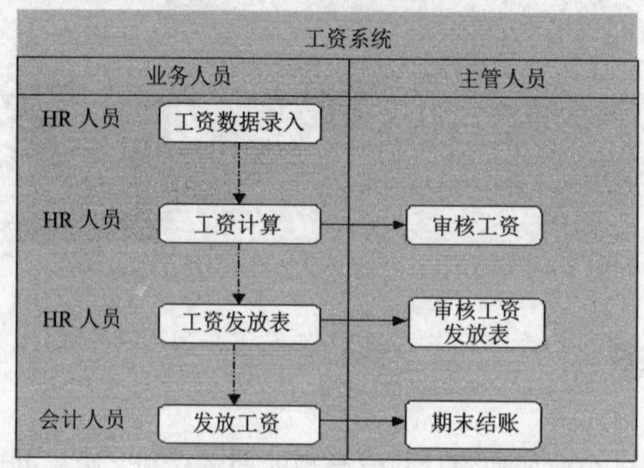


图 6-1　工资系统流程图

## 6.1.2　重点功能概述

工资管理政策主要依托于工资类别和核算公式在系统中体现，因此工资类别和核算公式是工资管理的核心设置。金蝶 K/3 工资管理系统工资类别及核算公式特点如下。

### 1. 工资类别

金蝶 K/3 是按工资类别进行工资的核算及发放管理，通过工资类别满足企业多个工资库的要求，从而实现多套工资核算和管理体系。工资类别应用主要体现在以下 6 个方面。

第一，如果企业组织架构中不同组织单元的工资管理模式不同，组织单元间资料相对独立，并且不同组织单元的工资管理人员不同，可设置不同类别，通过权限控制保证信息保密，满足集团企业集权和分权管理要求。

第二，如果企业不同的员工类别(如正式职工、合同工、退休工)的工资发放时间和计算标准不同，可分类别进行工资处理。

第三，如有临时立项工资项目，可通过新增类别进行计算。

第四，如企业工资管理有明确分工的需要，可分类别进行工资数据的录入、计算、发放及分类别结账。

第五，如果同一个员工的工资组成有多种核算规则，可通过将一个职工归入多个类别实现。

第六，通过类别，可以同时满足企业按明细部门与非明细部门进行工资计算。

### 2. 核算公式

核算公式设置包括工资计算公式设置、扣零设置、个人所得税率设置三部分，主要应用如下。

第一，工资计算需要利用来源于其他系统的业务数据，如制造系统的工时、生产件数，人力资源系统的考勤数据、绩效等级等，系统中提供了丰富的取数函数供用户根据工资制度建立工资计算公式。

第二，企业在工资发放过程中，如是以现金形式进行工资发放，会有零头累积到一定数目再发放的需求，对于这样的业务，系统提供了扣零处理，方便应用。

第三，所得税计算是工资管理系统的一个重要的内容，而所得税的计算规则相对固定、标准，通过在系统中预设个人所得税计算规则，如税率类别、税率项目、所得计算、基本扣除、所得期间等，系统可以自动完成所得税的计算。

## 6.1.3 与其他系统的关系

工资管理系统与其他系统的关系如图 6-2 所示。

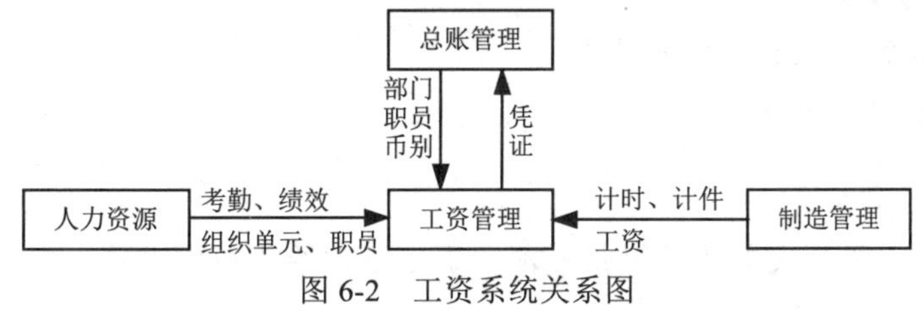


图 6-2 工资系统关系图

(1) 金蝶 K/3 工资系统是金蝶 K/3 人力资源系统的一个子系统，在两个系统联用时，公用的基本设置如组织单元、职员信息可以共享，相互导入或者自动动态同步，保持基础资料的一致性。计算工资时还可以从人力资源中导入考勤信息、绩效考核信息。

(2) K/3 制造系统中记录了生产工人或车间作业人员的工时、生产数量信息，在进行计时、计件工资计算时，可以导入作为工资核算依据。

(3) 业务信息最终会反映到财务核算上面。金蝶 K/3 工资管理系统与金蝶 K/3 总账系统联用时，公用信息(如部门、职员与币别信息)既可独立建立，也可从总账系统基础资料中导入。核算信息根据费用分配的设定，直接产生凭证传到总账系统。

# 6.2 实验练习

## 实验一 初始化设置

企业要进行工资管理，必须首先根据工资制度进行工资核算规则、工资涉及基础数据及工资计算公式的整理和制定，一个完整的工资管理系统初始化流程通常包括以下 4 个环节。

系统参数设置→工资类别设置→基础项目设置→核算公式设置

(1) 系统参数指设置工资系统的控制参数。

(2) 工资类别指工资核算的分类处理类别，满足不同工资发放日期、不同工资核算方法、不同类别人员或不同机构、不同部门的人员分别进行工资核算及发放的要求。

(3) 工资核算基础项目包括部门、职员、工资项目、币别、银行等信息。

(4) 核算公式定义工资计算公式、扣零项目、所得税核算方法等内容。

### 应用场景

进行工资计算公式、包含内容等相关制度的定义。

### 实验步骤

- 工资系统参数设置。
- 工资类别设置。
- 工资基础数据及辅助资料设置。
- 工资计算公式设置。

### 操作部门及人员

在诚信电子公司，人事薪资组张爱萍负责工资初始化数据设置，由人事薪资组主管葛微负责审核。

### 实验前准备

- 系统日期调整为 2015-02-10。
- 恢复前述备份账套“F 诚信电子公司(应收应付期末处理)”。
- 将总账系统反结账到第二期。

### 实验数据

(1) 系统参数如表 6-1 所示。

表 6-1 系 统 参 数

| 参数项目名称 | 参 数 值 |
|---|---|
| 工资发放表打印前必须审核 | 是 |
| 工资分类别结账 | 是 |
| 结账与总账期间同步 | 否 |
| 结账前必须先审核 | 是 |

(续表)

| 参数项目名称 | 参　数　值 |
| --- | --- |
| 结账前必须先复审 | 否 |
| 我的薪资查看数据必须审核 | 是 |
| 我的薪资查看数据必须复核 | 否 |
| 我的薪资为零项目不显示 | 是 |

(2) 工资类别。

练习工资类别维护，新增“在职人员工资管理”、“临时人员工资管理”两个类别。

(3) 辅助属性。

练习辅助属性中的职员类别维护，在职人员职员类别包括：正式员工、退休人员。

(4) 部门。

从总账系统引入所有部门，同时再新增一个部门，如表 6-2 所示。

表 6-2　退　休　办

| 部 门 代 码 | 部 门 名 称 |
| --- | --- |
| 099 | 退休办 |

(5) 职员。

从总账系统引入所有职员，同时新增两个退休人员，新增后的职员表如表 6-3 所示。

表 6-3　职　员　表

| 代码 | 名称 | 性别 | 入职日期 | 职员类别 | 部门名称 | 银行名称 | 个人账号 |
| --- | --- | --- | --- | --- | --- | --- | --- |
| 001 | 金　鑫 | 男 | 2000.08.08 | 正式员工 | 行政人事部 | 招行 | 0000000001 |
| 105 | 张爱萍 | 女 | 2000.08.08 | 正式员工 | 行政人事部 | 招行 | 0000000002 |
| 202 | 葛　微 | 女 | 2002.01.01 | 正式员工 | 行政人事部 | 招行 | 0000000003 |
| 106 | 刘丽佳 | 女 | 2002.01.01 | 正式员工 | 行政人事部 | 招行 | 0000000004 |
| 101 | 许　静 | 女 | 2002.01.01 | 正式员工 | 财务部 | 招行 | 0000000005 |
| 102 | 张　婷 | 男 | 2002.01.01 | 正式员工 | 财务部 | 招行 | 0000000006 |
| 103 | 胡美玲 | 女 | 2002.01.01 | 正式员工 | 财务部 | 招行 | 0000000007 |
| 201 | 孙晓红 | 女 | 2002.01.01 | 正式员工 | 财务部 | 招行 | 0000000008 |
| 104 | 李　梅 | 女 | 2002.01.01 | 正式员工 | 财务部 | 招行 | 0000000009 |
| 107 | 马秀伟 | 女 | 2002.01.01 | 正式员工 | 财务部 | 招行 | 0000000010 |

(续表)

| 代码 | 名称 | 性别 | 入职日期 | 职员类别 | 部门名称 | 银行名称 | 个人账号 |
|---|---|---|---|---|---|---|---|
| 301 | 徐力军 | 男 | 2003.01.01 | 正式员工 | 技术部 | 招行 | 0000000011 |
| 401 | 李大勇 | 男 | 2000.08.08 | 正式员工 | 采购部 | 招行 | 0000000012 |
| 402 | 胡开林 | 男 | 2002.01.01 | 正式员工 | 采购部 | 招行 | 0000000013 |
| 501 | 张二柱 | 男 | 2002.01.01 | 正式员工 | 生产一车间 | 招行 | 0000000014 |
| 502 | 胡　兵 | 男 | 2002.01.01 | 正式员工 | 生产一车间 | 招行 | 0000000015 |
| 601 | 朱　铁 | 男 | 2002.01.01 | 正式员工 | 生产二车间 | 招行 | 0000000016 |
| 602 | 赵　武 | 男 | 2002.01.01 | 正式员工 | 生产二车间 | 招行 | 0000000017 |
| 701 | 王　池 | 男 | 2002.01.01 | 正式员工 | 销售部 | 招行 | 0000000018 |
| 702 | 李　强 | 男 | 2002.01.01 | 正式员工 | 销售部 | 招行 | 0000000019 |
| 801 | 赵　力 | 男 | 2002.01.01 | 正式员工 | 仓管部 | 招行 | 0000000020 |
| 802 | 曹　敏 | 女 | 2002.01.01 | 正式员工 | 仓管部 | 招行 | 0000000021 |
| 901 | 刘文学 | 男 | 1992.01.01 | 退休人员 | 退休办 | 招行 | 0000000023 |
| 902 | 陈思思 | 女 | 1993.01.01 | 退休人员 | 退休办 | 招行 | 0000000024 |

(6) 银行资料如表 6-4 所示。

表 6-4　银行资料

| 代　码 | 名　称 | 账号长度 |
|---|---|---|
| 001 | 招商银行营口支行 | 10 |

(7) 工资项目如表 6-5 所示。

表 6-5　工资项目

| 项目名称 | 类　型 | 数据长度 | 小数位数 | 属　性 |
|---|---|---|---|---|
| 职员代码 | 文字 | 250 | | 其他 |
| 职员姓名 | 文字 | 250 | | 其他 |
| 部门名称 | 文字 | 250 | | 其他 |
| 职员类别 | 文字 | 80 | | 其他 |
| 基本工资 | 货币 | 12 | 2 | 可变项目 |
| 奖金 | 货币 | 12 | 2 | 可变项目 |
| 补发工资 | 货币 | 15 | 0 | 可变项目 |

(续表)

| 项目名称 | 类型 | 数据长度 | 小数位数 | 属性 |
|---|---|---|---|---|
| 病假 | 货币 | 15 | 0 | 可变项目 |
| 事假 | 货币 | 15 | 0 | 可变项目 |
| 应发合计 | 货币 | 12 | 2 | 可变项目 |
| 代扣税 | 货币 | 12 | 2 | 可变项目 |
| 代扣房租水电 | 货币 | 15 | 0 | 可变项目 |
| 其他扣款 | 货币 | 12 | 2 | 可变项目 |
| 扣款合计 | 货币 | 12 | 2 | 可变项目 |
| 实发合计 | 货币 | 12 | 2 | 可变项目 |
| 个人账号 | 文字 | 40 | | 其他 |

(8) 工资核算公式。

常用的工资核算公式如下：

应发合计=(基本工资+奖金+补发工资)-(病假+事假)

扣款合计=代扣税+代扣房租、水电+其他扣款

实发合计=应发合计-扣款合计

### 操作指导

#### 1. 设置工资类别

以人事薪资组张爱萍的身份登录金蝶K/3主控台，单击工具栏【K/3主界面】，进入主界面显示模式。执行【人力资源】—【工资管理】—【类别管理】—【新建类别】命令，再单击【类别向导】按钮，打开【新建工资类别】对话框。录入类别名称“在职人员工资管理类别”，单击【下一步】，在显示的界面中设置【是否多类别】为“否”，【币别】为“人民币”，单击【下一步】，完成工资类别的定义。

按照上述步骤，再新增“临时人员工资管理”类别，如图6-3所示。

**注意**

① 在定义工资类别前，需要先定义好币别信息。

② 类别名称不允许重复。

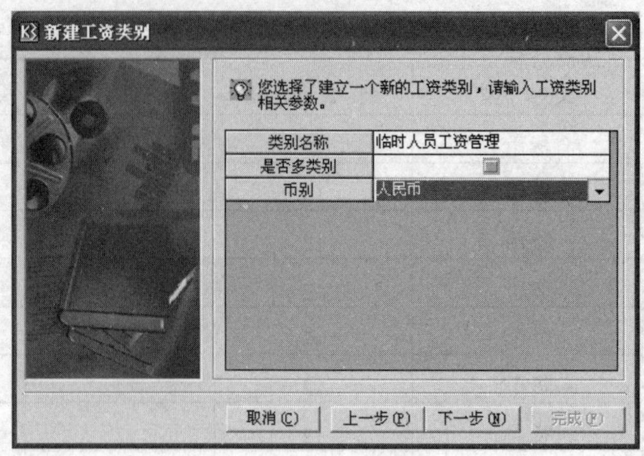


图 6-3　设置工资类别

## 2. 设置系统参数

工资管理系统参数需要系统管理员设置，张婷登录金蝶 K/3 主控台，执行【系统设置】－【系统参数设置】－【系统参数配置平台】命令，弹出【基础平台-[系统参数配置平台]】窗口。选中“工资管理系统”，进入工资系统参数维护界面。按照提供的实验数据在【调整后参数】栏正确输入，如图 6-4 所示。

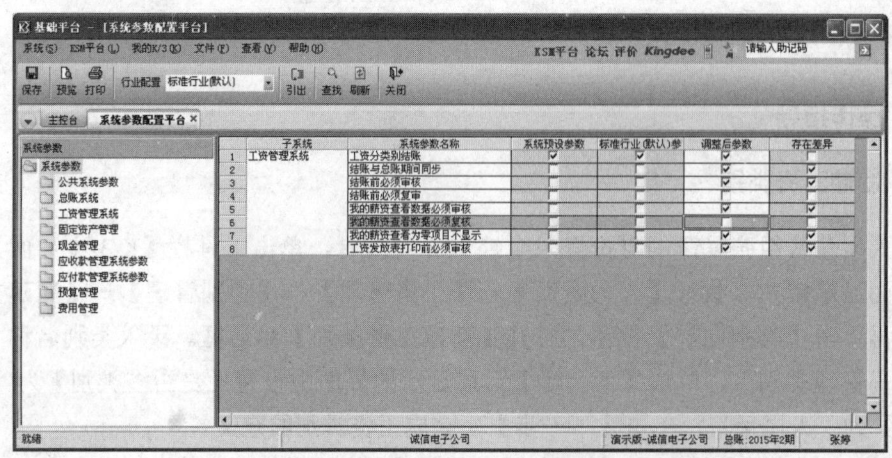


图 6-4　设置工资的系统参数

**注意**

【系统预设参数】、【标准行业(默认)参数】、【存在差异】栏数据不允许修改，由系统预设或自动生成。

### 3. 工资核算基础数据设置

设置顺序按照：辅助属性→银行→部门→职员→工资项目。

人事薪资组张爱萍登录金蝶 K/3 主控台，执行【人力资源】—【工资管理】—【设置】—【辅助属性】命令，在弹出的【打开工资类别】窗口选择“在职人员工资管理类别”，进入【辅助属性】维护窗口，按照提供的实验数据选取“职员类别”，正确新增在职人员的职员类别。

临时人员的职员类别可采用同样的方式设置。

如果工资数据和职务相关，还须在此处设置职务的分类，如在前述总账系统的职员资料中，我们对职员进行了职务的划分。目前，诚信公司的工资暂没有和职务挂钩，这里不作介绍，大家可以自己练习。

执行【人力资源】—【工资管理】—【设置】—【银行管理】命令，打开【银行管理】对话框，按照提供的实验数据正确输入。

执行【人力资源】—【工资管理】—【设置】—【部门管理】命令，打开【部门】对话框，单击工具栏中的【引入】按钮，系统将弹出部门导入界面。导入数据源选择【总账数据】，再选择【全选】，最后单击【导入】按钮。导入完成后，单击工具栏中的【新增】，增加退休办信息。单击工具栏上的【浏览】按钮，可以查看录入及导入的所有信息。

用类似操作可以完成职员的设置，并根据实验数据完成从总账导入职员属性修改，正确输入“出生日期”、“职员类别”、“银行名称”、“个人账号”信息。

执行【人力资源】—【工资管理】—【设置】—【项目设置】命令，打开【工资核算项目设置】对话框。系统中已经预设了常用的工资项目，按照提供的实验数据进行预设数据的增加和删除。

**注意**

① 系统预设的固定项目不允许删除。

② 在选择工资类别后，系统所有后续操作都将默认基于第一次选择的工资类别，除非退出系统重新进入，或利用类别管理中的“选择类别”功能重新选取其他类别。

### 4. 工资核算公式设置

以人事薪资组张爱萍的身份登录金蝶 K/3 主控台，执行【人力资源】—【工资管理】—【设置】—【公式设置】命令，打开【工资公式设置】对话框，如图 6-5 所示。

单击【新增】按钮可以录入公式名称“在职员工工资”，单击【保存】按钮。再单击【编辑】按钮，按照提供的实验数据正确输入。

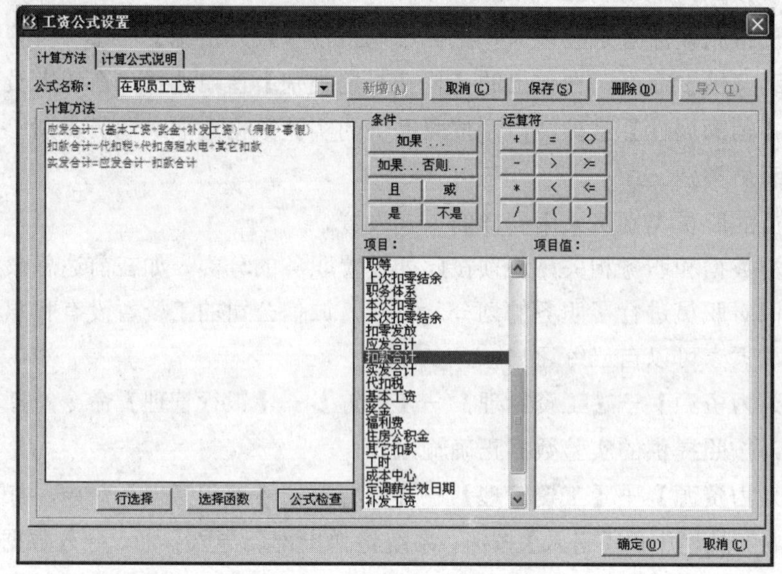

图 6-5　设置工资的公式

## 实验二　日常工资业务处理

### ↗ 应用场景

每月根据出勤等记录计算员工的实发工资等。

### ↗ 实验步骤

- 工资数据录入。
- 所得税计算。
- 费用分配。
- 工资凭证管理。
- 工资审核。
- 期末结账。

### ↗ 操作部门及人员

在诚信电子公司，人事薪资组张爱萍负责在职人员的日常工资业务处理，由人事薪资组主管葛微负责审核。

### ↗ 实验前准备

直接采用前述操作的账套。

### ↗ 实验数据

(1) 2 月工资数据如表 6-6 所示。

表 6-6 工 资 数 据

| 职员姓名 | 基本工资 | 奖金 | 补发工资 | 病假 | 事假 | 应发合计 | 代扣所得税 | 代扣房租水电 | 其他扣款 | 扣款合计 | 实发合计 |
|---|---|---|---|---|---|---|---|---|---|---|---|
| 金　鑫 | 21 000.00 | 6 000.00 | 1 000.00 | | | | | | 900.00 | | |
| 张爱萍 | 14 000.00 | 5 000.00 | 1 000.00 | | | | | | 800.00 | | |
| 葛　微 | 13 000.00 | 4 000.00 | 1 000.00 | 700.00 | | | | | 700.00 | | |
| 刘丽佳 | 9 000.00 | 4 000.00 | 1 000.00 | 700.00 | | | | | 200.00 | | |
| 许　静 | 9 500.00 | 1 000.00 | 1 000.00 | | | | | 300.00 | | | |
| 张　婷 | 9 500.00 | 1 000.00 | 1 000.00 | | | | | 300.00 | | | |
| 胡美玲 | 8 500.00 | 1 000.00 | 1 000.00 | | | | | 300.00 | | | |
| 孙晓红 | 8 500.00 | 1 000.00 | 1 000.00 | | | | | 300.00 | | | |
| 李　梅 | 9 500.00 | 3 000.00 | 1 000.00 | | | | | 300.00 | | | |
| 马秀伟 | 8 500.00 | 3 000.00 | 1 000.00 | | | | | 300.00 | | | |
| 徐力军 | 6 000.00 | 3 000.00 | 1 000.00 | | 500.00 | | | 300.00 | | | |
| 李大勇 | 4 000.00 | 1 000.00 | 1 000.00 | | | | | 300.00 | | | |
| 胡开林 | 6 000.00 | 1 000.00 | 1 000.00 | | 500.00 | | | 300.00 | | | |
| 张二柱 | 7 000.00 | 100.00 | 1 000.00 | | | | | 300.00 | | | |
| 胡　兵 | 9 000.00 | 300.00 | 1 000.00 | | | | | 300.00 | | | |
| 朱　铁 | 7 000.00 | 300.00 | 1 000.00 | | | | | 300.00 | | | |
| 赵　武 | 9 000.00 | 100.00 | 1 000.00 | | | | | 300.00 | | | |
| 王　池 | 7 000.00 | 100.00 | 1 000.00 | | | | | 300.00 | | | |
| 李　强 | 6 000.00 | 300.00 | 1 000.00 | | | | | 300.00 | | | |
| 赵　力 | 4 000.00 | 300.00 | 1 000.00 | | | | | 300.00 | | | |
| 曹　敏 | 6 000.00 | 300.00 | 1 000.00 | | | | | 300.00 | | | |
| 刘文学 | 4 000.00 | | 1 000.00 | | | | | 300.00 | | | |
| 陈思思 | 3 000.00 | | | | | | | 300.00 | | | |

(2) 所得税设置如表 6-7 所示。

表 6-7 所得税设置

| 名 称 | 事 项 |
| --- | --- |
| 税率类别 | 含税级距税率 |
| 税率项目 | 名称："应税所得"，"应发合计"增项 |
| 所得计算 | 名称："应税所得"，"应发合计"增项 |
| 所得期间 | 2015.2 |
| 外币币别 | 人民币 |
| 基本扣除 | 3 500 |

(3) 费用分配如表 6-8 所示。

表 6-8 费 用 分 配

| 部 门 | 职员类别 | 工资项目 | 费用科目 | 核 算 项 目 | 工资科目 |
| --- | --- | --- | --- | --- | --- |
| 技术部 | 正式员工 | 应发合计 | 6602.03 | 部门—技术部 | 2211 |
| 财务部 | 正式员工 | 应发合计 | 6602.03 | 部门—财务部 | 2211 |
| 行政人事部 | 正式员工 | 应发合计 | 6602.03 | 部门—行政人事部 | 2211 |
| 采购部 | 正式员工 | 应发合计 | 6602.03 | 部门—采购部 | 2211 |
| 生产车间 | 正式员工 | 应发合计 | 5001 | 无 | 2211 |
| 销售部 | 正式员工 | 应发合计 | 6601.03 | 部门—销售部 | 2211 |
| 仓管部 | 正式员工 | 应发合计 | 6602.03 | 部门—仓管部 | 2211 |
| 退休办 | 退休人员 | 应发合计 | 2241 | 无 | 2211 |

### 操作指导

#### 1. 工资数据录入

人事薪资组张爱萍登录金蝶 K/3 主控台，执行【人力资源】－【工资管理】－【工资业务】－【工资录入】命令，弹出【过滤器】维护界面。单击【增加】按钮，在系统弹出的【定义过滤条件】窗口中，定义过滤方案名称为"在职员工"。选取前面定义的工资计算公式及需要录入的工资项目，单击【确定】按钮后完成过滤方案的新增。然后在【过滤器】维护界面中选取刚才新增的过滤方案，单击【确定】进入【工资数据录入-[在职员工]】窗口，如图 6-6 所示，按照提供的实验数据正确输入。

注意

① 界面中的灰色部分表示是由计算公式计算得来的，不允许修改。白色部分可以进行数据维护。

② 在录入过程中，可以利用计算器功能，进行批量快速录入，也可定义计算公式，进行简单计算并将结果回填。

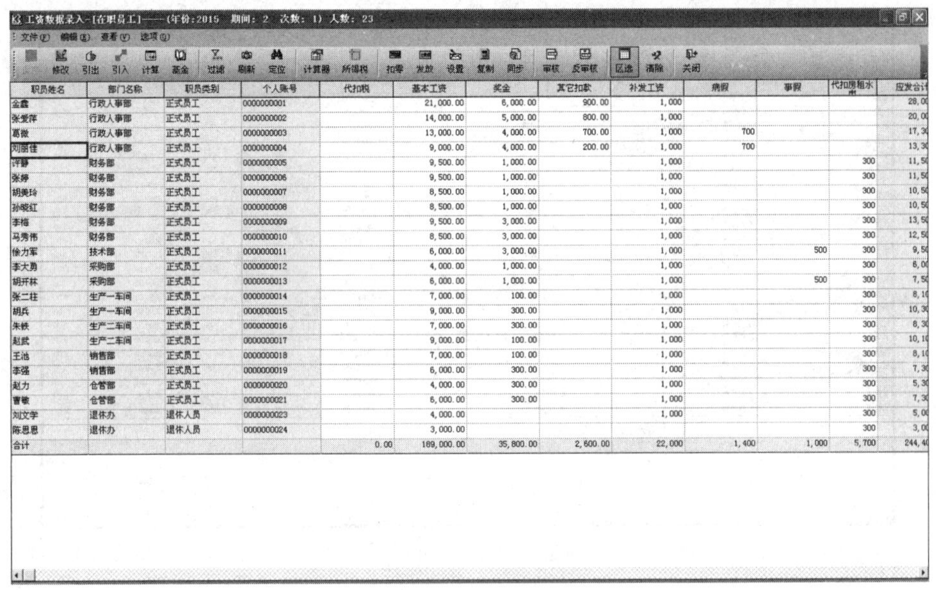

工资数据录入-[在职员工]——(年份:2015　期间: 2　次数: 1)　人数: 23

文件(F)　编辑(E)　查看(V)　选项(O)

修改　引出　引入　计算　薪金　过滤　刷新　定位　计算器　所得税　扣零　发放　设置　复制　同步　审核　反审核　区选　清除　关闭

| 职员姓名 | 部门名称 | 职员类别 | 个人账号 | 代扣税 | 基本工资 | 奖金 | 其它扣款 | 补发工资 | 病假 | 事假 | 代扣房租水电 | 应发合计 |
|---|---|---|---|---|---|---|---|---|---|---|---|---|
| 金鑫 | 行政人事部 | 正式员工 | 0000000001 | | 21,000.00 | 6,000.00 | 900.00 | 1,000 | | | | 28,0 |
| 张爱萍 | 行政人事部 | 正式员工 | 0000000002 | | 14,000.00 | 5,000.00 | 800.00 | 1,000 | | | | 20,0 |
| 葛微 | 行政人事部 | 正式员工 | 0000000003 | | 13,000.00 | 4,000.00 | 700.00 | 1,000 | 700 | | | 17,3 |
| 刘丽佳 | 行政人事部 | 正式员工 | 0000000004 | | 9,000.00 | 4,000.00 | 200.00 | 1,000 | 700 | | | 13,3 |
| 许静 | 财务部 | 正式员工 | 0000000005 | | 9,500.00 | 1,000.00 | | 1,000 | | | 300 | 11,5 |
| 张婷 | 财务部 | 正式员工 | 0000000006 | | 9,500.00 | 1,000.00 | | 1,000 | | | 300 | 11,5 |
| 胡美玲 | 财务部 | 正式员工 | 0000000007 | | 8,500.00 | 1,000.00 | | 1,000 | | | 300 | 10,5 |
| 孙晓红 | 财务部 | 正式员工 | 0000000008 | | 8,500.00 | 1,000.00 | | 1,000 | | | 300 | 10,5 |
| 李梅 | 财务部 | 正式员工 | 0000000009 | | 9,500.00 | 3,000.00 | | 1,000 | | | 300 | 13,5 |
| 马秀伟 | 财务部 | 正式员工 | 0000000010 | | 8,500.00 | 3,000.00 | | 1,000 | | | 300 | 12,5 |
| 徐力军 | 技术部 | 正式员工 | 0000000011 | | 6,000.00 | 3,000.00 | | 1,000 | | 500 | 300 | 9,5 |
| 李大勇 | 采购部 | 正式员工 | 0000000012 | | 4,000.00 | 1,000.00 | | 1,000 | | | 300 | 6,0 |
| 胡开林 | 采购部 | 正式员工 | 0000000013 | | 6,000.00 | 1,000.00 | | 1,000 | | 500 | 300 | 7,5 |
| 张二柱 | 生产一车间 | 正式员工 | 0000000014 | | 7,000.00 | 100.00 | | 1,000 | | | 300 | 8,1 |
| 胡兵 | 生产一车间 | 正式员工 | 0000000015 | | 9,000.00 | 300.00 | | 1,000 | | | 300 | 10,3 |
| 朱铁 | 生产二车间 | 正式员工 | 0000000016 | | 7,000.00 | 300.00 | | 1,000 | | | 300 | 8,3 |
| 赵武 | 生产二车间 | 正式员工 | 0000000017 | | 9,000.00 | 100.00 | | 1,000 | | | 300 | 10,1 |
| 王池 | 销售部 | 正式员工 | 0000000018 | | 7,000.00 | 100.00 | | 1,000 | | | 300 | 8,1 |
| 李强 | 销售部 | 正式员工 | 0000000019 | | 6,000.00 | 300.00 | | 1,000 | | | 300 | 7,3 |
| 赵力 | 仓管部 | 正式员工 | 0000000020 | | 4,000.00 | 300.00 | | 1,000 | | | 300 | 5,3 |
| 曹敏 | 仓管部 | 正式员工 | 0000000021 | | 6,000.00 | 300.00 | | 1,000 | | | 300 | 7,3 |
| 刘文学 | 退休办 | 退休人员 | 0000000023 | | 4,000.00 | | | 1,000 | | | 300 | 5,0 |
| 陈思思 | 退休办 | 退休人员 | 0000000024 | | 3,000.00 | | | | | | 300 | 3,0 |
| 合计 | | | | 0.00 | 189,000.00 | 35,800.00 | 2,600.00 | 22,000 | 1,400 | 1,000 | 5,700 | 244,4 |

图 6-6　工资录入

## 2. 工资计算

人事薪资组张爱萍登录金蝶 K/3 主控台，执行【人力资源】－【工资管理】－【工资业务】－【工资计算】命令，在弹出的【工资计算向导】窗口中单击选择框选取方案名称，如图 6-7 所示，依据向导完成工资计算。

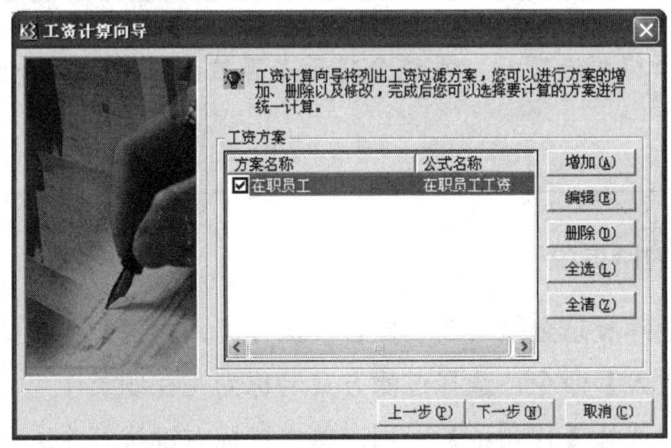


图 6-7　工资计算

## 3. 所得税计算

人事薪资组张爱萍登录金蝶 K/3 主控台，执行【人力资源】－【工资管理】－【工资业务】－【所得税计算】命令，系统弹出过滤器维护界面。选取【标准格式】，单击【确定】按钮进入【个人所得税数据录入-[标准格式]】窗口，如图 6-8 所示。先单击工具栏中的【方法】按钮，系统弹出所得税计算维护界面，选择【按工资发放期间计算】。

个人所得税数据录入-[标准格式][方法 － 本期]

文件 查看

引出 保存 计税 所得项 税率 设置 方法 过滤 刷新 定位 计算器 锁定列 关闭

| 纳税义务人 | 证件号码 | 所得项目 | 所得期间 | 收入人民币 | 外币名称 | 外币金额 | 外汇牌价 | 外币折合 | 人民币合计 | 减费用额 | 应纳税所得额 |
|---|---|---|---|---|---|---|---|---|---|---|---|
| 金鑫 | | 应税所得 | 2015.2 | 0.00 | 人民币 | | 1.00000000 | 0.00 | 0.00 | 3500.00 | 0.00 |
| 许静 | | 应税所得 | 2015.2 | 0.00 | 人民币 | | 1.00000000 | 0.00 | 0.00 | 3500.00 | 0.00 |
| 张婷 | | 应税所得 | 2015.2 | 0.00 | 人民币 | | 1.00000000 | 0.00 | 0.00 | 3500.00 | 0.00 |
| 胡美玲 | | 应税所得 | 2015.2 | 0.00 | 人民币 | | 1.00000000 | 0.00 | 0.00 | 3500.00 | 0.00 |
| 李梅 | | 应税所得 | 2015.2 | 0.00 | 人民币 | | 1.00000000 | 0.00 | 0.00 | 3500.00 | 0.00 |
| 张爱萍 | | 应税所得 | 2015.2 | 0.00 | 人民币 | | 1.00000000 | 0.00 | 0.00 | 3500.00 | 0.00 |
| 刘丽佳 | | 应税所得 | 2015.2 | 0.00 | 人民币 | | 1.00000000 | 0.00 | 0.00 | 3500.00 | 0.00 |
| 马秀伟 | | 应税所得 | 2015.2 | 0.00 | 人民币 | | 1.00000000 | 0.00 | 0.00 | 3500.00 | 0.00 |
| 孙晓红 | | 应税所得 | 2015.2 | 0.00 | 人民币 | | 1.00000000 | 0.00 | 0.00 | 3500.00 | 0.00 |
| 葛微 | | 应税所得 | 2015.2 | 0.00 | 人民币 | | 1.00000000 | 0.00 | 0.00 | 3500.00 | 0.00 |
| 徐力军 | | 应税所得 | 2015.2 | 0.00 | 人民币 | | 1.00000000 | 0.00 | 0.00 | 3500.00 | 0.00 |
| 李大勇 | | 应税所得 | 2015.2 | 0.00 | 人民币 | | 1.00000000 | 0.00 | 0.00 | 3500.00 | 0.00 |
| 胡开林 | | 应税所得 | 2015.2 | 0.00 | 人民币 | | 1.00000000 | 0.00 | 0.00 | 3500.00 | 0.00 |
| 张二柱 | | 应税所得 | 2015.2 | 0.00 | 人民币 | | 1.00000000 | 0.00 | 0.00 | 3500.00 | 0.00 |
| 胡兵 | | 应税所得 | 2015.2 | 0.00 | 人民币 | | 1.00000000 | 0.00 | 0.00 | 3500.00 | 0.00 |
| 朱铁 | | 应税所得 | 2015.2 | 0.00 | 人民币 | | 1.00000000 | 0.00 | 0.00 | 3500.00 | 0.00 |
| 赵武 | | 应税所得 | 2015.2 | 0.00 | 人民币 | | 1.00000000 | 0.00 | 0.00 | 3500.00 | 0.00 |
| 王池 | | 应税所得 | 2015.2 | 0.00 | 人民币 | | 1.00000000 | 0.00 | 0.00 | 3500.00 | 0.00 |
| 李强 | | 应税所得 | 2015.2 | 0.00 | 人民币 | | 1.00000000 | 0.00 | 0.00 | 3500.00 | 0.00 |
| 赵力 | | 应税所得 | 2015.2 | 0.00 | 人民币 | | 1.00000000 | 0.00 | 0.00 | 3500.00 | 0.00 |
| 曹敏 | | 应税所得 | 2015.2 | 0.00 | 人民币 | | 1.00000000 | 0.00 | 0.00 | 3500.00 | 0.00 |
| 刘文学 | | 应税所得 | 2015.2 | 0.00 | 人民币 | | 1.00000000 | 0.00 | 0.00 | 3500.00 | 0.00 |
| 陈思思 | | 应税所得 | 2015.2 | 0.00 | 人民币 | | 1.00000000 | 0.00 | 0.00 | 3500.00 | 0.00 |

图 6-8 计算所得税

然后再进行个人所得税的初始设置。单击工具栏中的【设置】按钮，在打开的对话框中选择【编辑】页签，进入【个人所得税初始设置】界面。单击【新增】按钮，录入名称为“个人所得税”，按照提供的实验数据输入所得税的税率类别、税率项目、所得计算等。

**注意**

重新维护所得税选项后，系统会提示是否按新设置的条件重新进行所得税计算。

## 4. 工资数据中的所得税引入

人事薪资组张爱萍登录金蝶 K/3 主控台，执行【人力资源】－【工资管理】－【工资业务】－【工资录入】命令，选择过滤方案名称为“在职员工”，单击【确定】进入工资数据录入界面。选择【代扣税】一列，单击鼠标右键进行个人所得税的引入。引入后，所得税的数据将显示在【代扣税】列中。

## 5. 费用分配

执行【人力资源】－【工资管理】－【工资业务】－【费用分配】命令，打开【费用分配】对话框，如图 6-9 所示。单击【编辑】页签，进入【费用分配】窗口。单击【新增】按钮，然后按实验数据进行费用分配关系设置，其中【分配名称】及【摘要内容】都设置为“工资费用分配”。

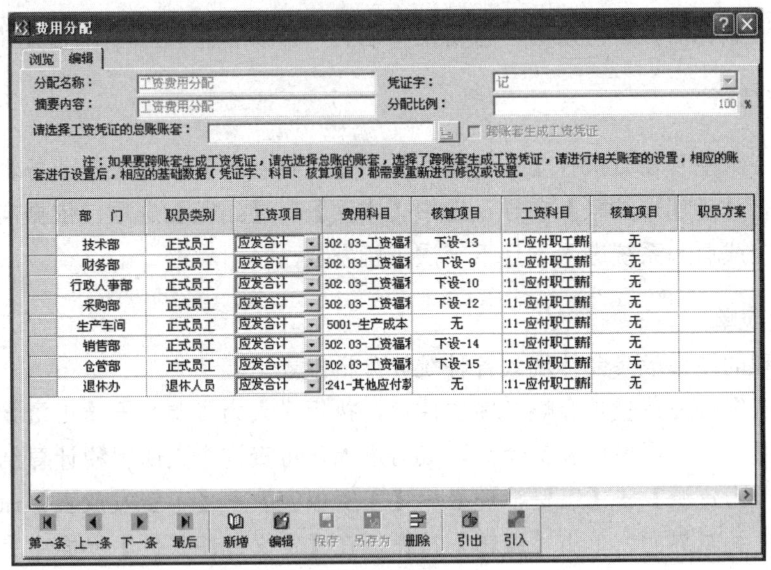

图 6-9 费用分配

系统管理员张婷登录金蝶 K/3 主控台，参照前述权限管理的操作授予张爱萍总账系统中凭证新增和查询的权限。

人事薪资组张爱萍登录金蝶 K/3 主控台，执行【人力资源】－【工资管理】－【工资业务】－【费用分配】命令，打开【费用分配】对话框。在【浏览】页签，单击选取刚设置的费用分配名称，选择【生成凭证】按钮，系统会提示已成功生成一张凭证及凭证字号等。在【工资凭证管理】窗口中，可以查看该凭证。

## 6. 工资审核

人事薪资组主管葛微登录金蝶 K/3 主控台，执行【人力资源】－【工资管理】－【工资业务】－【工资审核】命令，进入【工资审核】对话框，如图 6-10 所示。选择需要审核的项目后单击【确定】按钮。

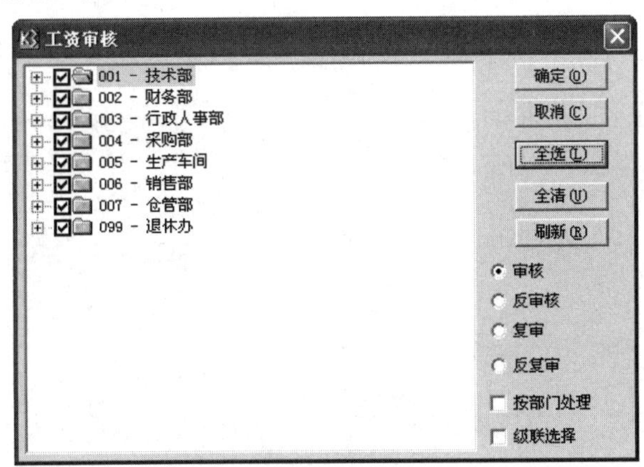

图 6-10 工资审核

上述实验做完后，备份账套，备份文件名为“F 诚信电子公司(工资期末结账)”。

### 7. 期末结账

人事薪资组主管葛微执行【人力资源】－【工资管理】－【工资业务】－【期末结账】命令，打开【期末结账】向导，选中【本次】、【结账】选项，依据向导进行期末结账处理。完成后，系统进入本月下一次工资发放。

**输出表单**

业务处理的结果最终会体现到各种统计分析报表上。

人事薪资组张爱萍登录金蝶 K/3 主控台，执行【人力资源】－【工资管理】－【工资报表】－【个人所得税报表】命令，双击进入，可查询个人所得税计算结果。

选择【人力资源】－【工资管理】－【工资报表】－【工资发放表】命令，系统弹出【过滤器】编辑界面。单击【编辑】按钮，在【定义过滤条件】界面中完成过滤条件的维护后，即可查询个人或部门工资的发放结果。

**注意**

结账以后，报表期间的次数要选择 1 次。其中，个人所得税报表中的“方法”要选择“本期”，否则无法查询数据。

# 第 7 章 固定资产管理

## 7.1 系统概述

随着我国经济的发展，各企业及组织资产的拥有量不断增大，且在社会发展中扮演着越来越重要的角色。固定资产管理是对资产的取得、处理、折旧、出售、交换等整个生命周期进行管理，使管理者能够全面掌握企业当前固定资产的数量与价值，追踪固定资产的使用状况，提高资产利用效率。

固定资产管理系统以固定资产卡片管理为基础，帮助企业实现对固定资产新增、变动等的全面管理，并从财务核算的角度，在金额和折旧方面对企业的资产进行核算。

### 7.1.1 日常业务处理流程

固定资产取得，不管其来源方式如何，需要建立固定资产档案，输入诸如资产编号、规格、存放地点、资产类别、使用年限、折旧方式等必要资料。取得后，每月需要计算折旧费用。使用一段时间后，会作出售、交换、报废等处理，期末会进行资产盘点、账务核对等。一个完整的固定资产日常业务主要包括 5 个环节。

固定资产购置→固定资产增加→固定资产变动→固定资产减少→计提折旧

固定资产日常业务管理系统流程如图 7-1 所示。

(1) 固定资产购置是指企业固定资产采购业务的处理，包括采购申请、采购处理、收货验收处理，在系统中分别通过资产申请单、资产采购订单、资产验收单实现上述业务。

(2) 固定资产领用主要是确定验收后资产的用途、使用及保管责任单位或人员，同时也是财务核算的依据，在系统中通过新增资产领用单实现。

(3) 固定资产新增是指企业采购固定资产在安装验收完成后，根据相关资料在系统中建立固定资产卡片。

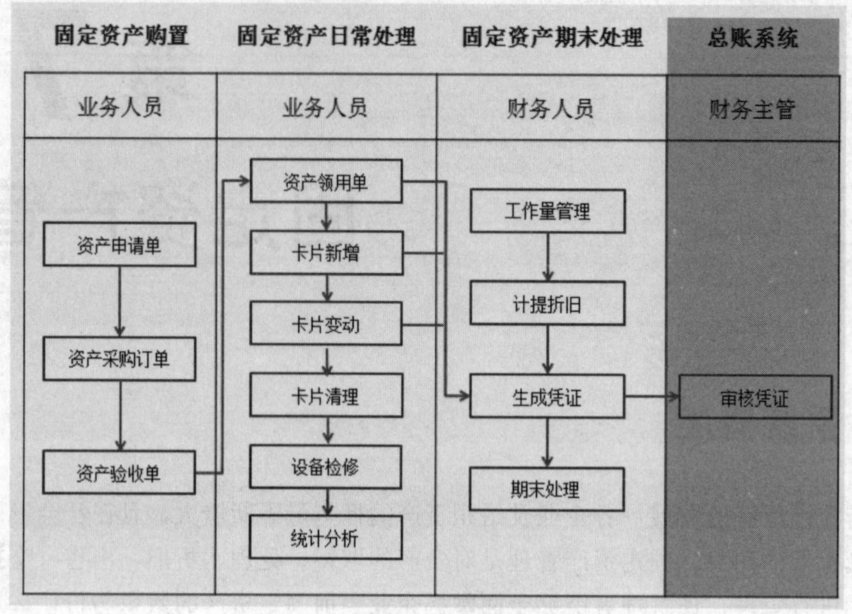

图 7-1 固定资产系统流程图

(4) 固定资产变动是指除新增和减少外，由于其他原因引起的固定资产价值或财务资料发生变化后，对固定资产卡片进行的相应调整，例如固定资产所属部门、存放地点、原值、累计折旧等资料的变更。

(5) 固定资产清理是指固定资产报损、毁坏、出售、盘亏等引起的固定资产减少的相关处理。

(6) 固定资产期末处理主要依据会计制度和准则的规定，完成对固定资产新增、减少、变动、计提折旧等业务的财务处理，将业务系统信息及时、准确传递到财务系统，保证账账相符。

## 7.1.2 重点功能概述

固定资产变动和固定资产清理管理是固定资产管理中比较复杂的业务。金蝶 K/3 固定资产系统的相关功能应用如下。

### 1. 固定资产变动

固定资产在取得和使用过程中可能会有一些资料发生改变，改变的方式主要有以下三种。

第一，企业进行固定资产技术革新或改良后，或能延长固定资产的使用寿命，或使资产使用价值提高，或提高所制造产品的质量、降低所制造产品的成本等，这将给企业带来实际的经济效益，需要通过调整固定资产的账面价值将技术改造产生的成本资本化。

第二，根据固定资产实际运行情况和相关规定，如需要进行固定资产折旧方法、预计使用寿命、预计净残值等折旧要素的变更，在经过相关部门审批备案后，可利用系统的固定资产变动功能进行调整，系统从下期开始将按变动后的折旧要素计提折旧。

第三，当固定资产的使用情况、使用部门、存放地点等非价值信息发生改变时，需要在固定资产系统中，通过系统提供的变动功能，将变更的信息录入到系统中，以确保固定资产数据的正确性，便于以后的跟踪管理。

**2. 固定资产清理**

企业固定资产减少时需要进行固定资产清理，固定资产清理主要包括下列几种情况。

- 出售或转让不适用或不需用的固定资产。
- 报废已到使用年限的固定资产。
- 由于新技术的发展被淘汰的固定资产。
- 提前报废由于非常事故或自然灾害而损毁的固定资产。
- 对外投资转出的固定资产。
- 对外捐赠转出的固定资产。
- 以抵偿债务的方式转出的固定资产。
- 以非货币性交易换出或按照有关规定并经有关部门批准无偿调出的固定资产。

## 7.1.3　与其他系统的关系

固定资产系统与其他系统的关系如图 7-2 所示。

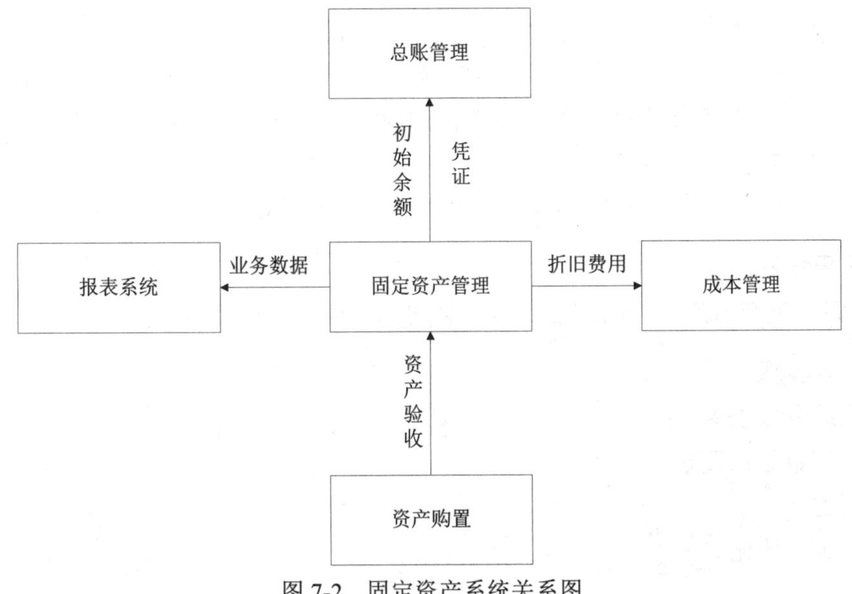


图 7-2　固定资产系统关系图

(1) 与总账系统联用时，固定资产系统录入的初始余额可以直接传递到总账系统，作为固定资产相关科目的初始余额；固定资产新增、变动、清理，折旧计提与费用分摊等业务处理可自动生成凭证传递到总账系统。

(2) 与成本管理系统联用时，固定资产管理系统的折旧费用数据可以直接引入成本管理系统，形成成本对象的折旧要素费用。

(3) 与报表系统联用时，可以利用取数公式，从固定资产系统中取数，编制用户需要的固定资产管理报表。

(4) 与资产购置系统联用时，固定资产领用单可以关联资产验收单生成，并且通过固定资产领用单可以进行固定资产卡片的新增。

## 7.2 实验练习

### 实验一　初始化设置

固定资产初始化主要进行固定资产管理政策的设置、历史固定资产的盘点及历史卡片的整理。在系统中进行固定资产日常业务操作之前，先要进行系统初始化相关工作。一个完整的固定资产系统初始化包括下列 4 个环节。

核算参数设置→基础数据设置→历史卡片录入→结束初始化

(1) 核算参数是根据企业的管理规章进行固定资产管理及核算策略的设置，参数将影响以后固定资产的业务流程和处理方式。

(2) 基础数据包括固定资产的变动方式、使用状态、折旧方法、卡片类别、存放地点等固定资产的特有资料，以及科目、部门等公用资料。

(3) 历史卡片指系统上线前原手工维护的固定资产卡片，一般需要进行一次全面的固定资产实物盘点以保证数据的正确性。

(4) 结束初始化后系统进入日常业务的处理，初始数据将只能进行查询，不能修改。

**应用场景**

制定固定资产卡片的折旧方法，统计公司已有的固定资产等。

**实验步骤**

- 系统参数设置。
- 基础数据设置。
- 历史卡片录入。
- 结束初始化。

### 操作部门及人员

在诚信电子公司，由财务部固定资产组刘丽佳负责固定资产初始化工作，由财务部经理许静负责审核。

### 实验前准备

- 系统日期调整为 2015-02-01。
- 恢复前述备份账套“F 诚信电子公司(工资期末结账)”。

### 实验数据

(1) 系统参数如表 7-1 所示。

表 7-1　系 统 参 数

| 参数项目名称 | 参　数　值 |
| --- | --- |
| 与总账系统相连 | 是 |
| 存放地点显示全称 | 否 |
| 卡片结账前必须审核 | 是 |
| 卡片生成凭证前必须审核 | 是 |
| 不允许转回减值准备 | 否 |
| 与应付集成 | 否 |
| 不需要生成凭证 | 否 |
| 变动使用部门时当期折旧按原部门进行归集 | 是 |
| 允许改变基础资料编码 | 否 |
| 期末结账前先进行自动对账 | 否 |
| 不折旧(对整个系统) | 否 |
| 卡片最后一期修提基金按比例计提 | 否 |
| 默认汇率类型 | 公司汇率 |
| 资产管理系统卡片及单据的汇率允许手工修改 | 否 |
| 折旧率小数位 | 2 |
| 数量小数位 | 0 |
| 投资性房地产计算模式选择 | 成本模式 |

(2) 固定资产变动方式如表 7-2 所示。

表 7-2　固定资产变动方式

| 代码 | 名称 | 凭证字 | 摘　要 | 对 方 科 目 | 对方科目下有无设核算项目类别及明细 |
|---|---|---|---|---|---|
| 001.001 | 购入 | 记 | 购入固定资产 | 1002.01.01 银行存款——招行——人民币 | 无 |
| 002.001 | 出售 | 记 | 出售固定资产 | 1002.01.01 银行存款——招行——人民币 | 无 |

(3) 固定资产类别如表 7-3 所示。

表 7-3　固定资产类别

| 代码 | 名称 | 使用年限 | 净残值率 | 计量单位 | 预设折旧方法 | 固定资产科目 | 累计折旧科目 | 减值准备科目 | 卡片编码规则 | 折旧规则 |
|---|---|---|---|---|---|---|---|---|---|---|
| 01 | 办公设备 | 5 | 4 | 台 | 平均年限法(基于入账原值和入账预计使用期间) | 1601 | 1602 | 1603 | CXBG- | 由使用状态决定是否计提折旧 |
| 02 | 运输工具 | 5 | 5 | 辆 | 双倍余额递减法 | 1601 | 1602 | 1603 | CXYS- | 由使用状态决定是否计提折旧 |
| 03 | 生产用设备 | 10 | 3 | 台 | 双倍余额递减法 | 1601 | 1602 | 1603 | CXSC- | 由使用状态决定是否计提折旧 |
| 04 | 其他 | 10 | 3 | 台 | 平均年限法(基于入账原值和入账预计使用期间) | 1601 | 1602 | 1603 | CXQT- | 由使用状态决定是否计提折旧 |

(4) 存放地点如表 7-4 所示。

表 7-4　存 放 地 点

| 代　码 | 名　称 |
|---|---|
| 01 | 办公大厦 |
| 02 | 运输队 |
| 03 | 生产车间 |
| 04 | 销售部 |
| 09 | 其他 |

(5) 历史卡片如表 7-5 所示。

**表 7-5　历 史 卡 片**

| | | | |
|---|---|---|---|
| 基本信息 | 资产类别 | 办公设备 | 运输工具 |
| | 资产编码 | CXBG-1 | CXYS-1 |
| | 资产名称 | 投影仪 | 东风大卡车 |
| | 计量单位 | 台 | 辆 |
| | 数量 | 1 | 1 |
| | 入账日期 | 2013-01-25 | 2015-01-25 |
| | 存放地点 | 办公大厦 | 运输队 |
| | 经济用途 | 经营用 | 经营用 |
| | 使用状况 | 正常使用 | 正常使用 |
| | 变动方式 | 购入 | 购入 |
| 部门及其他 | 固定资产科目 | 1601 固定资产 | 1601 固定资产 |
| | 累计折旧科目 | 1602 累计折旧 | 1602 累计折旧 |
| | 使用部门(单一) | 行政人事部 | 销售部 |
| | 折旧费用分配(单一)科目 | 6602.04 管理费用——折旧费 | 6601.04 销售费用——折旧费 |
| | 折旧费用科目下设“核算项目”类别 | 部门 | 部门 |
| | 核算项目明细 | 行政人事部 | 销售部 |
| 原值与折旧 | (原值单币别)币别 | 人民币 | 人民币 |
| | 原币金额 | 125 000.00 | 1 200 000.00 |
| | 购进原值 | 125 000.00 | 1 200 000.00 |
| | 购进累计折旧 | 0 | 0 |
| | 开始使用日期 | 2013-01-25 | 2015-01-25 |
| | 预计使用期间数 | 60 | 60 |
| | 已使用期间数 | 24 | 0 |
| | 累计折旧 | 24 000.00 | 0 |
| | 累计折旧调整 | 0 | 0 |
| | 预计净残值 | 5 000.00 | 60 000.00 |
| | 减值准备 | 0 | 0 |
| | 折旧方法 | 平均年限法(基于入账净值与剩余使用期间) | 双倍余额递减法 |

（续表）

| | | | |
|---|---|---|---|
| 初始化数据 | 本年原值调增 | 0 | 0 |
| | 本年原值调减 | 0 | 0 |
| | 本年累计折旧调增 | 0 | 0 |
| | 本年累计折旧调减 | 0 | 0 |
| | 本年减值准备调增 | 0 | 0 |
| | 本年减值准备调减 | 0 | 0 |
| | 本年已提折旧 | 2 000.00 | 0 |
| | 本年数量调整 | 0 | 0 |

备注：卡片上有而本表没有的项目，取系统默认值，不要填写。

## 操作指导

### 1. 设置系统参数

系统管理员许静登录金蝶 K/3 主控台，执行【系统设置】－【系统设置】－【系统参数设置】－【系统参数配置平台】命令，系统弹出【系统参数配置平台】窗口。选中“固定资产系统”，进入固定资产系统参数维护界面。按照提供的实验数据在【调整后参数】栏正确输入，如图 7-3 所示。

注意

【系统预设参数】、【标准行业(默认)参数】、【存在差异】栏数据不允许修改，由系统预设或自动生成。

| | 子系统 | 系统参数名称 | 系统预设参数 | 标准行业(默认)参 | 调整后参数 | 存在差异 |
|---|---|---|---|---|---|---|
| 1 | 固定资产管理 | 与总账系统相连 | ☑ | ☑ | ☑ | ☐ |
| 2 | | 存放地点显示全称 | ☐ | ☐ | ☐ | ☐ |
| 3 | | 卡片结账前必须审核 | ☐ | ☐ | ☑ | ☑ |
| 4 | | 卡片生成凭证前必须审核 | ☐ | ☐ | ☑ | ☑ |
| 5 | | 不允许转回减值准备 | ☑ | ☑ | ☐ | ☑ |
| 6 | | 变动使用部门时当期折旧按原部门进行归集 | ☐ | ☐ | ☑ | ☑ |
| 7 | | 与应付集成 | ☑ | ☑ | ☐ | ☑ |
| 8 | | 不需要生成凭证 | ☐ | ☐ | ☐ | ☐ |
| 9 | | 允许改变基础资料编码 | ☐ | ☐ | ☐ | ☐ |
| 10 | | 期末结账前先进行自动对账 | ☐ | ☐ | ☐ | ☐ |
| 11 | | 不折旧(对整个系统) | ☐ | ☐ | ☐ | ☐ |
| 12 | | 卡片最后一期修购基金按比例计提 | ☐ | ☐ | ☐ | ☐ |
| 13 | | 默认汇率类型 | 公司汇率 | 公司汇率 | 公司汇率 | ☐ |
| 14 | | 资产管理系统卡片及单据的汇率可手工修改 | ☐ | ☐ | ☐ | ☐ |
| 15 | | 折旧率小数位 | 3 | 3 | 2 | ☑ |
| 16 | | 数量小数位 | 0 | 0 | 0 | ☐ |
| 17 | | 投资性房地产计量模式选择 | 成本模式 | 成本模式 | 成本模式 | ☐ |
| 18 | | 双倍余额递减法保持入账年度折旧计算的连续性 | ☑ | ☑ | ☑ | ☐ |

图 7-3　固定资产系统参数设置

### 2. 设置基础数据

固定资产组刘丽佳登录金蝶 K/3 主控台，执行【财务会计】－【固定资产管理】－【基础资料】－【变动方式类别】命令，打开【变动方式类别】对话框，选中“001 增加”下面的“001.001 购入”，如图 7-4 所示。

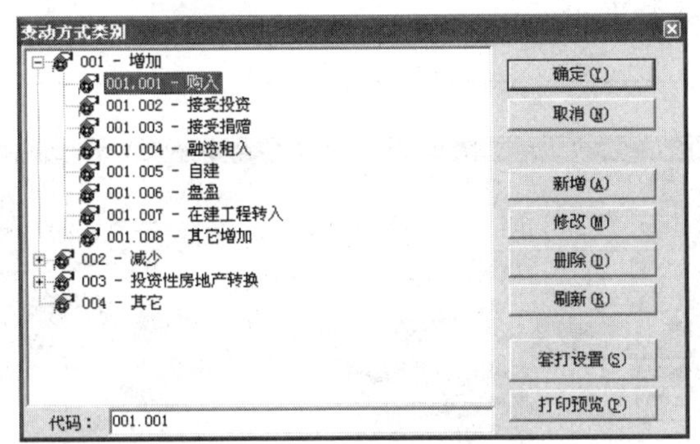


图 7-4 选择变动方式类别

单击【修改】按钮，在【变动方式类别-修改】窗口，按照提供的实验数据正确输入，如图 7-5 所示。

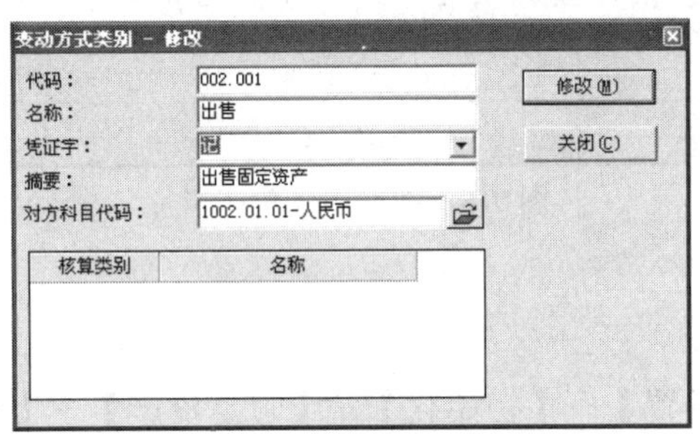


图 7-5 修改变动方式类别

用类似的方法，可以进行固定资产类别、存放地点的新增。

**注意**

如果固定资产变动业务需要自动生成记账凭证，必须进行固定资产变动方式中“对方科目代码”、“凭证字”、“凭证摘要”、“核算项目”的设置。

### 3. 历史卡片录入

刘丽佳执行【财务会计】－【固定资产管理】－【业务处理】－【新增卡片】命令，打开【卡片及变动-新增】对话框，按照提供的实验数据正确输入，如图 7-6 所示。

如果企业已有固定资产的电子文档，则可以在 Excel 中编辑固定资产卡片资料，再导入到账套中。

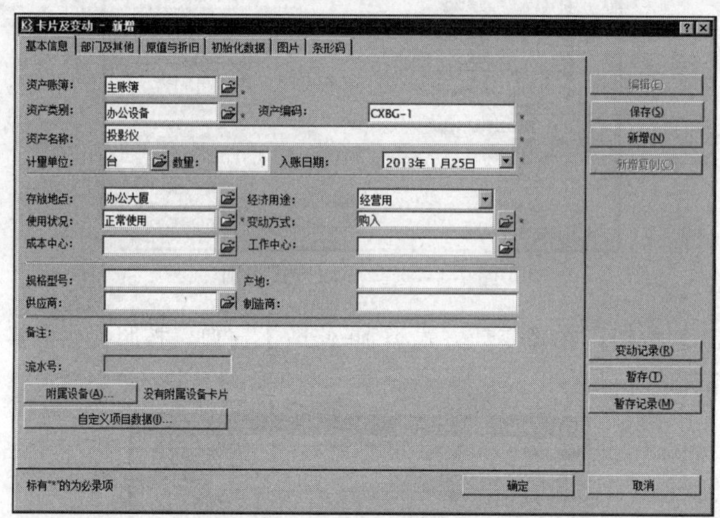


图 7-6　新增固定资产卡片

### 4. 结束初始化

刘丽佳执行【系统设置】—【初始化】—【固定资产】—【初始化】命令，打开【结束初始化】对话框，单击【开始】按钮，结束固定资产系统初始化。

① 与总账系统联用时，在结束初始化前，需要确定固定资产原值、累计折旧、减值准备的初始余额与账务相符。

② 一旦结束初始化，所有固定资产初始卡片将不能再进行新增、修改、删除等处理，只能进行查询。

## 实验二　日常固定资产业务处理

### ↗ 应用场景

对固定资产进行购置、卡片新增、计提折旧、报废、清理等业务处理。

### 实验步骤

- 固定资产购置。
- 新增固定资产卡片。
- 固定资产变动。
- 固定资产清理。
- 计提折旧。
- 固定资产单据生成凭证。
- 期末结账。

### 操作部门及人员

在诚信电子公司，由财务部固定资产组刘丽佳负责固定资产日常处理工作，由财务部经理许静负责审核。

### 实验前准备

直接采用前述操作的账套。

### 实验数据

新增资产类物料信息，如表 7-6 所示。

表 7-6　新增资产类物料

| | |
|---|---|
| 物料编码 | 04 |
| 物料名称 | 资产类物料 |
| 计量单位 | 台 |
| 税率/% | 0 |
| 计价方法 | 加权平均法 |
| 存货科目 | 1601 |
| 销售收入科目 | 6301 |
| 销售成本科目 | 6711 |

新增资产申请单信息，如表 7-7 所示。

表 7-7　新增资产申请单

| | |
|---|---|
| 单据编号 | 系统自动生成 |
| 申请日期 | 2015-02-01 |
| 申请部门 | 财务部 |
| 使用部门 | 生产一车间 |

(续表)

| | |
|---|---|
| 申请人 | 刘丽佳 |
| 物料编码 | 04 |
| 申请数量 | 1 |
| 计划采购数量 | 1 |

新增资产采购订单信息，如表 7-8 所示。

表 7-8　新增资产采购订单

| | |
|---|---|
| 单据编号 | 系统自动生成 |
| 单据日期 | 2015-02-01 |
| 采购部门 | 采购部 |
| 业务员 | 李大勇 |
| 供应商 | 美国高盛 |
| 物料编码 | 04 |
| 采购数量 | 1 |
| 采购单价 | 1 600 000.00 |

新增资产验收单信息，如表 7-9 所示。

表 7-9　新增资产验收单

| | |
|---|---|
| 单据编号 | 系统自动生成 |
| 单据日期 | 2015-02-01 |
| 验收部门 | 生产一车间 |
| 验收人 | 张二柱 |
| 物料编码 | 04 |
| 数量 | 1 |
| 采购单价 | 1 600 000.00 |

新增资产领用单信息，如表 7-10 所示。

表 7-10　新增资产领用单

| | |
|---|---|
| 单据编号 | 系统自动生成 |
| 单据日期 | 2015-02-01 |
| 领用部门 | 生产一车间 |

(续表)

| | |
|---|---|
| **领用人** | 张二柱 |
| **资产类别** | 生产用设备 |
| **存放地点** | 生产车间 |
| **经济用途** | 经营用 |
| **物料编码** | 04 |
| **数量** | 1 |
| **采购单价** | 1 600 000.00 |

新增固定资产卡片信息，如表 7-11 所示。

**表 7-11　新增固定资产卡片**

| | | |
|---|---|---|
| 基本信息 | 资产类别 | 生产用设备 |
| | 资产编码 | CXSC-1 |
| | 资产名称 | 加工机床 |
| | 计量单位 | 台 |
| | 数量 | 1 |
| | 入账日期 | 2015-02-01 |
| | 存放地点 | 生产车间 |
| | 经济用途 | 经营用 |
| | 使用状况 | 正常使用 |
| | 变动方式 | 购入 |
| 部门及其他 | 固定资产科目 | 1601 固定资产 |
| | 累计折旧科目 | 1602 累计折旧 |
| | 使用部门(单一) | 生产一车间 |
| | 折旧费用分配(单一)科目 | 5101 制造费用 |
| | 折旧费用科目下设“核算项目”类别 | 无 |
| | 核算项目明细 | 无 |

(续表)

| | | |
|---|---|---|
| 原值与折旧 | (原值单币别)币别 | 人民币 |
| | 原币金额 | 1 600 000.00 |
| | 购进原值 | 1 600 000.00 |
| | 购进累计折旧 | 0 |
| | 开始使用日期 | 2015-02-01 |
| | 预计使用期间数 | 120 |
| | 已使用期间数 | 0 |
| | 累计折旧 | 0 |
| | 累计折旧调整 | 0 |
| | 预计净残值 | 48 000.00 |
| | 减值准备 | 0 |
| | 折旧方法 | 双倍余额递减法 |

备注：卡片上有而本表没有的项目，取系统默认值，不要填写。

固定资产部门变动如表 7-12 所示。

表 7-12　固定资产部门变动

| 固定资产 | 变动日期 | 变动后存放地点 | 变动方式 |
|---|---|---|---|
| CXYS-1 东风大卡车 | 2015-02-28 | 销售部 | 其他 |

固定资产清理如表 7-13 所示。

表 7-13　固定资产清理

| 固定资产 | 清理日期 | 清理费用 | 残值收入 | 变动方式 |
|---|---|---|---|---|
| CXBG-1 投影仪 | 2015-02-28 | 1 000.00 | 9 000.00 | 002.001　减少——出售 |

### 操作指导

#### 1. 固定资产购置

以刘丽佳的身份登录 K/3 主控台，执行【系统设置】－【基础资料】－【公共资料】－【物料】命令。在【基础平台-物料】主页面，单击【新增】按钮，按照实验数据新增资产类物料，如图 7-7 所示。

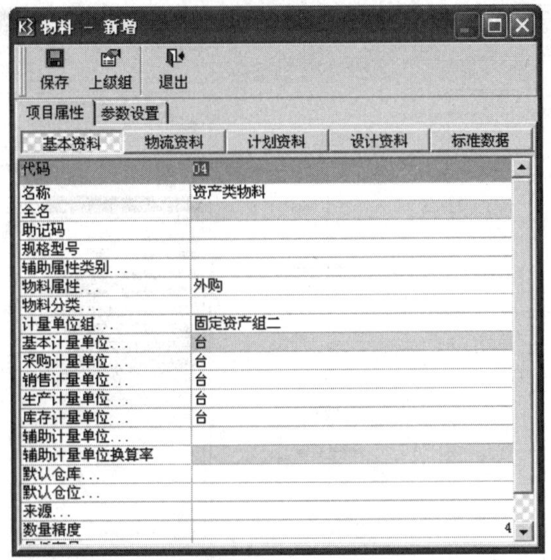

图 7-7　新增资产类物料

刘丽佳执行【资产管理】—【资产购置】—【资产申请】—【资产申请单-新增】命令，打开【资产申请单-新增】对话框，按照提供的实验数据正确输入，并保存，如图 7-8 所示。单据保存后，单击【启用多级审核】按钮，启动单据审核流程。

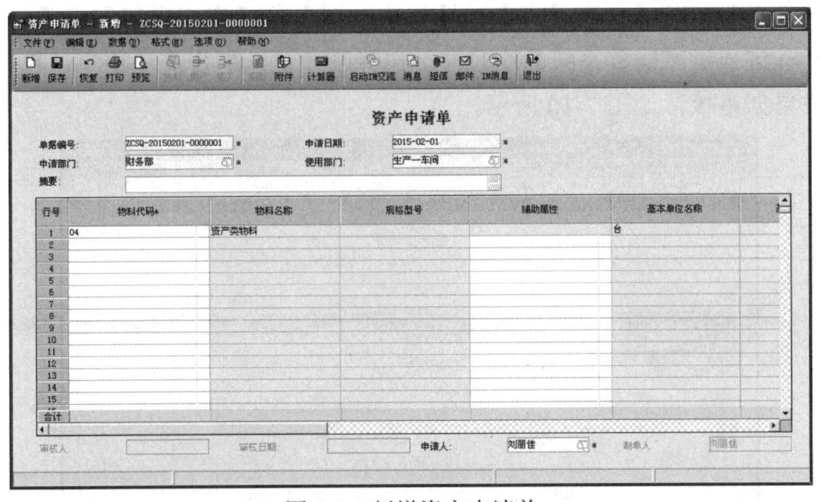

图 7-8　新增资产申请单

以许静的身份登录 K/3 主控台，执行【系统设置】—【系统设置】—【资产管理】—【资产购置-多级审核管理】命令，选择“资产申请单”，单击流程图中的“流程节点 2000”，在右面的属性框中单击【审核权限】后的【...】按钮，选择“许静”作为该级审核人，然后单击【保存】按钮，如图 7-9 所示。

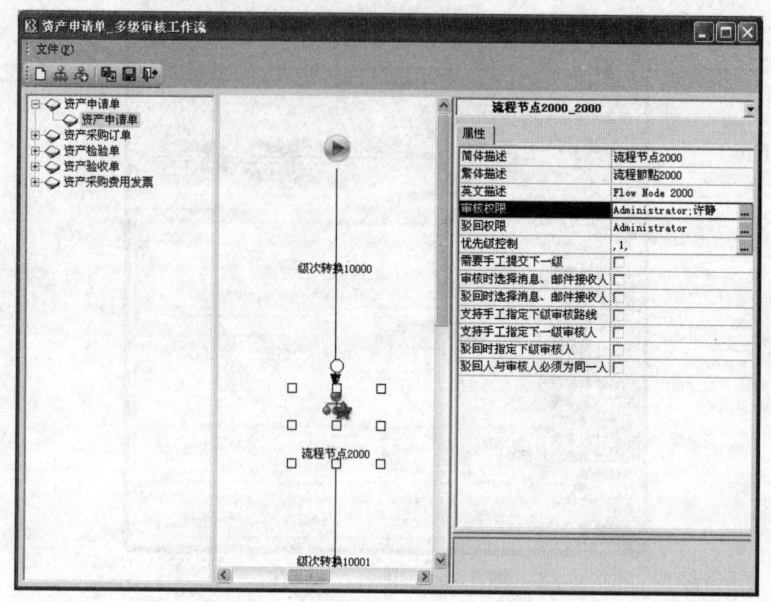

图 7-9　设置资产申请单的多级审核

同样，将“资产采购订单”、“资产验收单”、“资产领用单”的多级审核权限也授予许静。

以许静的身份执行【资产管理】－【资产购置】－【资产申请】－【资产申请单-维护】命令，进入资产购置系统的序时簿。选择刚才录入的资产申请单，单击【审核】按钮，完成单据审核，如图 7-10 所示。

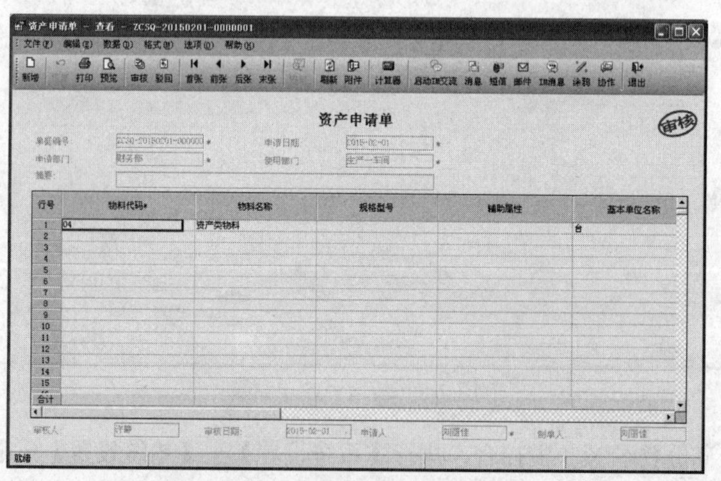

图 7-10　审核资产申请单

以刘丽佳的身份登录 K/3 主控台，在资产申请单序时簿界面，通过选中审核后的资产申请单，单击工具栏上的【下推】按钮，依据实验数据，完成下游单据资产采购订单的录入，如图 7-11 所示。

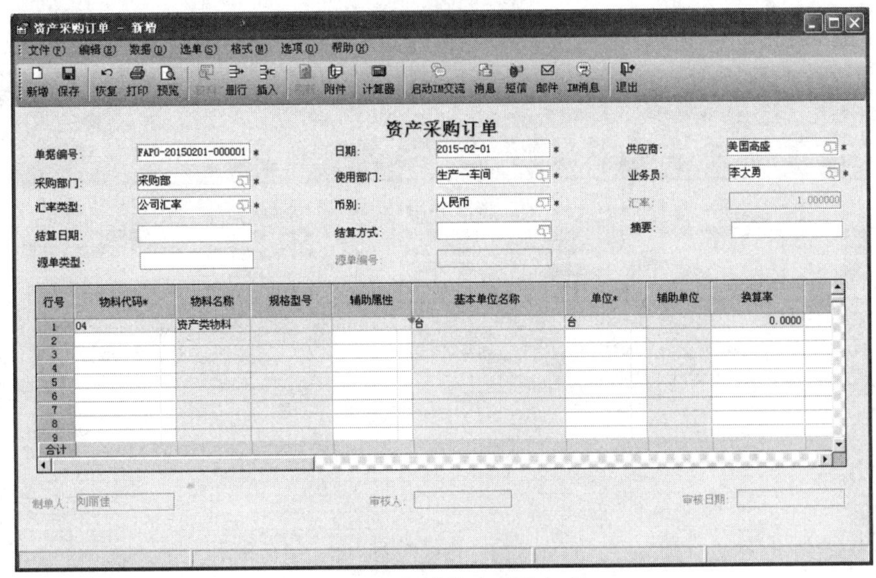

图 7-11　新增资产采购订单

以许静的身份登录 K/3，对刚才生成的资产采购订单进行审核。

以刘丽佳的身份登录 K/3 主控台，在资产采购订单序时簿界面，通过选中审核后的资产采购订单，单击工具栏上的【下推】按钮，依据实验数据，完成下游单据资产验收单的录入，如图 7-12 所示。

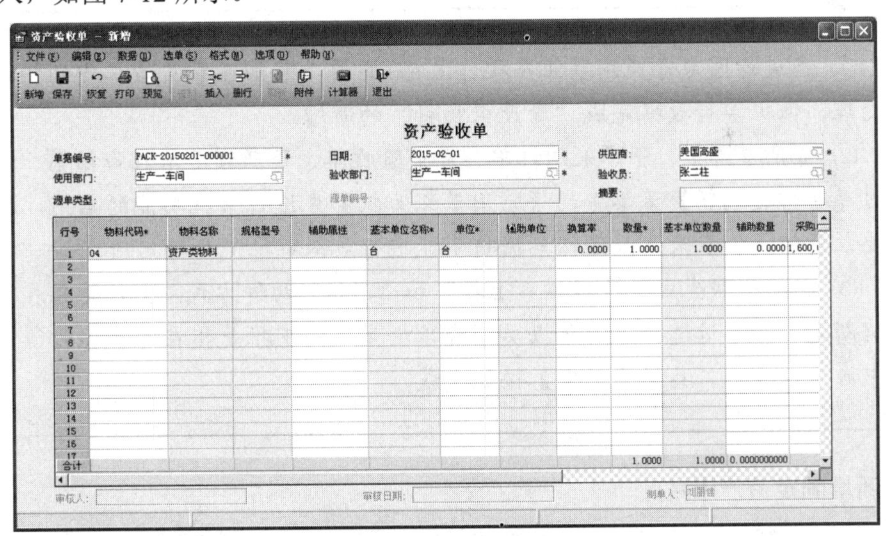

图 7-12　新增资产验收单

以许静的身份登录 K/3，对刚才生成的资产验收单进行审核。

以刘丽佳的身份登录 K/3 主控台，在资产验收单序时簿界面，通过选中审核后的资产验收单，单击工具栏上的【下推】按钮，依据实验数据，完成下游单据资产领用单的录入，如图 7-13 所示。

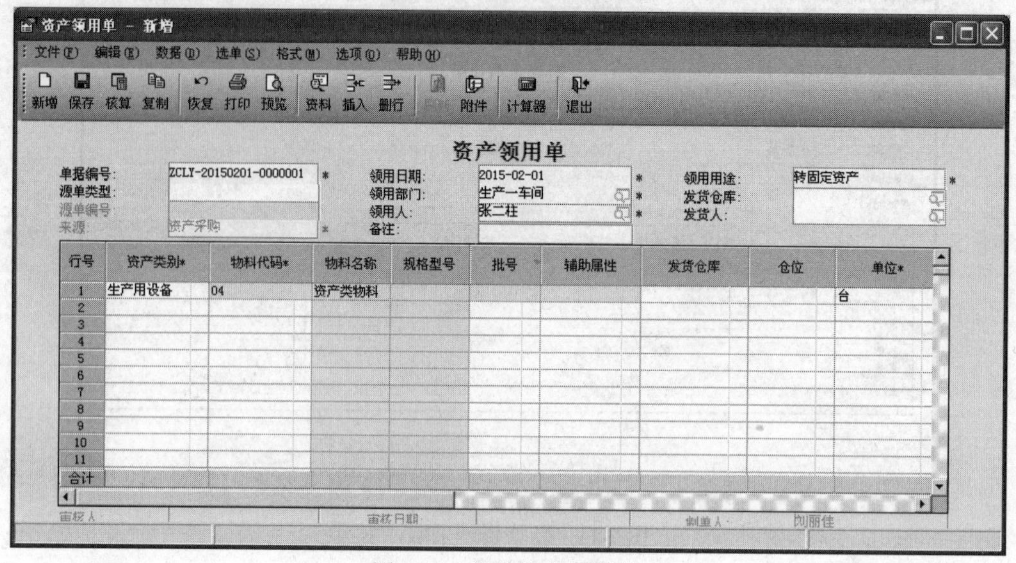


图 7-13　新增资产领用单

以许静的身份登录 K/3，对刚才生成的资产领用单进行审核。

**注意**

① 在进行固定资产购置业务操作之前，需要参照第 5 章实验二中的物料新增处理，依据实验数据完成“资产类物料”的新增。

② 资产申请单、资产采购订单、资产验收单、资产领用单在审核前，需要通过序时簿【编辑】菜单中的【启用多级审批】先进行审批功能的启用，特别需要注意的是，在未录入任何单据前不能进行多级审批流程的启用。

③ 单据关联生成系统提供“上拉”和“下推”两种方式。上拉是指在目的单据新增界面通过选择上游单据类型和单据生成；下推是指在源单序时簿通过选中源单，单击工具栏【下推】按钮生成。

### 2. 新增固定资产卡片

刘丽佳执行【资产管理】－【固定资产管理】－【业务处理】－【资产领用单转固定资产卡片】命令，打开【资产领用单转固定资产卡片】对话框。通过过滤功能找到对应的资产领用单，选中并单击右下角的【行记录生成】按钮，系统将弹出【资产领用单按行记录生产卡片】窗口。在该窗口可进行“本次转出数量”的维护。完成后单击右下角的【确定】按钮，系统将自动关闭【资产领用单按行记录生产卡片】窗口，并在固定资产卡片记录序时簿中生成一条记录。

选中系统自动生成的固定资产卡片记录，单击右下方的【卡片编辑】按钮，系统将弹出【卡片及变动-修改】窗口。按照提供的实验数据正确输入固定资产卡片信息后，确认并返回。单击右下方的【卡片生成】按钮，系统将自动根据保存的记录生成一张固定资产卡片，如图 7-14 所示。

**注意**

① 通过“新增复制”功能可以实现同时新增多个相同的固定资产。使用“新增复制”功能时，除资产编码顺序加 1 外，其他信息都复制到新卡片中，可以进行修改后保存。

② 固定资产卡片除了通过上述所示“固定资产领用单转固定资产卡片”生成以外，还可以通过【资产管理】-【固定资产管理】-【业务处理】-【新增卡片】命令直接在系统中进行固定资产卡片的新增。

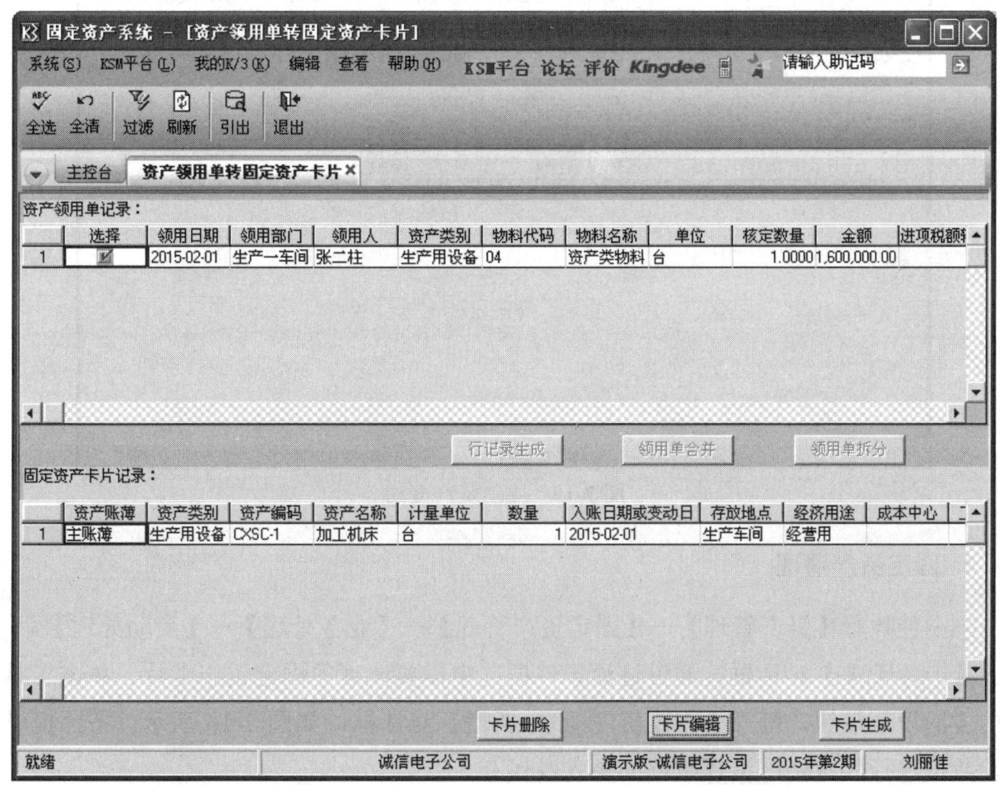


图 7-14　固定资产领用单转固定资产卡片

3. 固定资产变动

刘丽佳执行【资产管理】—【固定资产管理】—【业务处理】—【变动处理】命令，打开【卡片管理】对话框，如图 7-15 所示。选中需要变动的固定资产卡片后，单击工具栏中的【变动】按钮，在固定资产卡片维护界面，按照提供的实验数据进行固定资产存放地点的变动。

注意

① 固定资产变动后的金额，不允许出现负净额或零的情况。

② 多张卡片发生变动的内容相同时，可以通过“批量变动”功能提高工作效率。

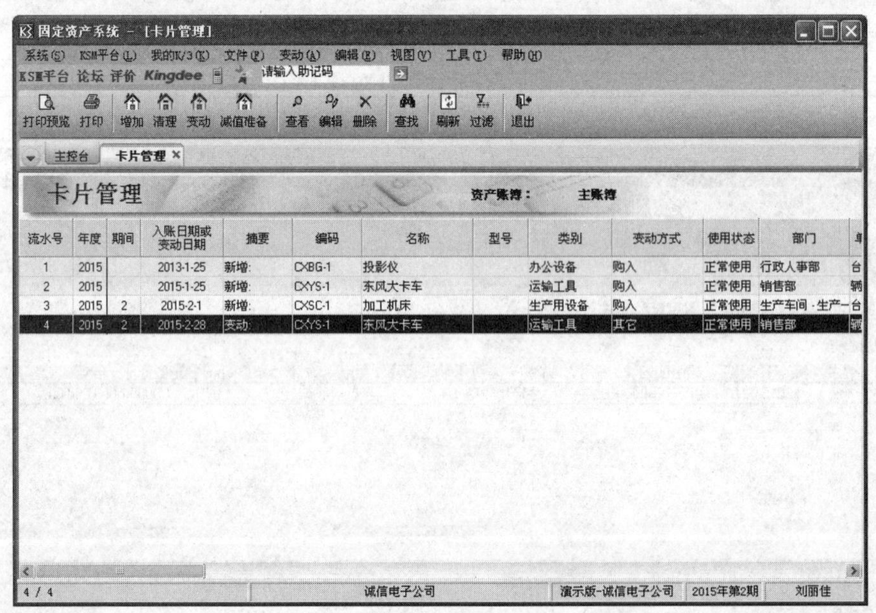


图 7-15　固定资产变动

4. 固定资产清理

刘丽佳执行【资产管理】—【固定资产管理】—【业务处理】—【变动处理】命令，打开【卡片管理】对话框。通过过滤条件框选中需要清理的固定资产卡片。单击工具栏中的【清理】按钮，打开【固定资产清理-新增】对话框，如图 7-16 所示。按照提供的实验数据进行固定资产清理数据的录入及保存。

注意

① 当期已进行变动的资产需要将变动信息删除后才能进行清理。

② 用户可利用系统提供的固定资产到期提示表，查询本期有哪些到期的固定资产，如确认清理，可在固定资产到期提示表上直接进行清理。

③ 如果多项固定资产清理的方式相同，为提高工作效率，可以利用系统提供的批量清理功能同时进行。

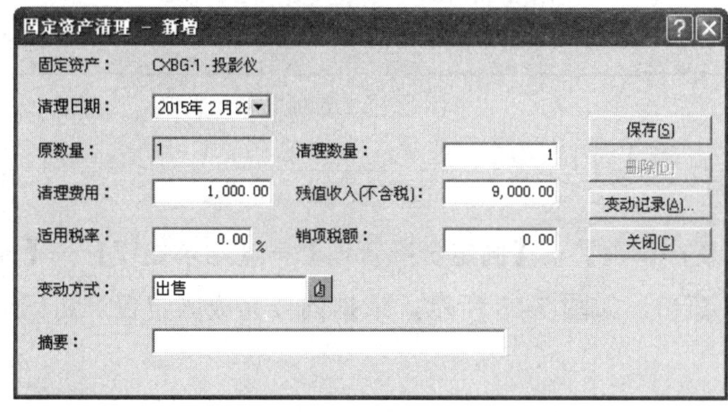


图 7-16 固定资产清理

## 5. 根据单据生成凭证

许静执行【资产管理】－【固定资产管理】－【凭证管理】－【卡片凭证管理】命令，打开【凭证管理-过滤方案设置】对话框，如图 7-17 所示。设置过滤条件，然后单击【确认】按钮，进入【凭证管理】对话框。选择需要生成凭证的固定资产卡片，单击【按单生成凭证】，系统弹出【凭证管理-按单生成凭证】窗口。单击【开始】按钮，依据系统提示完成会计凭证的生成。采用同样的操作可以完成固定资产管理中资产领用单凭证的生成，通过总账凭证查询，可以查看到所生成的 2 张凭证。

注意

① 在凭证生成过程中如出现错误，可以通过“凭证选项”设置，选择系统进行错误提示，允许手工维护。

② 通过资产领用单下推生成的固定资产新增卡片，不能直接生成凭证，而是要通过资产领用单生成凭证。

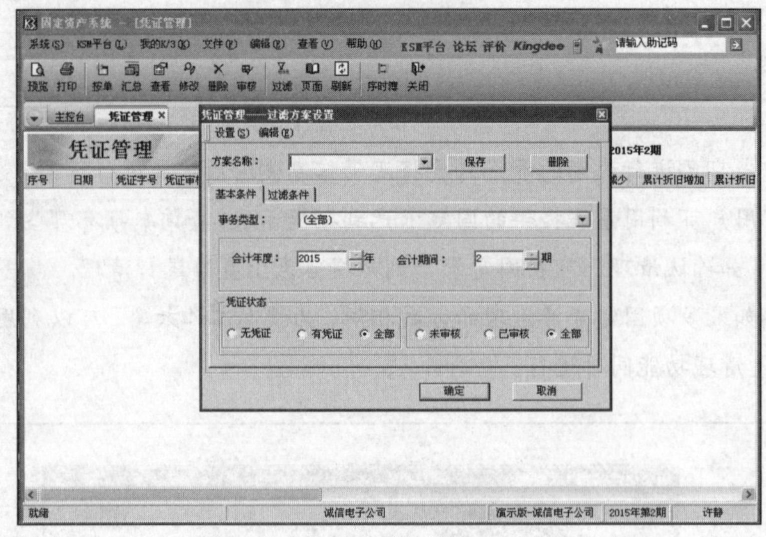


图 7-17　凭证管理

### 6. 计提折旧

许静执行【资产管理】－【固定资产管理】－【期末处理】－【计提折旧】命令，进入【计提折旧】窗口，如图 7-18 所示，依据向导完成固定资产折旧计提。

注意

① 计提折旧前审核所有卡片及变动记录。

② 为了保证折旧数据的正确性，计提折旧时不允许其他用户同时使用系统。

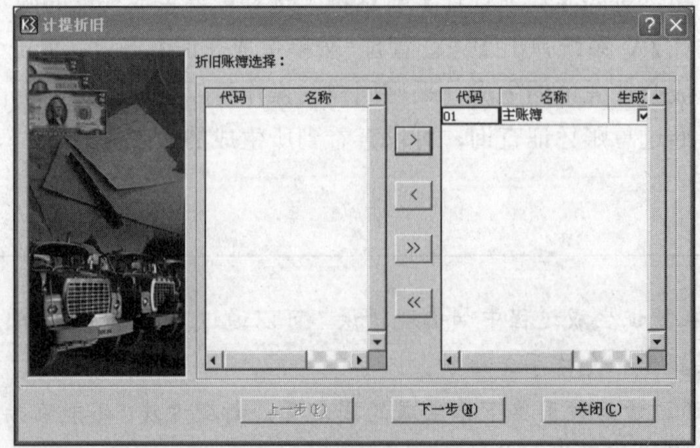


图 7-18　固定资产折旧

7. 自动对账

许静执行【财务会计】－【固定资产管理】－【期末处理】－【自动对账】命令，打开【对账方案】对话框，如图 7-19 所示。单击【增加】按钮，在系统弹出的【固定资产对账】窗口中设置对账方案。固定资产原值科目为 1601，累计折旧科目为 1602，减值准备科目为 1603。单击【确定】后，系统自动返回对账方案维护界面，再单击【确定】，系统自动列示总账系统和固定资产系统的相关数据。

注意

注意选中过滤条件中的【包括未过账凭证】选项。

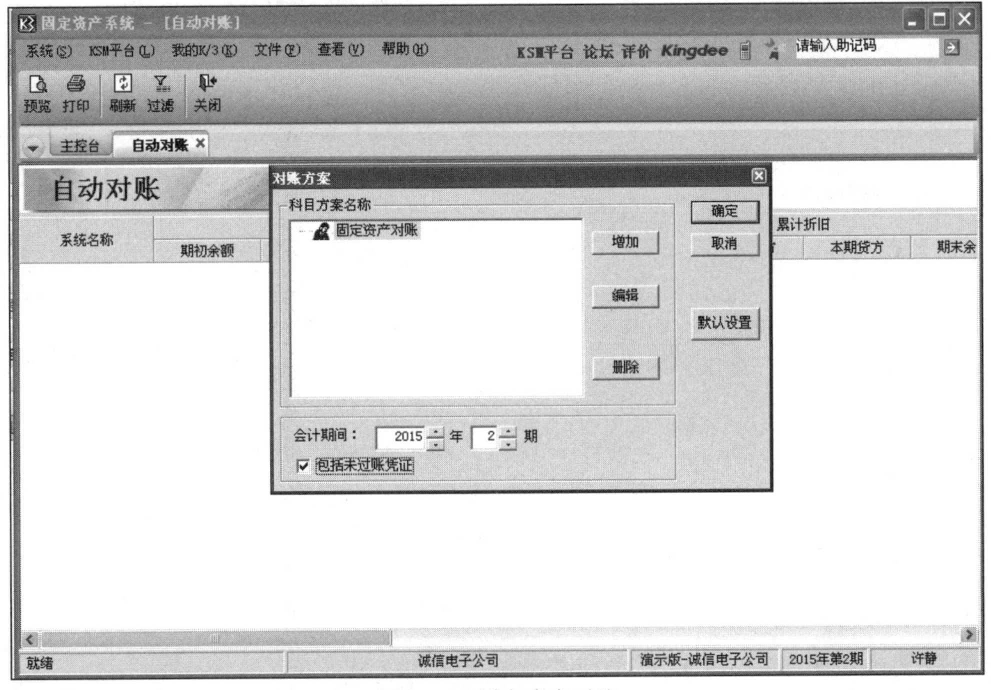

图 7-19　固定资产对账

上述实验完成后，备份账套，备份文件名为“F 诚信电子公司(固定资产期末处理)”。

8. 期末结账

刘丽佳执行【财务会计】－【固定资产管理】－【期末处理】－【期末结账】命令，打开【期末结账】向导。单击【开始】按钮，依据系统提示完成固定资产结账，结账后系统进入下一个会计期间。

### ↗ 输出表单

以财务部经理许静的身份登录金蝶 K/3 主控台，执行【财务会计】－【固定资产管理】－【管理报表】－【固定资产变动及结存表】命令，系统弹出【方案设置】窗口。录入过滤方案后，单击【确定】，即可查看固定资产变动及结存情况。

用类似的方法可进行固定资产折旧汇总表等其他报表的查看。

# 第8章 费用预算管理

## 8.1 系统概述

费用是企业成本的重要组成部分，费用预算的目的就是对各种费用加以控制，降低成本费用率，以提高企业的盈利能力和市场竞争力。费用预算的编制工作一定要在遵循成本效益原则的前提下，充分体现从严、从紧，处处精打细算，量入为出，勤俭节约的原则。费用预算的编制应以目标费用成本为依据，并与销售预算及利润目标等其他预算紧密相关，与费用计算、控制、考核和分析的口径相一致。

### 8.1.1 费用管理基本业务处理流程

基本流程主要包括费用预算、费用控制、费用分析几个环节。

初始化设置→费用预算→费用控制→费用分析

其中，费用预算主要包括如下类型。

- 折旧费用预算：反映企业固定资产折旧提取计划。
- 工资费用预算：反映企业各业务部门人工成本支出计划。
- 制造费用预算：反映直接人工、直接材料和采购预算以外的产品生产成本支出计划。
- 管理费用预算：企业用于日常经营管理所需费用支出计划，编制管理费用预算时，要分析企业的经营状况及外部环境，务必做到合理化。
- 销售费用预算：与销售相关的费用支出计划，编制时销售费用支出计划应与销售预计收入相匹配，并可按产品品种、销售区域、费用用途等编制明细支出计划，以便按明细项目分别进行销售费用的控制及分析。
- 财务费用预算：企业为筹集生产经营所需资金等而发生的费用支出计划，包括利息支出(减利息收入)、汇兑损失(减汇兑收益)以及相关的手续费等。
- 投资预算：企业为了获得资本增值保值，而作出的资本投资计划。
- 其他支出预算：除材料采购预算以外的营业外支出计划。

- 物料消耗预算：指不能纳入 BOM 进行物料消耗预测的物料支出计划，主要是为了更准确地制定物料采购计划。

下面先介绍金蝶 K/3 费用预算系统处理业务流程，如图 8-1 所示。

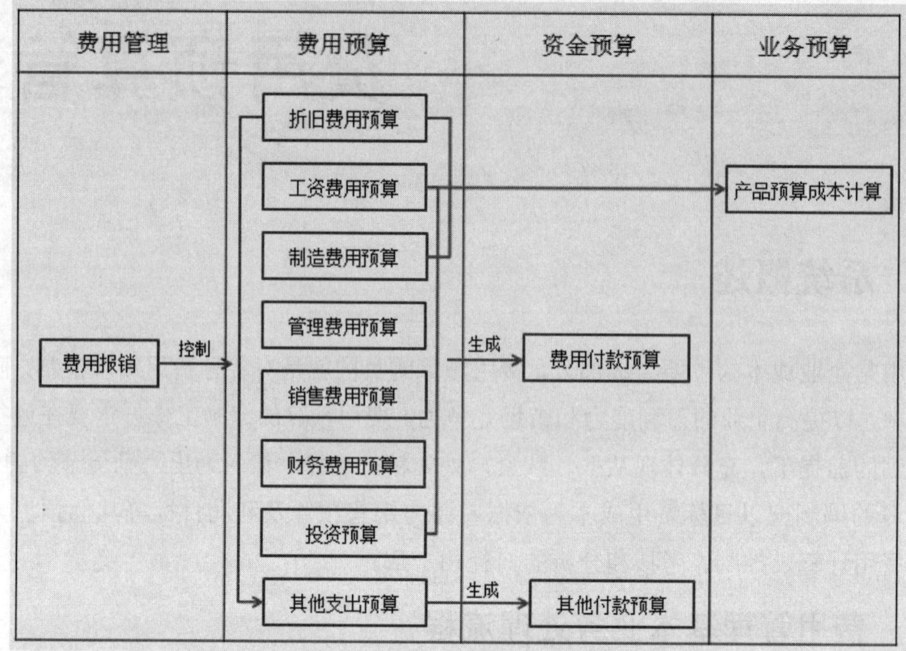


图 8-1　费用预算处理流程

## 8.1.2　重点功能概述

费用预算的关键操作是预算科目的设置及各种类型费用预算的编制，金蝶 K/3 费用预算提供的重点管理功能如下。

### 1. 定义预算控制策略

费用预算的主要目的是为了进行业务监控，企业本身也希望通过加强业务监控来提升企业管理水平，防范企业各项经营风险。但是每个企业的实际情况不一样，同一企业不同费用的重要程度也有区别，因此每个企业所关注的监控点和监控力度都会有所不同，从而需要有一个全面且灵活的监控平台供企业自定义配置监控手段，这样才能满足企业各方面的监控需求。

费用控制策略在系统中的应用主要体现在所控制单据的保存或审核时，根据定义的控制强度进行不同程度的控制，系统允许不同的单据定义不同的控制策略。

### 2. 审批流管理

企业编制的各种预算，需要经过各级主管部门和领导审批才能生效，预算控制过程中对于超出预算的费用也需要进行预算调整才能使用，这些都会用到多级审核。

系统中的多级审核是对业务单据处理时采用多角度、多级别、顺序审核的管理方法，体现工作流管理的思路，属于 K/3 系统的基本管理设置。

多级审核的需求在实际业务中是非常普遍的，针对同一个业务，除了对单据的业务数据、业务描述的正确性进行审核之外，还必须对该项业务的可行性进行评价，确认其合法性，并对合理性进行审核和批准。 特别是对一些涉及大型项目管理、重要业务合同的处理更要慎重。同时，多级审核也是岗位负责制的体现，对企业人员的职责管理起到重要作用。

但是，多级审核相对单级业务审核而言，业务规范必须严密，操作处理比较繁琐，对企业管理水平的要求较高。如果没有相关业务需要的用户，可以不启用。

多级审批的应用在费用预算中主要体现在预算单据的审核时，系统允许不同类型的预算单据根据需要定义不同的多级审批流程。

## 8.1.3　与其他系统的关系

费用预算系统与其他系统的关系如图 8-2 所示。

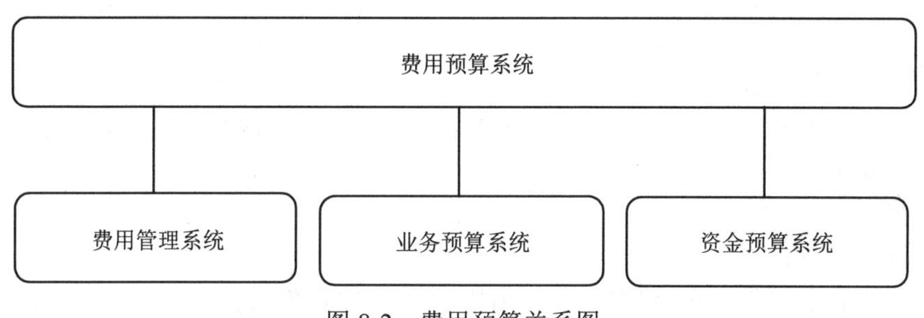


图 8-2　费用预算关系图

(1) 与费用管理系统的接口：费用管理系统提供费用申请、费用借款、费用报销、费用移转等日常业务操作及相应财务处理，费用管理系统依据费用预算系统进行预算控制。

(2) 与业务预算系统的接口：业务预算系统主要包括销售预算、采购预算、成本与库存预算、其他收入预算等，费用预算可以作为业务预算的来源。如费用预算中的工资费用、折旧费用、制造费用预算是业务预算中成本与库存预算数据的来源，这些数据作为预算期内产品总生产成本的一部分。

(3) 与资金预算系统的接口：资金预算是所有资金收入及支出计划，费用预算是编制资金支出计划的依据之一。

## 8.2 实验练习

### 实验一 初始化设置

在进行各种费用预算编制之前，首先需要根据企业实际管理需要定义费用预算编制的周期、明细程度、控制策略等。费用预算的目的是根据企业的实际情况以及公司战略，确定企业的成本目标，以便在实际费用发生时，系统能协助自动进行控制或提醒，从而控制企业总体经营成本和费用。

#### 应用场景

用于定义费用预算编制及控制策略。

#### 实验步骤

- 创建业务预算方案。
- 确定预算科目。
- 定义要素项目。
- 定义预算控制策略。
- 多级审核管理。

#### 操作部门及人员

在诚信电子公司，费用预算的初始设置由系统管理员许静负责，各种费用预算编制主要由各业务部门主管负责。

#### 实验前准备

恢复前述备份账套“F 诚信电子公司(固定资产期末处理)”。

#### 实验数据

(1) 预算方案设置如表 8-1 所示。

表 8-1 预算方案设置

| 项目 | 值 |
|---|---|
| 方案编码 | 01 |
| 方案名称 | 费用预算方案 |
| 方案开始日期 | 2015-02-01 |
| 方案截止日期 | 2015-02-28 |
| 备注 | 空 |

(2) 预算科目设置同总账科目相同，如表 8-2 所示。

表 8-2　预算科目设置

| 科目代码 | 科 目 名 称 | 预 算 类 别 | 科 目 类 别 | 余 额 方 向 | 辅助属性 |
|---|---|---|---|---|---|
| 6601 | 销售费用 | 费用预算 | 期间费用 | 借 | 销售 |
| 6601.01 | 办公费 | 费用预算 | 期间费用 | 借 | 销售 |
| 6601.02 | 招待费 | 费用预算 | 期间费用 | 借 | 销售 |
| 6601.03 | 工资福利 | 费用预算 | 期间费用 | 借 | 销售 |
| 6601.04 | 折旧费 | 费用预算 | 期间费用 | 借 | 销售 |
| 6602 | 管理费用 | 费用预算 | 期间费用 | 借 | 管理 |
| 6602.01 | 办公费 | 费用预算 | 期间费用 | 借 | 管理 |
| 6602.02 | 差旅费 | 费用预算 | 期间费用 | 借 | 管理 |
| 6602.03 | 工资福利 | 费用预算 | 期间费用 | 借 | 管理 |
| 6602.04 | 折旧 | 费用预算 | 期间费用 | 借 | 管理 |
| 6603 | 财务费用 | 费用预算 | 期间费用 | 借 | 财务 |
| 6603.01 | 汇兑损益 | 费用预算 | 期间费用 | 借 | 财务 |
| 6603.02 | 利息 | 费用预算 | 期间费用 | 借 | 财务 |

(3) 费用要素项目设置如表 8-3 所示。

表 8-3　费用要素项目设置

| 代　　码 | 名　　称 | 全　　名 | 收支属性 | 往来科目 | 对方科目 | 备注 |
|---|---|---|---|---|---|---|
| 01 | 财务费用 | 财务费用 | | | | |
| 01.01 | 汇兑损益 | 财务费用_汇兑损益 | 支出 | 2241 | 1002.01.01 | |
| 01.02 | 利息 | 财务费用_利息 | 支出 | 2241 | 1002.01.01 | |
| 02 | 管理费用 | 管理费用 | | | | |
| 02.01 | 办公费 | 管理费用_办公费 | 支出 | 2241 | 1002.01.01 | |
| 02.02 | 差旅费 | 管理费用_差旅费 | 支出 | 2241 | 1002.01.01 | |
| 02.03 | 工资福利 | 管理费用_工资福利 | 支出 | 2241 | 1002.01.01 | |
| 04 | 销售费用 | 销售费用 | | | | |
| 04.01 | 办公费 | 销售费用_办公费 | 支出 | 2241 | 1002.01.01 | |
| 04.02 | 招待费 | 销售费用_招待费 | 支出 | 2241 | 1002.01.01 | |
| 04.03 | 工资福利 | 销售费用_工资福利 | 支出 | 2241 | 1002.01.01 | |

(4) 预算控制策略设置如表 8-4 所示。

表 8-4 预算控制策略设置

| 控制策略名称 | 借方预算科目 | 币别 | 预算单据 | 控制单据 | 控制字段 | 控制维度 | 是否汇总控制 | 保存控制强度 | 控制方式 | 审核控制强度 | 是否考虑借款申请 | 仅考虑已审核业务 |
|---|---|---|---|---|---|---|---|---|---|---|---|---|
| 费用报销预算控制 | 6601.01: 6604 | 综合本位币 | 所有预算单 | 费用报销单 | 核定费用金额 | 费用承担部门+核算项目类别：部门 | 是 | 提醒 | 实际数大于等于预算数 | 提醒 | 是 | 否 |

(5) 多级审核设置如表 8-5 所示。

表 8-5 多级审核设置

| 姓　名 | 审核单据名称 | 备　注 |
|---|---|---|
| 张婷 | 管理费用预算单 | 一级 |

## 操作指导

### 1. 设置预算方案

以系统管理员许静的身份登录金蝶 K/3 主控台，执行【系统设置】－【基础资料】－【业务预算】－【业务预算方案】命令，打开【业务预算方案】列表，单击工具栏中的【明细方案】，按照提供的实验数据正确输入，如图 8-3 所示。

注意

设置完成后，需要单击工具栏中的【编辑】按钮，将方案状态变为“正在编制”。否则，预算编制时无法选取此预算方案。

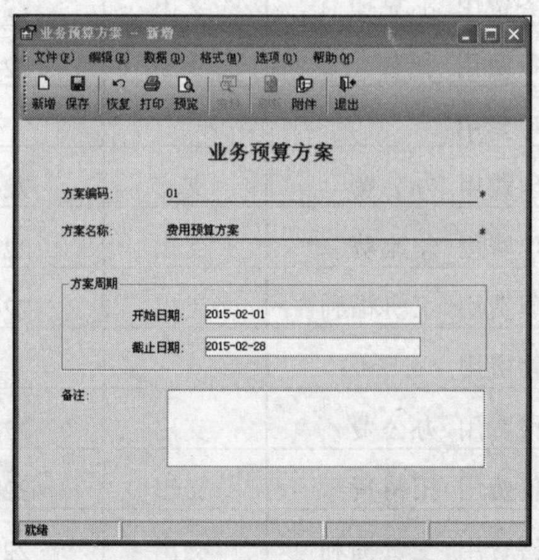


图 8-3 业务预算方案编制

### 2. 设置预算科目

执行【系统设置】－【基础资料】－【业务预算】－【预算科目】命令，打开【预算科目】列表。单击工具栏中的【新增】按钮，进入【预算科目-新增】对话框，如图 8-4 所示，按照提供的实验数据正确输入。

注意

预算科目代码、名称可以和总账科目相同。

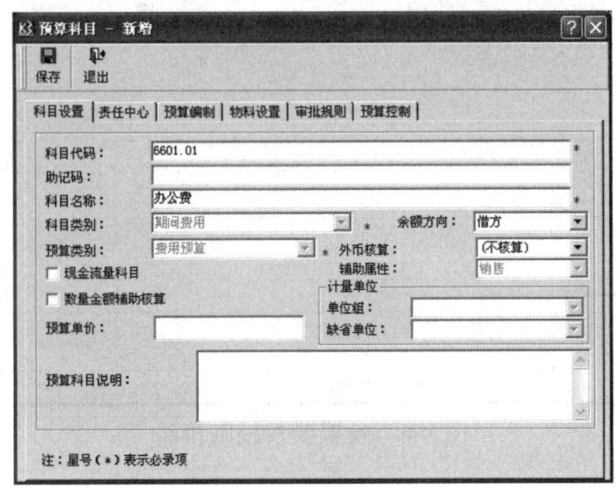


图 8-4　设置预算科目

### 3. 设置要素项目

执行【系统设置】－【基础资料】－【业务预算】－【要素项目】命令，打开【要素项目】列表，单击工具栏中的【新增】按钮，进入【要素项目-新增】对话框，如图 8-5 所示，按照提供的实验数据正确输入。

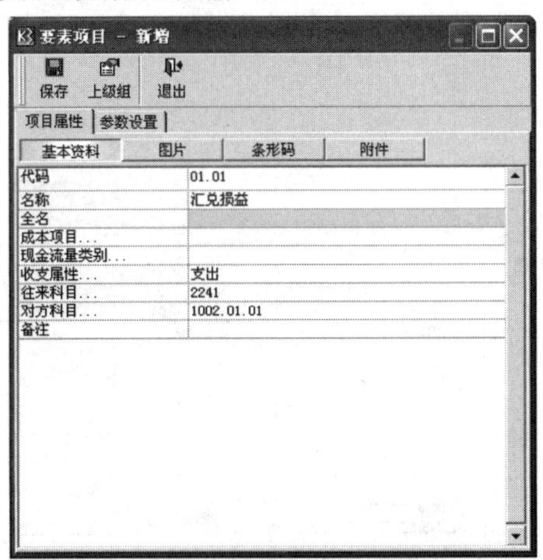


图 8-5　设置要素项目

### 4. 设置预算控制策略

执行【系统设置】—【基础资料】—【业务预算】—【预算控制策略】命令，打开【预算控制策略】列表，选中左侧的【费用报销预算控制】，单击工具栏中的【新增】，进入【业务预算控制策略-新增】窗口，如图 8-6 所示，按照提供的实验数据正确输入。

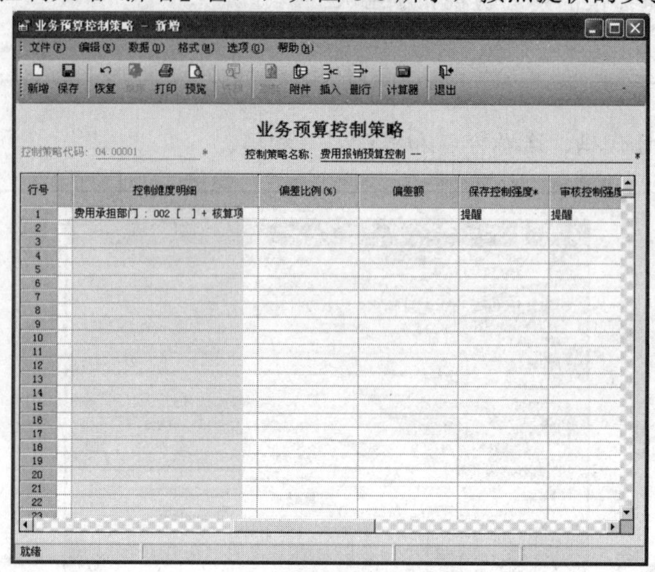


图 8-6　设置要素控制策略

### 5. 多级审核管理

执行【系统设置】—【基础资料】—【业务预算】—【多级审核管理】命令，打开【多级审核工作流】列表，选中左侧的【管理费用预算单】，单击【用户设置】页签，按照提供的实验数据将张婷选中并添加到右侧栏中，如图 8-7 所示。

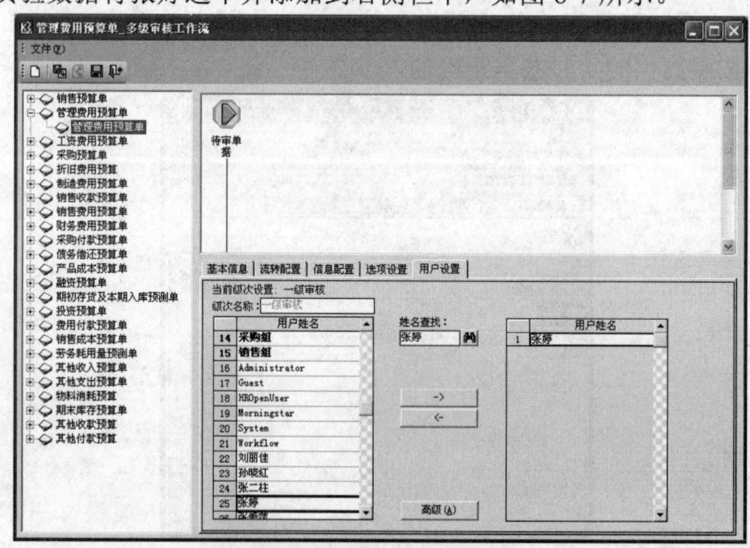


图 8-7　设置多级审核权限

## 实验二　费用预算

由于费用预算业务涉及的环节、部门繁多，并且需要多个部门的协作，但是不同部门、不同费用类型预算的编制方式不同，下面将以管理费用预算为例进行说明。

### 应用场景

编制财务部门的管理费用预算。

### 实验步骤

管理费用预算设置。

### 操作部门及人员

由财务主管张婷负责财务部门管理费用预算编制。

### 实验前准备

直接采用前述备份账套。

### 实验数据

实验数据如表 8-6 所示。

表 8-6　财务部管理费用预算设置

| 方案 | 单据日期 | 部门 | 业务员 | 费用项目代码 | 费用项目名称 | 预算费用 | 核算项目类别 | 核算项目 | 借方预算科目 | 贷方预算科目 |
|---|---|---|---|---|---|---|---|---|---|---|
| 费用预算方案 | 2015-02-01 | 财务部 | 张婷 | 02.01 | 办公费 | 2 000 | 部门 | 财务部 | 办公费 6602.01 | 办公费 6602.01 |
| | | | | 02.02 | 差旅费 | 5 000 | 部门 | 财务部 | 差旅费 6602.02 | 差旅费 6602.02 |
| | | | | 02.03 | 工资福利 | 50 000 | 部门 | 财务部 | 工资福利 6602.03 | 工资福利 6602.03 |

### 操作指导

以财务主管张婷的身份登录金蝶 K/3 主控台，执行【管理会计】－【费用预算】－【费用预算】－【管理费用预算-新增】命令，打开【管理费用预算单】维护界面。按照提供的实验数据正确输入。保存以后，单击工具栏中的【审核】，完成财务部管理费用预算的维护，如图 8-8 所示。

**注意**

只有审核后的预算单才能被执行，并且预算单的审批既可以单级审批，也可以多级审批。

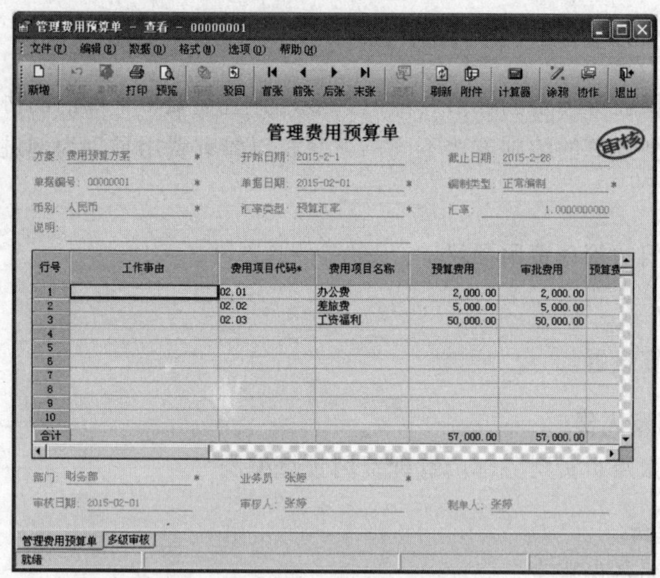

图 8-8　费用预算审核

上述实验做完后，备份账套，备份文件名为“F 诚信电子公司(费用预算)”。

# 第 9 章 费用管理

## 9.1 系统概述

费用管理主要进行企业日常借款、费用报销业务管理，并根据费用预算进行日常费用的控制，保证预算的严肃性及预算目标的达成。

### 9.1.1 费用管理基本业务处理流程

费用管理的基本处理流程主要有下列两个环节。

费用管理初始化→费用管理日常处理

费用管理初始化主要是进行费用管理系统参数、基础资料设置及历史借款余额录入(在使用费用管理模块前就已存在的借款)等。

费用管理日常处理提供费用申请、费用借款、费用报销、费用移转等日常业务操作及相应财务处理，并提供多种报销单与付款、退款单的匹配方式；与费用预算系统集成应用时，支持根据预算及控制策略进行费用的控制。

### 9.1.2 重点功能概述

根据企业在系统中资金支付的不同处理模式，费用管理提供了 4 种集成策略。

(1) 与总账系统集成：费用申请单或者报销单业务审核完成后直接进行资金支付，流程简便易行。

(2) 与应付系统集成：费用申请单或者报销单审核完成后，资金支付统一通过应付系统的付款单和退款单完成。该策略费用管理最明细，但流程较长，工作量较大。

(3) 与总账系统+应付系统集成：实质上是与总账系统集成和与应付系统集成的综合应用策略，是 K/3 费用管理模块集成策略中最灵活的一种应用方式。在该策略下，用户可以自行决定是否使用单据上的“挂账”参数，从而实现业务和流程的灵活处理——勾选此参数，处理方式同“与应付系统集成”，否则同“与总账集成”。

(4) 与总账系统+现金管理系统集成：费用申请单或者报销单审核完成后，资金支付部分直接支付，部分通过现金管理系统支付。

### 9.1.3 与其他系统的关系

费用管理系统与其他系统的关系如图 9-1 所示。

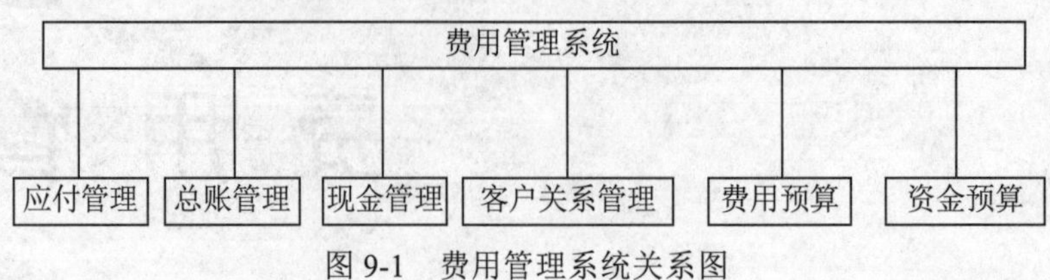


图 9-1 费用管理系统关系图

(1) 与费用预算、资金预算系统的接口：费用管理中的借款单据可以由资金预算单据下推生成，借款单据审核时受预算控制平台的检查控制，费用管理中的费用报销单据可以由费用预算下推生成，费用报销单据审核时受预算控制平台的检查控制，费用移转单据审核时受预算控制平台的检查控制。预算检查控制的强弱程度在业务预算系统中设置。

(2) 与总账管理系统的接口：费用管理中的借款单据、报销单据、费用移转单据可在费用管理中生成凭证，并传递至总账系统。

(3) 与客户关系管理系统的接口： 费用管理系统中的费用报销单据可由客户关系管理系统中的活动、商机、服务请求单下推生成，接口仅在 Web 中提供。

(4) 与应付款管理系统的接口：与应付款管理系统的接口取决于费用管理系统选择的集成方式。当选择与应付系统集成或与总账+应付系统集成时，借款单据、费用单据业务审核完成时，会同步生成应付单据，继续在应付系统中完成资金支付。在核销管理中，会将应付系统的费用类型的付款单、退款单纳入核销。

(5) 与现金管理系统的接口：与现金管理系统的接口取决于费用管理系统选择的集成方式。当选择与现金管理系统集成时，借款单据、费用单据业务审核完成时，会同步生成现金单据，继续在现金系统中完成资金支付。在核销管理中，会将现金系统的费用类型的付款单、退款单纳入核销管理。

## 9.2 实验练习

### 实验一 初始化设置

在进行各种费用管理日常业务处理之前，首先需要根据企业实际管理需要定义费用管理集成策略、录入历史借款余额。

#### ↗ 应用场景

用于定义费用管理集成策略及录入历史借款余额。

### ↗ 实验步骤

- 系统参数设置。
- 历史借款余额录入。

### ↗ 操作部门及人员

在诚信电子公司，费用管理由财务主管张婷负责。

### ↗ 实验前准备

恢复前述备份账套“F 诚信电子公司(费用预算)”。

### ↗ 实验数据

(1) 系统参数信息如表 9-1 所示。

表 9-1　预算方案设置

| 项　　目 | 值 |
|---|---|
| 与总账集成 | 选中 |
| 与应付系统集成 | 不选中 |
| 与现金管理系统集成 | 不选中 |
| 启用日期 | 2015-02-01 |

(2) 历史借款余额录入，如表 9-2 所示。

表 9-2　历史借款余额录入

| 借款日期 | 到期日期 | 申请人 | 申请部门 | 费用项目代码 | 费用项目名称 | 历史借款余额(原币) | 核算项目类别 | 核算项目 |
|---|---|---|---|---|---|---|---|---|
| 2015-01-01 | 2015-02-01 | 许静 | 财务部 | 02.01 | 办公费 | 500 | 职员 | 许静 |

(3) 多级审核设置如表 9-3 所示。

表 9-3　多级审核设置

| 姓　　名 | 审核单据名称 | 备　　注 |
|---|---|---|
| 张婷 | 费用报销单 | |

### ↗ 操作指导

#### 1. 设置系统参数

以财务主管张婷的身份登录金蝶 K/3 主控台，执行【系统设置】—【系统设置】—【费用管理】—【系统参数设置】命令，打开【系统参数】维护界面，如图 9-2 所示。按照提供的实验数据正确输入后，单击【启用】按钮。

注意

费用管理的集成策略，对整个网上报销及费用管理系统的影响重大，一旦选择，将不能取消，请谨慎选择。模块启用后仅支持“与总账集成”或者“与应付系统集成”，应用方式修改为“与总账和应付系统集成”，其余集成方式互相转换均不支持。

系统记录了费用管理模块的启用时间并予以显示(允许在启用前由用户修改启用时间，但不允许修改的时间早于总账启用时间)，并且控制费用管理系统中的历史借款单上的借款日期不能晚于系统的启用时间；费用(借款)申请单、费用(出差)申请单、费用报销单、差旅费报销单上的申请日期和费用移转单上的移转发生日期不能早于系统的启用时间(即系统启用后，借款、报销、费用移转需要通过申请报销流程来处理)。

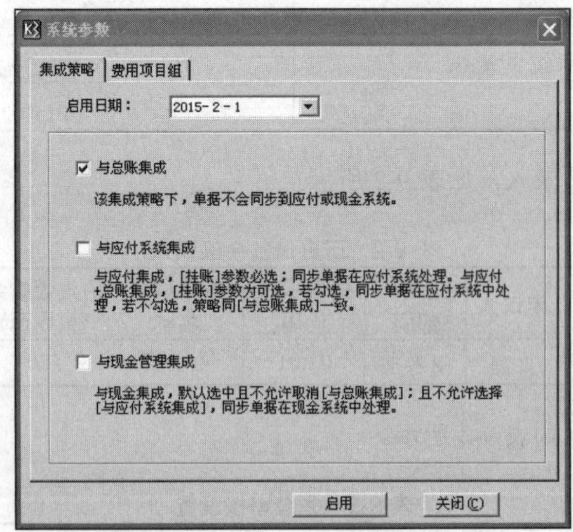


图 9-2 设置集成策略

### 2. 历史借款余额录入

执行【系统设置】－【初始化】－【费用管理】－【历史借款余额录入】命令，打开【历史借款余额录入】列表，单击工具栏中的【新增】按钮，按照提供的实验数据正确输入。保存成功后，单击工具栏中的【审核】按钮完成历史借款余额录入，如图 9-3 所示。

**注意**

历史借款余额单据须审核后才能下推报销单。

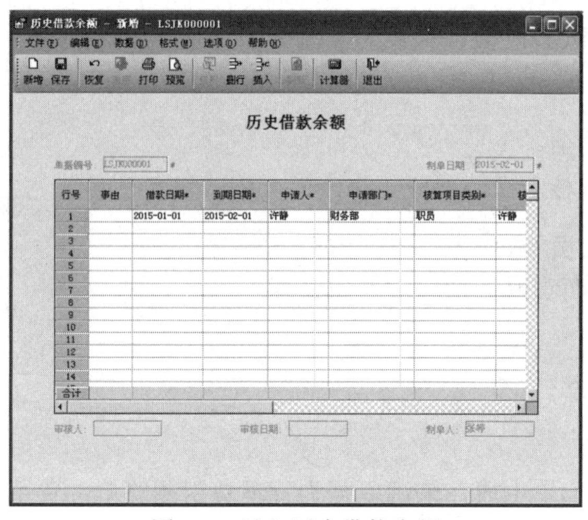


图 9-3　录入历史借款余额

### 3. 多级审核管理

执行【系统设置】－【系统设置】－【费用管理】－【多级审核管理】命令，打开【多级审核工作流】列表，选中左侧的【费用报销单】，选中审核流程图中的【流程节点】，修改其审核权限，按照提供的实验数据将张婷选中，如图 9-4 所示。

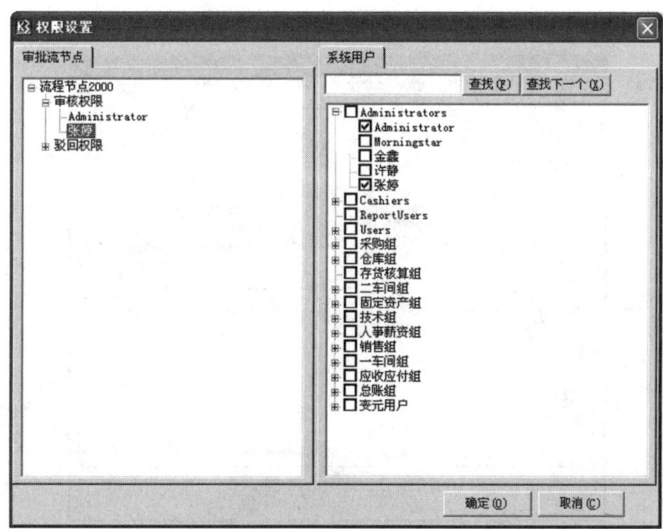


图 9-4　设置多级审核

## 实验二 费用管理

由于费用管理涉及借款及报销业务的处理，其中，借款单据包括费用(借款)申请单和出差(借款)申请单，这两张单据由资金预算中的费用(付款)预算单控制，这里不作描述。下面将以费用报销单为例说明费用日常业务处理。

### 应用场景

财务部门的办公费用报销。

### 实验步骤

- 费用报销单新增。
- 费用报销单审核。

### 操作部门及人员

由财务主管张婷负责财务部门的费用管理。

### 实验前准备

直接采用前述账套。

### 实验数据

费用报销单采用选单生成，来源单据为管理费用预算单，费用项目为办公费用，总预算金额为 2 000 元。第一张报销单申请费用金额为 1 000 元，支付方式为现金；第二张报销单申请费用金额为 1 600 元，支付方式为现金；申请人张婷。

### 操作指导

以财务主管张婷的身份登录金蝶 K/3 主控台，执行【财务会计】－【费用管理】－【费用报销】－【费用报销单-新增】命令，打开费用报销单维护界面。单击工具栏中的【选单】按钮，选中【管理费用预算单】选项，在打开的序时簿中选中管理费用预算单中的办公费用，然后根据实验数据录入其余内容，如图 9-5 所示。

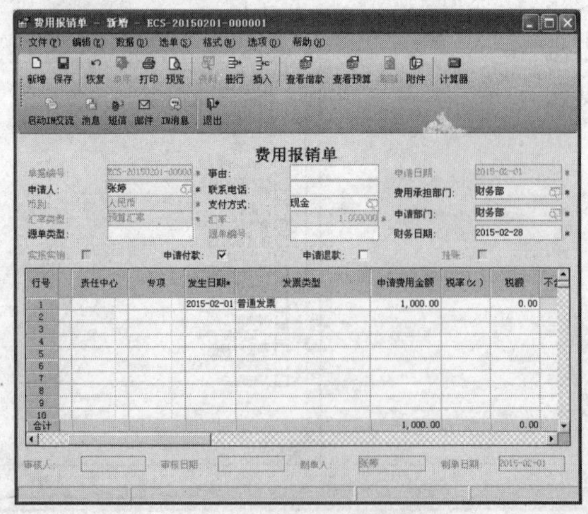


图 9-5 新增费用报销单

**注意**

通过实验可以看到，第一张报销单可以顺利保存，第二张报销单系统将提示，单据无法保存，如图 9-6 所示。

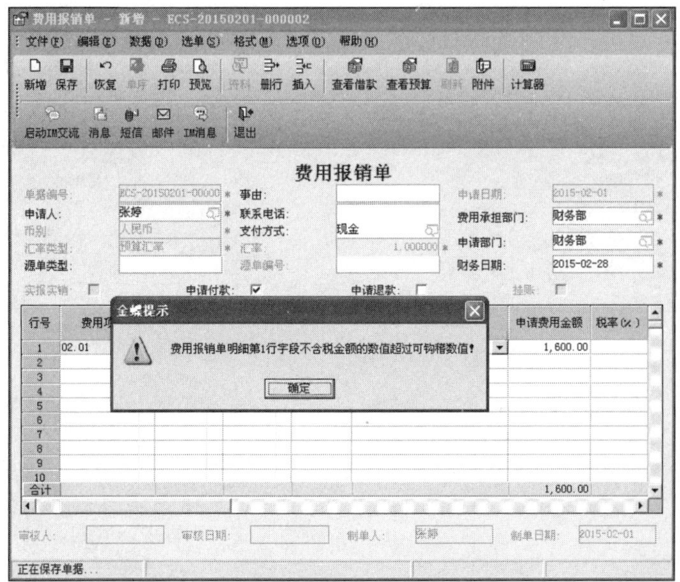

图 9-6　提示无法保存

上述实验做完后，备份账套，备份文件名为“F 诚信电子公司(费用管理)”。

# 第 10 章 现金管理

## 10.1 系统概述

现金包括企业库存资金以及银行存款。现金管理用于管理企业范围内的现金流动和控制现金的业务操作。通过现金管理系统，使用者可以直接查询到企业的现金流动状况，并分析企业范围的现金管理需求和货币风险，确保现金资源的流动性和最佳使用。

### 10.1.1 现金管理基本业务处理流程

现金管理系统中的业务处理相对比较独立，主要由以下几个部分组成，如图 10-1 所示。

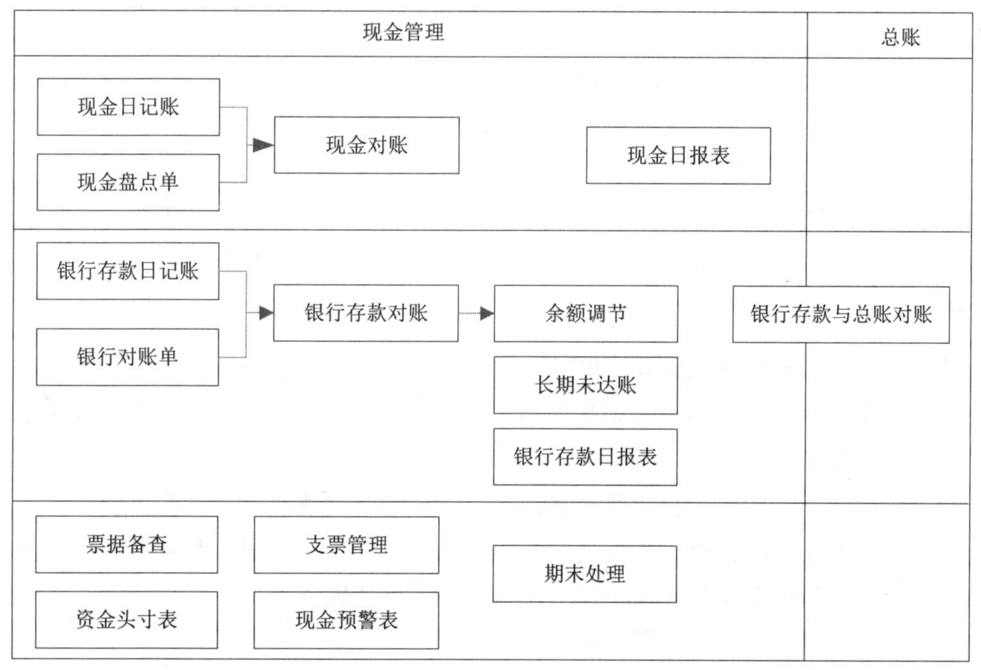


图 10-1　现金管理系统业务处理

(1) 现金的日常业务处理：登记现金日记账之后，在每个周期阶段编制现金盘点表，并与现金账进行对账。其中也提供了报表分析和查询的工具，来分析现金的支出和收入情况。

(2) 银行存款的日常业务处理：对于在银行的每一笔存款进行登记入账，同时录入银行所反馈的对账单。在每个周期阶段对银行的存款进行对账，并对银行存款的余额进行调节。其中，也提供了报表分析工具，查询长期未到账的款项，以及相关的存款日报表、总账对账报表等。

(3) 票据的日常业务处理：包括对支票、本票、汇票等各种票据以及汇兑、托收承付、委托收款、利息单等结算凭证的处理业务。

(4) 期末处理：总结会计期间(如月度和年度)资金的经营活动情况，定期进行结账。

(5) 报表处理：现金管理中所关心的报表主要包括资金头寸表和到期预警表。资金头寸表用于查阅各个日期或期间的资金(现金和银行存款)余额，到期预警表主要是提供应收商业汇票及应付商业汇票的到期预警功能。

## 10.1.2 重点功能概述

在现金管理系统中最重要的功能是现金管理以及银行存款的管理。

### 1. 现金管理

现金管理工作主要是出纳的职责，其主要的业务是对现金收入、付出和库存进行预算、监督和控制，是财务管理中资金管理的重要内容。现金的业务处理包括现金日记账、现金盘点单、现金对账，以及与现金管理相关的业务处理功能。

现金日记账是一种账簿，用来逐日逐笔反映库存现金的收入、支出和结存情况，以便于对现金的保管、使用及现金管理制度的执行情况进行严格的日常监督及核算。现金日记账登记的依据是经过复核无误的收款记账凭证和付款记账凭证。

现金盘点单是指出纳人员在每天业务终了以后，对现金进行盘点的结果。其结果将录入系统中，作为现金业务处理的记录依据。

现金对账是指系统自动将出纳账与日记账(总账)当期现金发生额、现金余额进行核对，并生成对账表。

现金日报表是为了便于企业及时掌握货币资金的流动情况而提供的报表。通过当日现金收支及账面余额的输出，不仅为企业现金的管理提供了方便，而且为管理者及时了解和掌握本企业的资金状况和合理运用资金提供了参考数据。

### 2. 银行存款管理

银行存款管理提供了相关的业务处理功能，使企业能方便地对银行中的存款进行监督和管理，便于协调企业内部的现金管理。银行存款管理的业务包括银行存款日记账、银行对账单、银行存款对账、余额调节、长期未达账、银行存款与总账对账等。

银行存款日记账是用来逐日逐笔反映银行存款增减变化和结余情况的账簿。通常，银行存款日记账由出纳人员进行登记。通过银行存款日记账，可以序时详尽提供每一笔银行存款收付的具体信息，全面反映银行存款的增减变化与结存情况。银行存款日记账的登记依据是收款凭证和付款凭证。

银行对账单是用来录入银行定期所出具的对账单据，并进行相应的查询处理。

银行存款对账是企业的银行存款日记账与银行出具的银行对账单之间的核对。企业的结算业务大部分要通过银行进行结算，但由于企业与银行的账务处理和入账时间的不一致，往往会发生双方账面不一致的情况。为了防止记账发生差错，准确掌握银行存款的实际金额，企业必须定期将企业银行存款日记账与银行出具的对账单进行核对。

余额调节是指当银行存款业务对账完毕后，为检查对账结果是否正确、查询对账结果，应编制银行存款余额调节表。余额调节表是根据未勾对的银行存款日记账和银行对账单自动生成。

长期未达账是指在企业的现金业务处理过程中，有时会出现个别业务长期未达的情况。这说明企业记账、银行结算、银行对账等多个环节中出现了差错。通过长期未达账来协助用户查询输出这类长期未达账项，以辅助财务人员分析查找造成长期未达的原因，避免资金丢失。

银行存款与总账对账是指系统自动将出纳账与日记账(总账)当期银行存款发生额、余额进行核对，并生成对账表。正确结果是现金管理系统、总账系统完全一致。若两者余额或发生额有差异，就需要核对明细账，查明发生差异的原因。

## 10.1.3 与其他系统的关系

现金管理系统与其他系统的关系如图 10-2 所示。

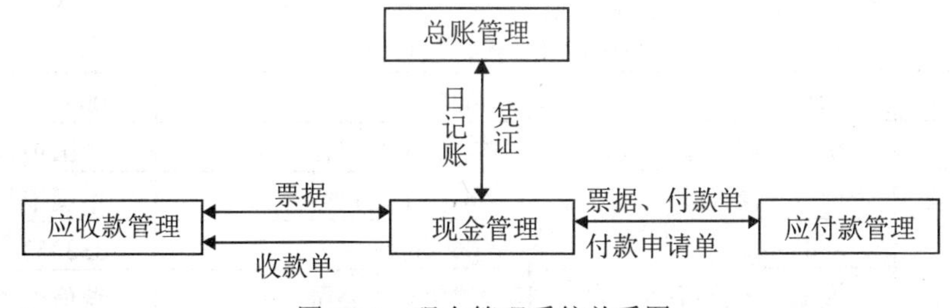


图 10-2 现金管理系统关系图

现金管理系统主要与总账、应收应付系统有关联关系。

总账系统中现金、银行存款类账户，其科目余额可以同现金管理系统的日记账余额进行核对、对账。总账系统的明细账数据可以导入到出纳系统，形成出纳系统的日记账。

现金管理系统的票据、付款单、付款申请单可以传递到应付系统，同样，应付系统也可以传递到现金管理系统。

现金管理系统和应收系统的票据可以互传，现金管理系统的收款单可以传递到应收系统。

# 10.2 实验练习

## 实验一 初始化设置

### ↗ 应用场景

在现金管理系统的业务开始处理前，进行初始的业务数据设置，以及相关参数设置。

### ↗ 实验步骤

- 录入系统初始的业务数据。
- 设置现金管理的系统参数。
- 结束初始化。

### ↗ 操作部门及人员

现金管理业务由财务部的出纳李梅负责。

### ↗ 实验前准备

- 将系统日期调整为2015-02-01。
- 恢复前述备份账套“F 诚信电子公司(费用管理)”。

### ↗ 实验数据

(1) 银行账号如表 10-1 所示。

表 10-1 银行账号信息

| 代码 | 001 | 002 | 003 |
|---|---|---|---|
| 名称 | 中国工商银行 | 中国工商银行 | 中国银行 |
| 银行接口类型 | 中国工商银行 | 中国工商银行 | 中国银行 |
| 银行账号 | 888888 | 666666 | 333333 |
| 账号名称 | 诚信电子公司 | 诚信电子公司 | 诚信电子公司 |
| 开户行 | 中国工商银行深圳分行 | 中国工商银行深圳分行 | 中国银行深圳分行 |

(2) 期初余额如表10-2所示。

表10-2 期 初 余 额

| 科 目 代 码 | 科 目 名 称 | 累计借方发生额 | 累计贷方发生额 | 期 初 余 额 |
|---|---|---|---|---|
| 1001 | 现金 | 100 000.00 | 30 000.00 | 80 000.00 |

(3) 银行账期初余额如表10-3所示。

表10-3 银行账期初余额

| 科目代码 | 科目名称 | 银行账号 | 对账单期初余额 | 日记账期初借方累计余额 | 日记账期初贷方累计余额 | 日记账期初余额 |
|---|---|---|---|---|---|---|
| 1002.01.01 | 人民币 | 888888 | 9 116 500.00 | 278 000.00 | 515 000.00 | 9 016 500.00 |
| 1002.01.02 | 美元 | 666666 | 80 000.00 | 80 000.00 | 0 | 80 000.00 |
| 1002.02 | 中行 | 333333 | 0 | 0 | 0 | 0 |

(4) 企业未达账如表10-4所示。

表10-4 企业未达账

| 科目 | 币别 | 业务日期 | 摘要 | 结算方式 | 结算号 | 贷方金额 |
|---|---|---|---|---|---|---|
| 1002.01.01 | 人民币 | 2015-01-20 | 收到浦东金贸公司货款 | 电汇 | 6001 | 2 000 000.00 |

(5) 银行未达账如表10-5所示。

表10-5 银行未达账

| 科目 | 币别 | 业务日期 | 摘要 | 结算方式 | 结算号 | 借方金额 |
|---|---|---|---|---|---|---|
| 1002.01.01 | 人民币 | 2015-01-25 | 收到货款 | 电汇 | 6002 | 1 900 000.00 |

## ↗ 操作指导

### 1. 设置基础数据

将系统日期设置为2015年2月1日。

设置基础数据的主要内容是检查现金和银行存款科目属性等是否设置正确，结算方式设置是否正确。

(1) 以出纳李梅的身份登录K/3主控台。进入路径为：【开始】－【程序】－【金蝶K/3WISE】－【金蝶K/3WISE】。

(2) 设置参数。

在K/3主界面中，执行【系统设置】－【基础资料】－【公共资料】－【科目】命令，打开【基础平台-[科目]】窗口。在【科目】页面下，找到“1001库存现金”科目，双击弹出【会计科目-修改】窗口，如图10-3所示，确认已选中【现金科目】选项。

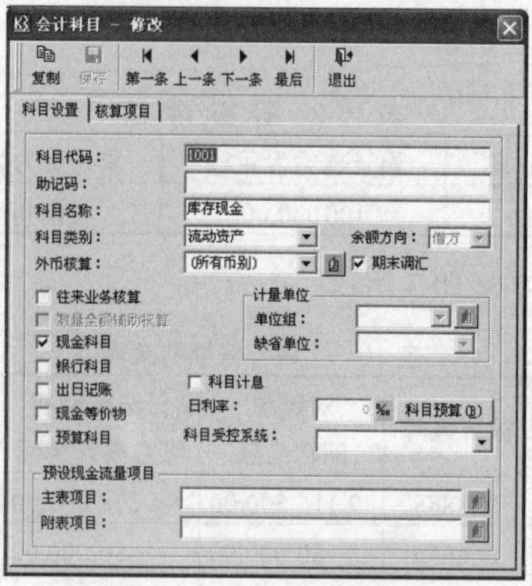

图 10-3　现金科目参数设置

退出【会计科目-修改】窗口，以同样的方式找到“1002 银行存款”科目，对其属性进行查看，如图 10-4 所示，确认已选中【银行科目】选项。

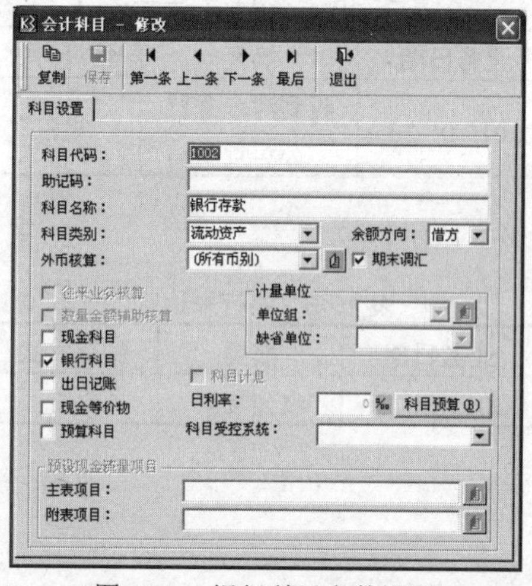


图 10-4　银行科目参数设置

在 K/3 主界面中，执行【系统设置】－【基础资料】－【公共资料】－【结算方式】命令，打开【结算方式】对话框，可以了解一下现有的几种结算方式。

### 2. 设置系统参数

在 K/3 主界面中，执行【系统设置】－【系统设置】－【现金管理】－【系统参数】命令，在弹出的提示框中，单击【确定】，进入【系统参数】窗口，如图 10-5 所示。选择【现金管理】页签，勾选【结账与总账期间同步】选项，以控制现金系统的结账期间同总账系统保持一致，避免出现不一致的情况。为此，应该先进行现金系统结账，然后进行总账系统结账。

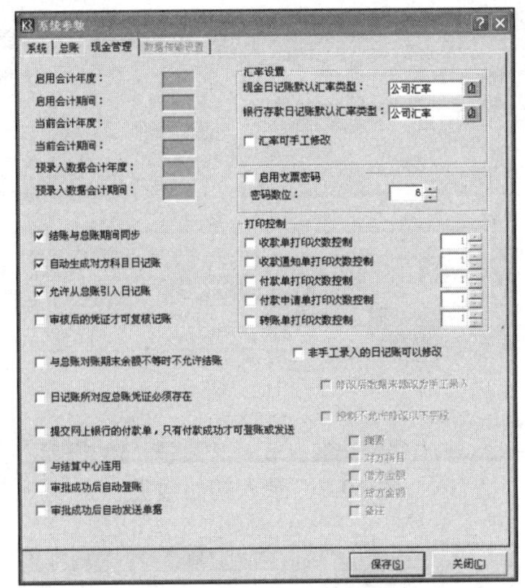


图 10-5 现金管理系统参数设置

## 3. 设置银行账号

以财务部经理许静的身份登录 K/3 系统。执行【系统设置】－【基础资料】－【公共资料】－【核算项目管理】命令，进入【全部核算项目】窗口。选择左边【核算项目】下的“银行账号”，先单击右边的窗口，再单击【新增】按钮，按照实验数据输入银行账号信息，如图 10-6 所示。

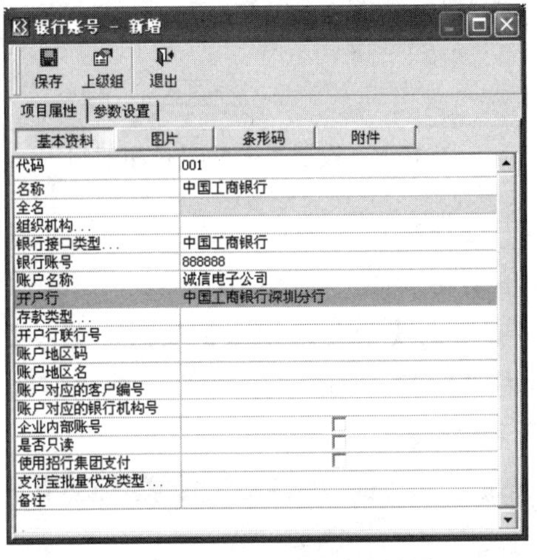


图 10-6 银行账号设置

## 4. 录入初始数据

以李梅的身份登录 K/3 主界面，执行【系统设置】－【初始化】－【现金管理】－【初始数据录入】命令，进入【现金管理系统-[初始数据录入]】窗口，如图 10-7 所示。单击【引入】按钮，在弹出的如图 10-8 所示的对话框中设置期间为 2015 年第 2 期，单击【确定】之后，系统将从总账引入“库存现金”、“银行存款”等科目和余额。

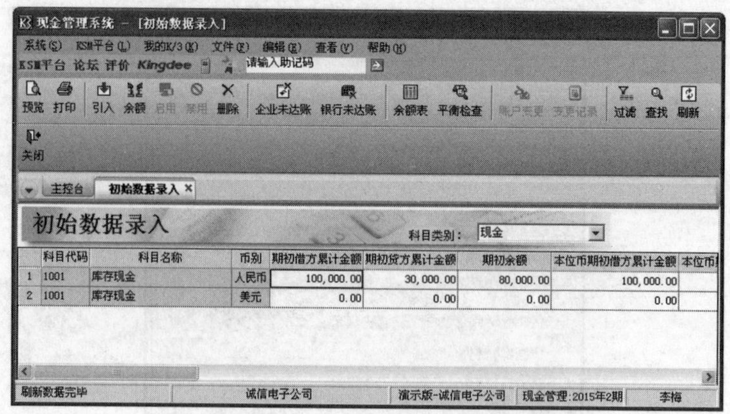


图 10-7　录入初始数据

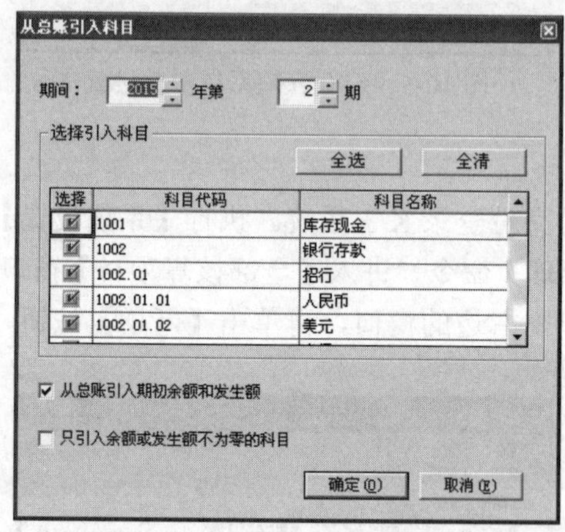


图 10-8　设置引入的科目和期间

引入完成后，在界面中选择科目类别为“银行存款”，按照实验数据，在表格中选择银行账号，并修改对账单期初余额。

在图 10-7 所示的窗口中单击【企业未达账】按钮，进入【企业未达账】窗口。单击【新增】按钮，选择科目为“1002.01.01 人民币”，按照实验数据，录入相应的企业未达账的信息，如图 10-9 所示。

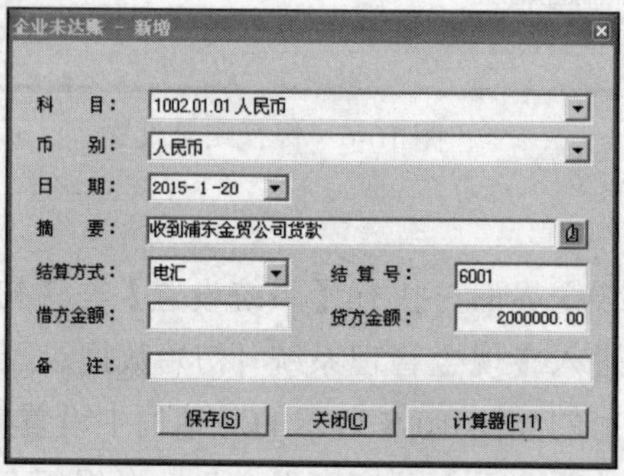

企业未达账 - 新增
科　目： 1002.01.01 人民币
币　别： 人民币
日　期： 2015-1-20
摘　要： 收到浦东金贸公司货款
结算方式： 电汇　结 算 号： 6001
借方金额：　贷方金额： 2000000.00
备　注：
保存(S)　关闭(C)　计算器(F11)

图 10-9　企业未达账信息

在图 10-7 所示的窗口中单击【银行未达账】按钮，进入【银行未达账】窗口。单击【新增】按钮，选择科目为“1002.01.01 人民币”，按照实验数据，录入相应的银行未达账的信息，如图 10-10 所示。

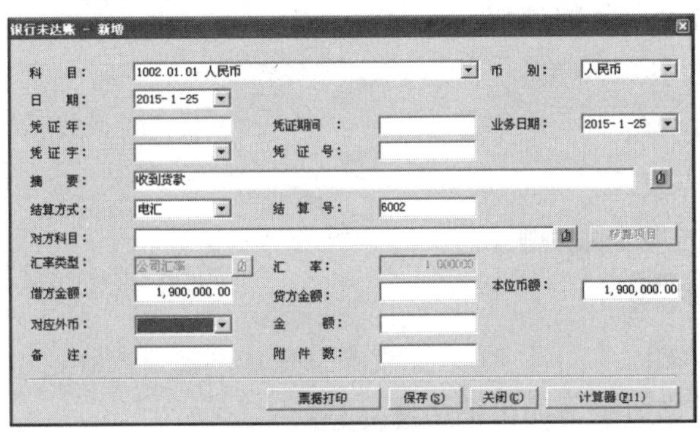


图 10-10 银行未达账信息

在图 10-7 所示的窗口中单击【余额表】按钮，进入【现金管理系统-[余额调节表]】窗口，如图 10-11 所示，确认表应该是平衡的。

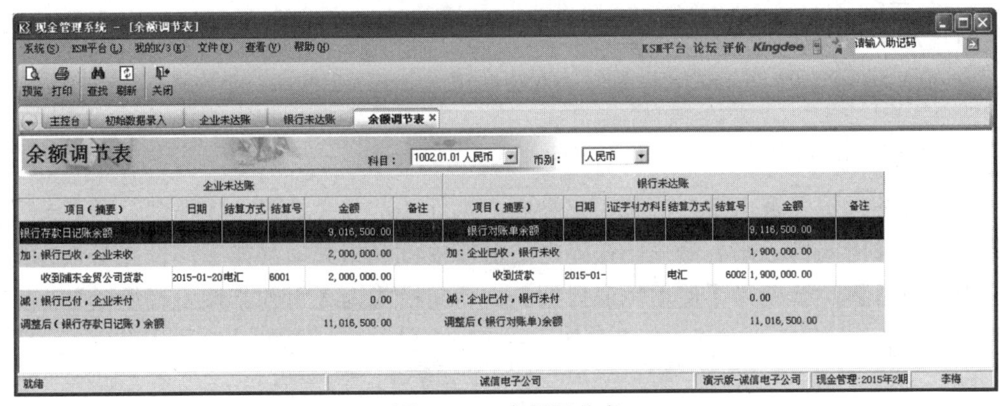


图 10-11 余额调节表

## 5. 结束初始化

在图 10-7 所示的【初始数据录入】窗口中，执行【编辑】—【结束初始化】命令，在系统弹出的提示窗口中，单击【确定】按钮，结束初始化工作。

**注意**

① 一旦结束初始化，所有的初始数据将不能再修改、再录入。

② 如果发现初始化数据错误，可以通过反初始化，再进行修改。

# 实验二 现金日常业务处理

## 应用场景

出纳对日常的现金业务的处理。

## 实验步骤

- 登记现金日记账。
- 编制现金盘点表。
- 现金盘点表与现金账对账。
- 查询现金日报表。

## 操作部门及人员

现金管理的业务由财务部的出纳李梅负责。

## 实验前准备

按照前述账套继续操作。

## 实验数据

引用总账系统数据登记日记账。

## 操作指导

### 1. 登记现金日记账

以李梅的身份登录 K/3。在 K/3 主界面，执行【财务会计】－【现金管理】－【总账数据】－【引入日记账】命令，在弹出的窗口中设置相关信息如下：设置引入方式为【按现金科目】；日期为【使用凭证日期】；期间模式为【引入本期所有凭证】；其他采用系统默认值。最后单击【引入】按钮，完成现金日记账的记账工作，如图 10-12 所示。

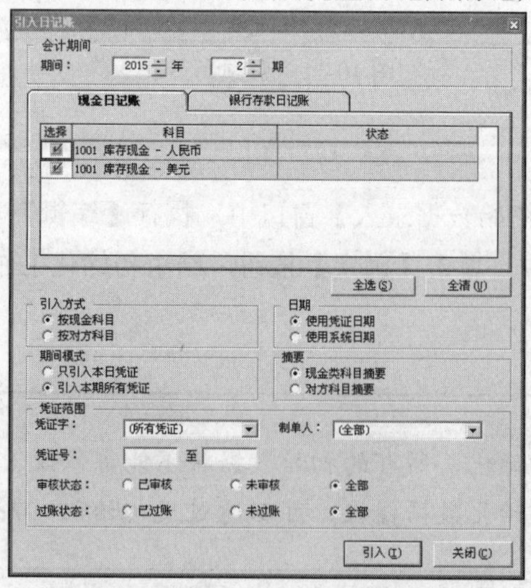


图 10-12 设置现金日记账的引入参数

### 2. 录入现金盘点单

在 K/3 主界面，执行【财务会计】－【现金管理】－【现金】－【现金盘点单】命令，打开【现金盘点单】对话框。单击【新增】按钮，在“100 元”和“把(百张)”交叉的单元格中录入 8，在“50 元”和“尾款数(个)”交叉的单元格中录入 10，金额小计自动显示为 80 500，单击【保存】按钮，完成现金盘点单的录入，如图 10-13 所示。

现金盘点单 － 新增

科目：1001 库存现金　币别：人民币

日期：2015-2-28

| 票面 | 把（百张） | 卡（二十张） | 尾款数（个） | 金额小计 |
|---|---|---|---|---|
| 100元 | 8 | | | 80,000.00 |
| 50元 | | | 10 | 500.00 |
| 20元 | | | | |
| 10元 | | | | |
| 5元 | | | | |
| 2元 | | | | |
| 1元 | | | | |
| 5角 | | | | |
| 2角 | | | | |
| 1角 | | | | |
| 5分 | | | | |
| 2分 | | | | |
| 1分 | | | | |
| 合计金额 | | | | 80,500.00 |

备注：

取上次盘点数(P)　保存(S)　取消(C)

图 10-13　录入现金盘点单

### 3. 对账

在 K/3 主界面中，执行【财务会计】－【现金管理】－【现金】－【现金对账】命令，在弹出的【现金对账】对话框中设置过滤条件，再单击【确定】按钮，系统将显示出现金管理系统与总账管理系统的余额、差异情况，如图 10-14 所示，以便查看和分析这些数据。

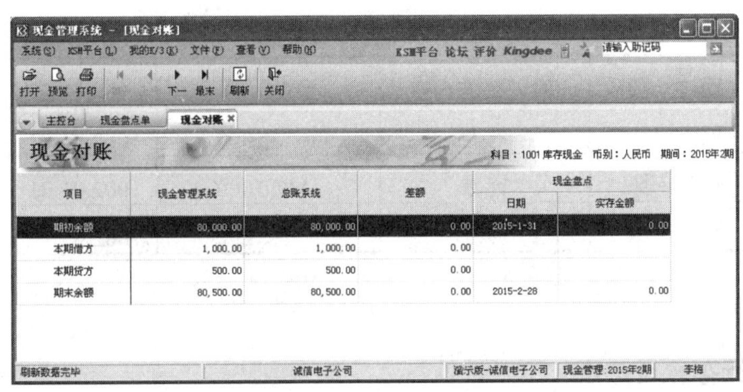

现金对账　科目：1001 库存现金　币别：人民币　期间：2015年2期

| 项目 | 现金管理系统 | 总账系统 | 差额 | 现金盘点 | |
|---|---|---|---|---|---|
| | | | | 日期 | 实存金额 |
| 期初余额 | 80,000.00 | 80,000.00 | 0.00 | 2015-1-31 | 0.00 |
| 本期借方 | 1,000.00 | 1,000.00 | 0.00 | | |
| 本期贷方 | 500.00 | 500.00 | 0.00 | | |
| 期末余额 | 80,500.00 | 80,500.00 | 0.00 | 2015-2-28 | 0.00 |

图 10-14　现金对账信息

### ↗ 输出表单

在 K/3 主界面中，执行【财务会计】－【现金管理】－【现金】－【现金日报表】

命令，在弹出的窗口中设置过滤条件，系统将显示出现金的报表情况。

## 实验三 银行存款日常业务处理

### ↗ 应用场景

出纳对银行存款业务的处理。

### ↗ 实验步骤

- 登记银行存款日记账。
- 录入银行对账单。
- 银行存款对账。
- 查询余额调节表。
- 查询银行对账日报表。
- 与总账对账。

### ↗ 操作部门及人员

由财务部的出纳李梅负责该业务处理。

### ↗ 实验前准备

直接采用前述操作账套。

### ↗ 实验数据

(1) 银行存款日记账。

参照现金日记账操作，引用总账系统数据。

(2) 银行对账单如表 10-6 所示。

表 10-6 银行对账单

| 日 期 | 摘 要 | 借贷方向 | 金 额 | 科目 | 账 号 |
|---|---|---|---|---|---|
| 2015-02-02 | 取现 | 借方 | 1 000 | 1002.01.01 | 888888 |
| 2015-02-10 | 货款入账 | 贷方 | 1 900 000 | 1002.01.01 | 888888 |
| 2015-02-02 | 现金存入 | 贷方 | 200 | 1002.02 | 666666 |

### ↗ 操作指导

#### 1. 登记银行存款日记账

将系统日期调整为 2015 年 2 月 10 日。

在 K/3 主界面，执行【财务会计】－【现金管理】－【银行存款】－【银行存款日记账】命令，在弹出的窗口中不用修改任何参数，单击【确定】按钮，进入【银行存款日记账】界面。在该界面中，单击【引入】按钮，在弹出的页面中，选择【银行存款日记账】页签中的三条记录，引入银行存款日记账，如图 10-15 所示。

银行存款日记账

银行：中国工商银行深圳分行　账号：888888
科目：1002.01.01 人民币　币别：人民币　期间：2015年2期

| 序列号 | 业务日期 | 日期 | 凭证字号 | 凭证期间 | 凭证审核 | 记账标志 | 摘要 | 对方科目 | 结算方式 | 结算号 | 借方金额 | 贷方金额 | 余额 | 附件数 |
|---|---|---|---|---|---|---|---|---|---|---|---|---|---|---|
| | | 2015-2-1 | | | | | 上期结转 | | | | 278,000.00 | 515,000.00 | 9,016,500.00 | |
| 16 | 2015-2-1 | 2015-2-1 | 记 - 17 | 2015年2期 | | | 资产领用单（固定资产）凭证 | 1601 固定资产 | | | | 1,600,000.00 | 7,416,500.00 | 1 |
| | | 2015-2-1 | | | | | 本日合计 | | | | | 1,600,000.00 | 7,416,500.00 | 1 |
| 11 | 2015-2-12 | 2015-2-12 | 记 - 3 | 2015年2期 | √ | √ | 出纳李梅提现1000 | 1001 库存现金 | | | | 1,000.00 | 7,415,500.00 | |
| | | 2015-2-12 | | | | | 本日合计 | | | | | 1,000.00 | 7,415,500.00 | |
| 12 | 2015-2-21 | 2015-2-21 | 记 - 10 | 2015年2期 | √ | | 香港中环公司 | 1122 应收账款/001 香港中环公司 | | | | 2,000.00 | 7,413,500.00 | 1 |
| 13 | 2015-2-21 | 2015-2-21 | 记 - 11 | 2015年2期 | √ | | 香港中环公司 | 1122 应收账款/001 香港中环公司电汇 | | | 2,000.00 | | 7,415,500.00 | 1 |
| | | 2015-2-21 | | | | | 本日合计 | | | | 2,000.00 | 2,000.00 | 7,415,500.00 | 2 |
| 14 | 2015-2-26 | 2015-2-26 | 记 - 14 | 2015年2期 | √ | | 招商银行 | 1121 应收票据 | | | 19,752.78 | | 7,435,252.78 | 1 |
| | | 2015-2-26 | | | | | 本日合计 | | | | 19,752.78 | | 7,435,252.78 | 1 |
| 15 | 2015-2-28 | 2015-2-28 | 记 - 16 | 2015年2期 | | | 出售固定资产 | 1601 固定资产 | | | 90,333.60 | | 7,525,586.38 | |
| | | 2015-2-28 | | | | | 本日合计 | | | | 90,333.60 | | 7,525,586.38 | |
| | | 2015-2-28 | | | | | 本期合计 | | | | 112,086.38 | 1,603,000.00 | 7,525,586.38 | 4 |
| | | 2015-2-28 | | | | | 本年累计 | | | | 390,086.38 | 2,118,000.00 | 7,525,586.38 | 4 |

图 10-15　银行存款日记账

## 2. 录入银行对账单

在 K/3 系统主界面，执行【财务会计】—【现金管理】—【银行存款】—【银行对账单】命令，打开【银行对账单】过滤条件框。不用修改任何设置，单击【确定】按钮进入【银行对账单】窗口。

单击【新增】按钮，如图 10-16 所示，进入银行对账单界面。将科目设置为【1002.01.01】，将币别设置为【人民币】，按照实验数据录入银行对账单的实验数据并保存。同理，选择科目为【1002.01.02】，再录入实验数据，并保存。

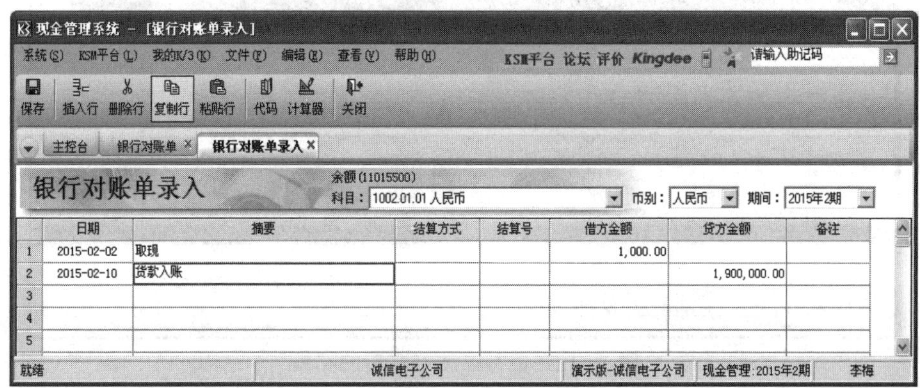


图 10-16　银行对账单录入

## 3. 银行存款对账

在 K/3 系统主界面，执行【财务会计】—【现金管理】—【银行存款】—【银行存款对账】命令，在弹出的窗口中，不用修改过滤条件，单击【确定】按钮，进入银行存款对账界面。

单击【自动】按钮，在弹出的窗口中，选择【自动对账设置】页签，取消所有勾选的选项，如图 10-17 所示。单击【确定】，系统将开始对账。对账完毕，系统显示完成对账的记录数。在窗口中只显示出未完成对账的单据的内容，如图 10-18 所示。

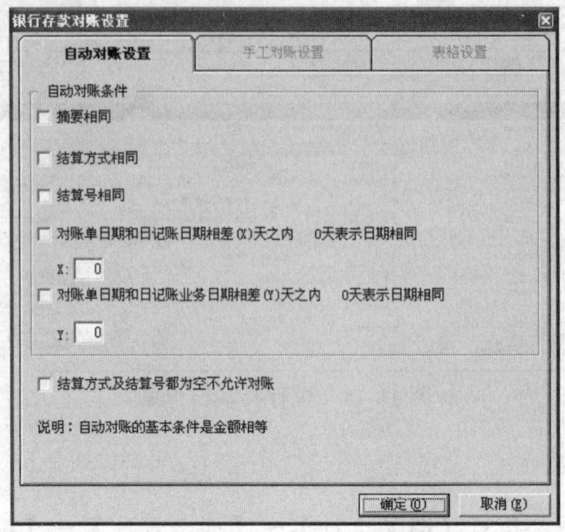


图 10-17　自动对账参数设置

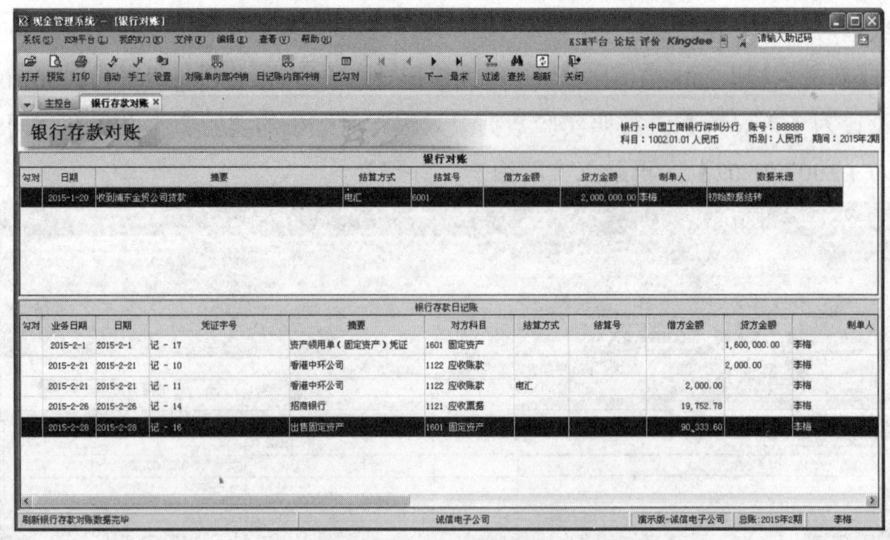


图 10-18　银行存款对账后的结果

## 4. 查询余额调节表

在 K/3 系统主界面，执行【财务会计】－【现金管理】－【银行存款】－【余额调节表】命令，在弹出的对话框中，不用设置过滤条件，进入【余额调节表】界面，可以查看到银行存款科目的余额调节表，如图 10-19 所示。

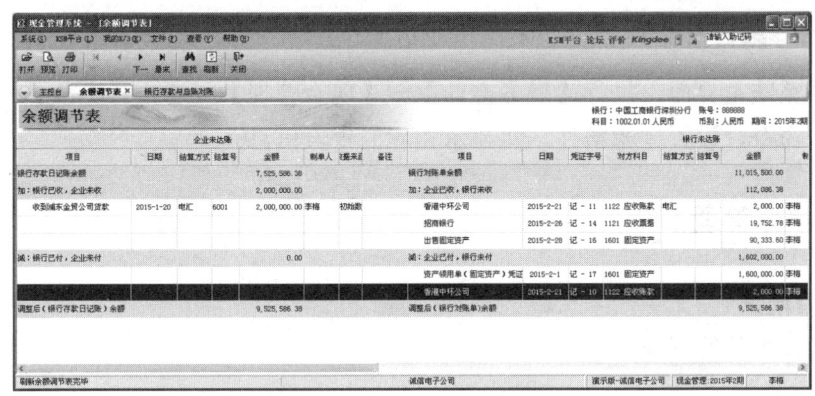

图 10-19　余额调节表

单击【下一】按钮，可以查询下一个银行存款科目的余额调节表。

### 5. 银行存款与总账对账

在 K/3 系统主界面，执行【财务会计】－【现金管理】－【银行存款】－【银行存款与总账对账】命令，在弹出的对话框中，不用设置过滤条件，进入后将显示相应的对账结果信息，如图 10-20 所示，以便分析对账信息。

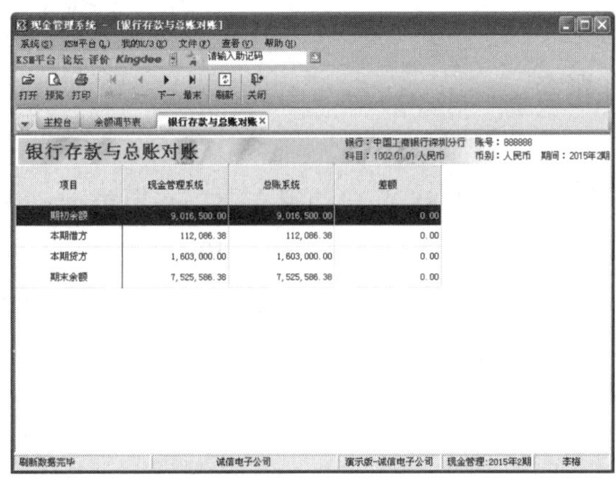

| 项目 | 现金管理系统 | 总账系统 | 差额 |
| --- | --- | --- | --- |
| 期初余额 | 9,016,500.00 | 9,016,500.00 | 0.00 |
| 本期借方 | 112,086.38 | 112,086.38 | 0.00 |
| 本期贷方 | 1,603,000.00 | 1,603,000.00 | 0.00 |
| 期末余额 | 7,525,586.38 | 7,525,586.38 | 0.00 |

图 10-20　银行存款与总账对账

## ↗ 输出表单

### 1. 长期未达账

在 K/3 系统主界面，执行【财务会计】－【现金管理】－【银行存款】－【长期未达账】命令，设置过滤条件，将显示相应的报表信息。

### 2. 银行对账日报表

在 K/3 系统主界面，执行【财务会计】－【现金管理】－【银行存款】－【银行对账日报表】命令，设置过滤条件，将显示相应的报表信息。

### 3. 银行存款日报表

在 K/3 系统主界面，执行【财务会计】－【现金管理】－【银行存款】－【银行存款日报表】命令，设置过滤条件，将显示相应的报表信息。

## 实验四　票据管理

#### ↗ 应用场景

出纳对票据的管理业务。

#### ↗ 实验步骤

- 管理票据备查簿。
- 管理企业支票。
- 查询资金头寸表。
- 期末结账。

#### ↗ 操作部门及人员

由财务部的出纳李梅负责该业务处理。

#### ↗ 实验前准备

直接采用前述操作账套。

#### ↗ 实验数据

- 2015 年 2 月 1 日，从 888888 账户购置支票。支票类型：现金支票。支票规则：00A345678**。起始号码：1。结束号码：50。
- 领用支票号：1。领用日期：2015 年 2 月 2 日。预计报销日期：2015 年 2 月 2 日。使用限额：1 000 元。领用部门：财务。领用人：李梅。领用用途：提取备用金。

#### ↗ 操作指导

### 1. 管理支票

将系统日期调整为 2015 年 2 月 1 日。

在 K/3 系统主界面，执行【财务会计】－【现金管理】－【票据】－【支票管理】命令，打开【支票管理】对话框。

单击窗口左侧的【支票购置】，右侧的表格会发生变化。单击【购置】按钮，弹出【支票购置】界面。选择【新增】，在【新增支票购置】界面中，按照实验数据选择相应的支票类型，并在【支票规则】中设置支票号码的固定格式为“00A345678**”，表示最后两位为流水号，起始号码和结束号码按照实验数据输入，如图 10-21 所示。

图 10-21　新增支票购置

将系统日期调整为 2015 年 2 月 2 日。

返回支票管理界面，单击【领用】，进入如图 10-22 所示的【支票领用】对话框，参照实验数据进行输入。

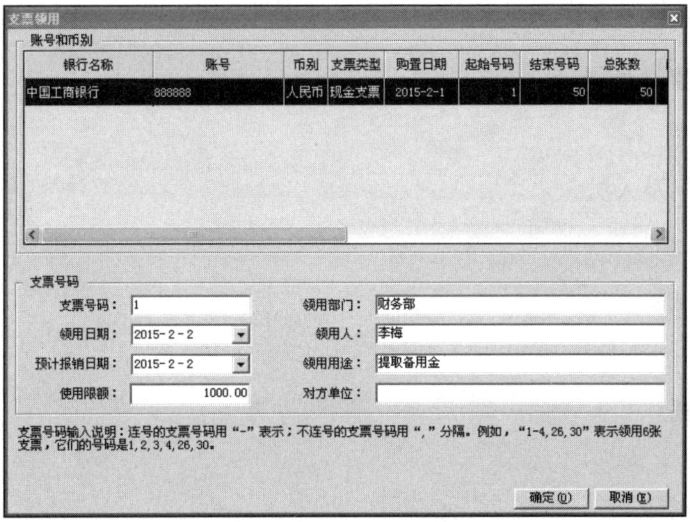

图 10-22　支票领用

### 2. 管理票据备查簿

票据备查簿留给读者自己做练习，具体实验数据不再介绍。

在 K/3 系统主界面，执行【财务会计】－【现金管理】－【票据】－【票据备查簿】

命令，设置过滤条件，进入【票据备查簿】对话框，单击窗口左侧的【票据备查簿】，右侧的表格发生变化。单击【新增】按钮，在【收款票据】界面中，选择菜单命令【编辑】－【新增收款票据】－【电汇凭证】，即可录入数据。

**➚ 输出表单**

**1. 资金头寸表**

在 K/3 系统主界面，执行【财务会计】－【现金管理】－【报表】－【资金头寸表】命令，选择过滤条件，即可显示出相应的信息。

**2. 到期预警表**

在 K/3 系统主界面，执行【财务会计】－【现金管理】－【报表】－【到期预警表】命令，选择过滤条件，即可显示出相应的信息。

上述实验做完后，备份账套，备份文件名为“F 诚信电子公司(现金管理)”。

## 实验五 期末处理

**➚ 应用场景**

出纳在每期末(月末、季度末)进行结账业务处理。

**➚ 实验步骤**

期末结账。

**➚ 操作部门及人员**

出纳李梅负责。

**➚ 实验前准备**

直接采用前述账套。

**➚ 实验数据**

无。

**➚ 操作指导**

在 K/3 系统主界面，执行【财务会计】－【现金管理】－【期末处理】－【期末结账】命令，弹出【期末结账】向导，如图 10-23 所示，单击【开始】，系统将进行结账处理。结账完毕之后，系统将进入下一期的业务处理期间。

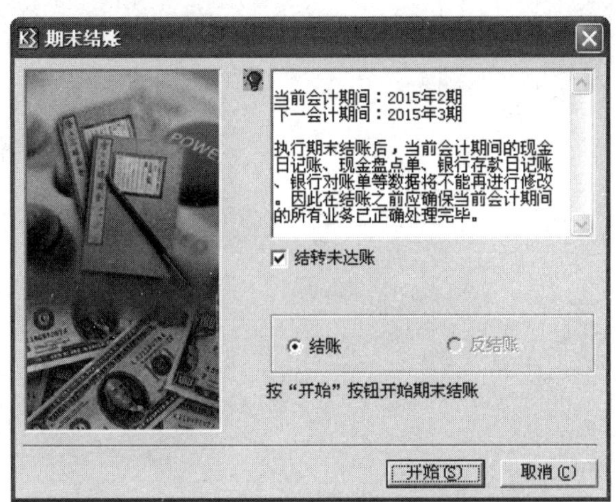


图 10-23　期末结账

系统还提供"反结账"的功能，但建议大家不要轻易进行结账、反结账处理。

# 第 11 章 报表

## 11.1 系统概述

企业使用了信息化管理系统之后，将会产生大量的业务数据。如果对这些数据进行分析整理，可以得到许多有用的信息，并帮助企业从各个方面了解当前的运营状况，成为作出各项决策的定量化依据。报表系统可帮助用户快速、准确地编制各种个性化报表，为客户提供各种所需的决策分析信息。

### 11.1.1 报表系统基本业务处理流程

报表系统中不涉及具体的业务功能，其主要数据来源是各个业务系统所产生的业务数据和财务数据。产生报表的基本流程如下。

(1) 选择所需要的报表模板。

(2) 定义报表的格式。

(3) 定义报表的取数公式。

(4) 查询所生成的报表。

### 11.1.2 重点功能概述

在报表管理系统中可以生成多种格式的表，本节仅介绍对企业管理非常有用的三大报表：利润表、资产负债表和现金流量表。

#### 1. 利润表

利润表可以反映企业一定时期的经营成果和经营成果的分配关系。它是企业生产经营成果的集中反映，是衡量企业生存和发展能力的主要尺度。

利润表包括两个方面：一方面反映公司的收入及费用，说明公司在一定时期内的利润或亏损数额，据以分析公司的经济效益及盈利能力，评价公司的管理业绩；另一方面反映公司财务成果的来源，说明公司的各种利润来源在利润总额中占的比例，以及这些来源之间的相互关系。通过对利润表中收入和费用的各个项目进行分析，查看各个项目的增减变动趋势，据此可判定公司的管理水平和财务状况，预测公司的发展前景。

2. 资产负债表

资产负债表是反映公司某一特定日期(月末、年末)全部资产、负债和所有者权益情况的会计报表。它的基本结构是“资产=负债+所有者权益”。不论公司处于怎样的状态，该会计平衡式都是恒等的。

利用资产负债表的资料，可以看出公司资产的分布状态、负债和所有者权益的构成情况，据以评价公司资金营运、财务结构是否正常、合理；分析公司的流动性或变现能力，以及长、短期债务数量及偿债能力，评价公司承担风险的能力；利用该表提供的资料，还有助于计算公司的获利能力，评价公司的经营绩效。

3. 现金流量表

现金流量表是反映公司现金流入与流出信息的报表。该表中的现金不仅指公司在财会部门保险柜里的现钞，还包括银行存款、短期证券投资和其他货币资金。

利用现金流量表可以分析公司经营活动、投资活动和筹资活动所产生的现金收支活动，以及现金流量净增加额，从而有助于分析公司的变现能力和支付能力，进而把握公司的生存能力、发展能力和适应市场变化的能力。

### 11.1.3 与其他系统的关系

报表系统与其他系统均有关系，通过系统所提供的取数公式，可从信息系统的各个子模块中提取数据，编制各类报表。

## 11.2 实验练习

### 实验一 利润表

**应用场景**

通过编制企业的利润表，以反映企业一定阶段的经营成果。

**实验步骤**

- 定义利润表的格式。
- 定义利润表的取数公式。
- 查询利润表。

**操作部门及人员**

利润表编制由财务部主管张婷负责，财务经理许静查询并审核报表。

**实验前准备**

恢复前述备份账套“F 诚信电子公司(现金管理)”。

## 实验数据

直接取总账系统中的相关数据，具体操作见下面的描述。

## 操作指导

### 1. 调整时间

将系统时间调整为 2015-02-28。

### 2. 定义利润表的格式

在 K/3 主界面，执行【财务会计】－【报表】－【(行业)-新企业会计准则】－【新会计准则利润表】命令，打开新会计准则利润表，执行【文件】－【另存为】命令，将文件另存为“新会计准则利润表(实验)”。

利润表主界面的格式与 Excel 表类似。

将 B 列的所有单元格设置为居中对齐，将 C 列的所有单元格设置为居中对齐，同时，C 列属性中的数字格式选择为“数值”，其显示模式选择为“#,##0.00;-#,##0.00;""”，如图 11-1 所示。

将 C 列的标题改为“本年金额”。

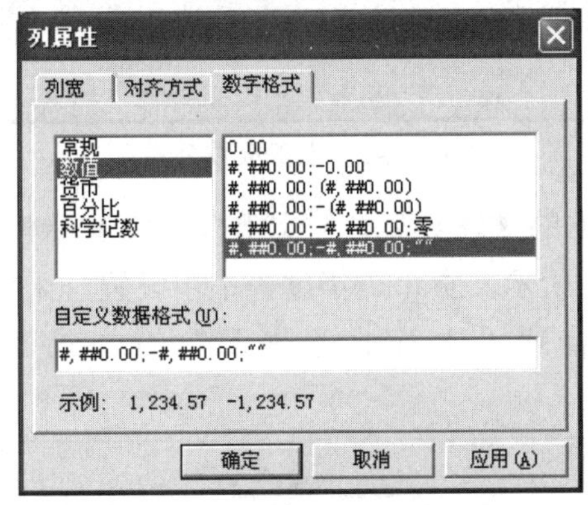


图 11-1　定义利润表的单元格格式

### 3. 定义利润表取数公式

在利润表中已经定义了相应的公式，此处为了方便练习，先将所有的公式删除。

选择【营业收入】与 B 列所交叉对应的单元格，再单击界面上部的【＝】按钮，打开 ACCT 取数公式框。在弹出的对话框中，选择【科目】所对应的文本框，按 F7 键，打开【取数科目向导】对话框。在【取数科目向导】对话框中，单击【科目代码】文本框旁边的【...】按钮，弹出如图 11-2 所示的【会计科目】窗口。选择【6. 损益】页签，再选择【6001-主营业务收入】，确定后，返回【取数科目向导】窗口，单击【填入公式】按钮，在【科目参数】文本框中将自动填入 6001 科目代码，如图 11-3 所示，确定后返回。

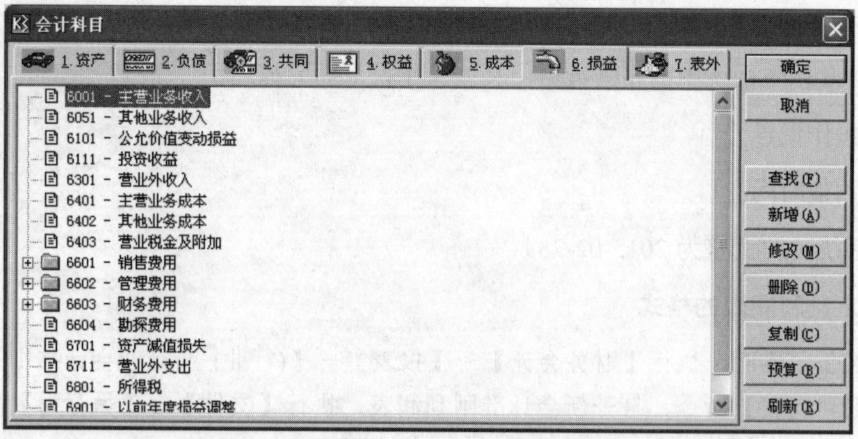

图 11-2　选择科目

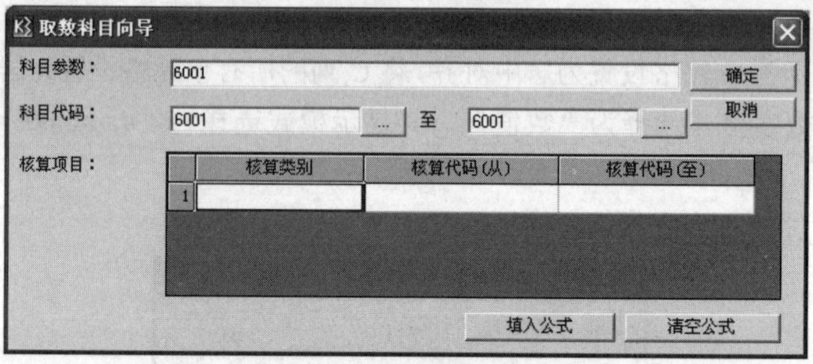

图 11-3　设置取数公式

在 ACCT 取数公式框的【取数类型】文本框中按 F7 键，选择 SY(利润表本期实际发生金额)，如图 11-4 所示。货币、年度等不用设置，采用系统默认值。返回到利润表的主界面，可以看到“主营业务收入”的公式变为“=ACCT("6001","SY","",0,0,0,"")”。

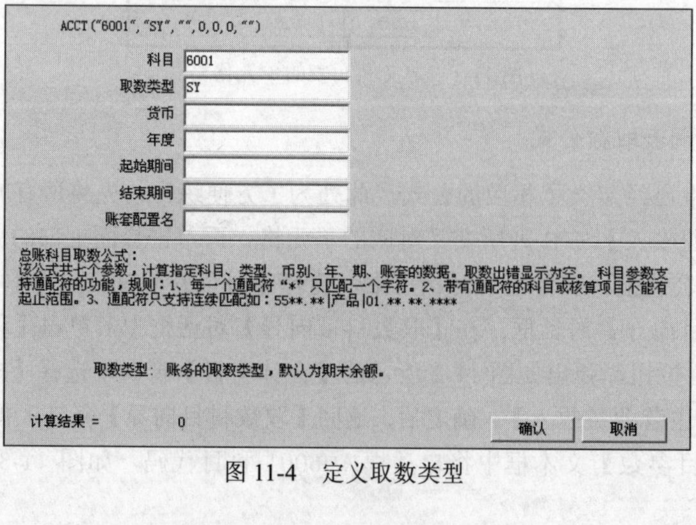

图 11-4　定义取数类型

参照以上的方式，设置【营业收入】与 C 列所交叉对应的单元格。其中的【取数类型】应选择 SL(损益科目本年实际发生额)，公式变为“=ACCT("6001", "SL","",0,0,0,"")”。用同样的方法，设置“营业成本”、“营业税金及附加”的取数公式。

“销售费用”、“管理费用”、“财务费用”、“资产减值损失”、“公允价值变动收益”、“投资收益”的设置同“主营业务收入”。

“营业利润”的公式在利润表中已经表示出，可按照与 Excel 表格相同的公式设置。

“营业外收入”、“营业外支出”的设置同“主营业务收入”。

“利润总额”的计算公式在利润表中已经表示出，可按照 Excel 表格的公式设置。

“所得税”的设置同“主营业务收入”。

“净利润”的计算公式在利润表中已经表示出，可按照 Excel 表格的公式设置。最终的利润表公式如图 11-5 所示。

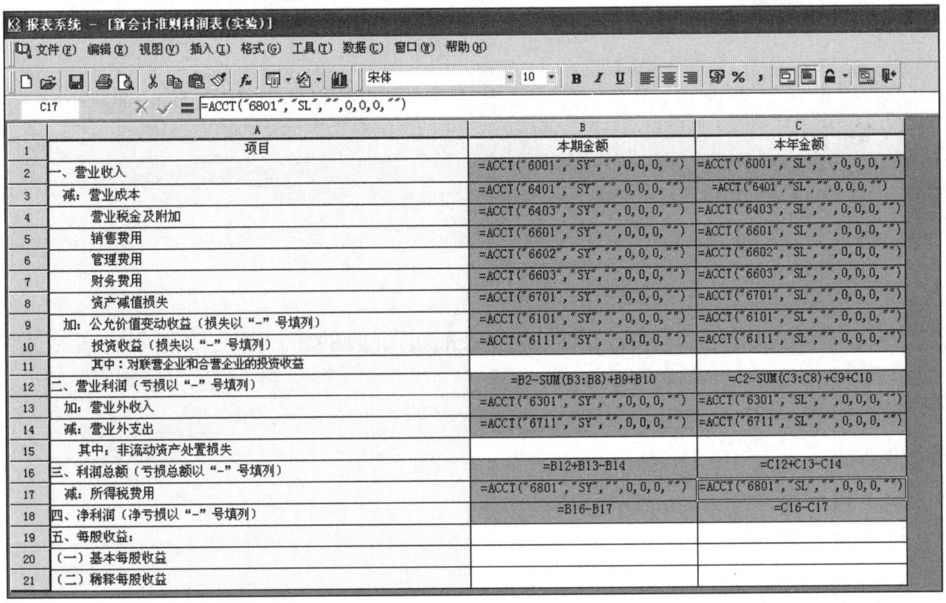

K3 报表系统 － [新会计准则利润表(实验)]

文件(F) 编辑(E) 视图(V) 插入(I) 格式(G) 工具(T) 数据(C) 窗口(W) 帮助(H)

C17　=ACCT("6801","SL","",0,0,0,"")

| | A | B | C |
|---|---|---|---|
| 1 | 项目 | 本期金额 | 本年金额 |
| 2 | 一、营业收入 | =ACCT("6001","SY","",0,0,0,"") | =ACCT("6001","SL","",0,0,0,"") |
| 3 | 减：营业成本 | =ACCT("6401","SY","",0,0,0,"") | =ACCT("6401","SL","",0,0,0,"") |
| 4 | 营业税金及附加 | =ACCT("6403","SY","",0,0,0,"") | =ACCT("6403","SL","",0,0,0,"") |
| 5 | 销售费用 | =ACCT("6601","SY","",0,0,0,"") | =ACCT("6601","SL","",0,0,0,"") |
| 6 | 管理费用 | =ACCT("6602","SY","",0,0,0,"") | =ACCT("6602","SL","",0,0,0,"") |
| 7 | 财务费用 | =ACCT("6603","SY","",0,0,0,"") | =ACCT("6603","SL","",0,0,0,"") |
| 8 | 资产减值损失 | =ACCT("6701","SY","",0,0,0,"") | =ACCT("6701","SL","",0,0,0,"") |
| 9 | 加：公允价值变动收益（损失以“-”号填列） | =ACCT("6101","SY","",0,0,0,"") | =ACCT("6101","SL","",0,0,0,"") |
| 10 | 投资收益（损失以“-”号填列） | =ACCT("6111","SY","",0,0,0,"") | =ACCT("6111","SL","",0,0,0,"") |
| 11 | 其中：对联营企业和合营企业的投资收益 | | |
| 12 | 二、营业利润（亏损以“-”号填列） | =B2-SUM(B3:B8)+B9+B10 | =C2-SUM(C3:C8)+C9+C10 |
| 13 | 加：营业外收入 | =ACCT("6301","SY","",0,0,0,"") | =ACCT("6301","SL","",0,0,0,"") |
| 14 | 减：营业外支出 | =ACCT("6711","SY","",0,0,0,"") | =ACCT("6711","SL","",0,0,0,"") |
| 15 | 其中：非流动资产处置损失 | | |
| 16 | 三、利润总额（亏损总额以“-”号填列） | =B12+B13-B14 | =C12+C13-C14 |
| 17 | 减：所得税费用 | =ACCT("6801","SY","",0,0,0,"") | =ACCT("6801","SL","",0,0,0,"") |
| 18 | 四、净利润（净亏损以“-”号填列） | =B16-B17 | =C16-C17 |
| 19 | 五、每股收益： | | |
| 20 | （一）基本每股收益 | | |
| 21 | （二）稀释每股收益 | | |

图 11-5　定义利润表的公式

### 4. 查询利润表

以财务部经理许静的用户名登录系统。

在 K/3 主界面中，执行【财务会计】－【报表】－【(性质)-报表】－【新会计准则利润表(实验)】命令，将弹出前面定义好的报表。可以看到，系统自动取数并生成了报表。选择菜单【视图】－【显示数据】，然后再选择菜单【数据】－【报表重算】，可以看到，系统自动取数并生成了报表，如图 11-6 所示。

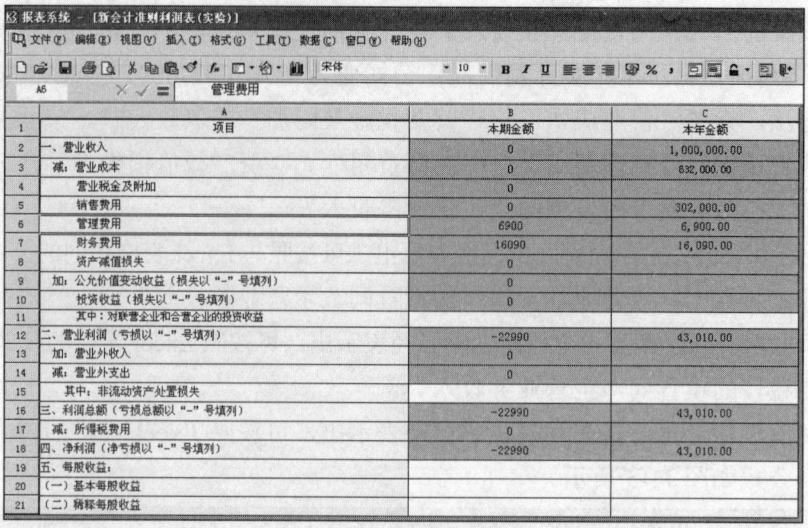

报表系统 - [新会计准则利润表(实验)]

文件(F) 编辑(E) 视图(V) 插入(I) 格式(G) 工具(T) 数据(C) 窗口(W) 帮助(H)

A6 管理费用

| | A | B | C |
|---|---|---|---|
| 1 | 项目 | 本期金额 | 本年金额 |
| 2 | 一、营业收入 | 0 | 1,000,000.00 |
| 3 | 减：营业成本 | 0 | 632,000.00 |
| 4 | 营业税金及附加 | 0 | |
| 5 | 销售费用 | 0 | 302,000.00 |
| 6 | 管理费用 | 6900 | 6,900.00 |
| 7 | 财务费用 | 16090 | 16,090.00 |
| 8 | 资产减值损失 | 0 | |
| 9 | 加：公允价值变动收益（损失以“-”号填列） | 0 | |
| 10 | 投资收益（损失以“-”号填列） | 0 | |
| 11 | 其中：对联营企业和合营企业的投资收益 | | |
| 12 | 二、营业利润（亏损以“-”号填列） | -22990 | 43,010.00 |
| 13 | 加：营业外收入 | 0 | |
| 14 | 减：营业外支出 | 0 | |
| 15 | 其中：非流动资产处置损失 | | |
| 16 | 三、利润总额（亏损总额以“-”号填列） | -22990 | 43,010.00 |
| 17 | 减：所得税费用 | 0 | |
| 18 | 四、净利润（净亏损以“-”号填列） | -22990 | 43,010.00 |
| 19 | 五、每股收益： | | |
| 20 | （一）基本每股收益 | | |
| 21 | （二）稀释每股收益 | | |

图 11-6 利润表的结果

如果希望系统重新计算，可以选择【数据】－【报表重算】命令来进行。

## 实验二 资产负债表

### 应用场景

通过编制企业的资产负债表，反映企业在特定阶段的资产、负债和所有者权益状况。

### 实验步骤

- 定义资产负债表的格式。
- 定义资产负债表的取数公式。
- 查询资产负债表。

### 操作部门及人员

资产负债表编制由财务部主管张婷负责，财务经理许静查询并审核报表。

### 实验数据

直接取总账系统中的相关数据，具体操作见下面的描述。

### 操作指导

#### 1. 定义资产负债表的格式

在 K/3 主界面，执行【财务会计】－【报表】－【(行业)-新会计准则】－【新会计准则资产负债表】命令，打开新会计准则资产负债表，执行【文件】－【另存为】命令，将文件另存为“新会计准则资产负债表(实验)”。

资产负债表主界面的格式与 Excel 类似。将 B、C、E、F 列的所有单元格设置为居中对齐，所有单元格的属性中的数字格式选择为“数值”，其显示模式选择为“#,##0.00;-#,##0.00;""”。

### 2. 定义资产负债表取数公式

在资产负债表中已经定义了相应的公式，这里为了方便练习，先将所有的公式删除。定义取数公式的操作与利润表的取数公式操作是相同的，结果如图 11-7 所示。

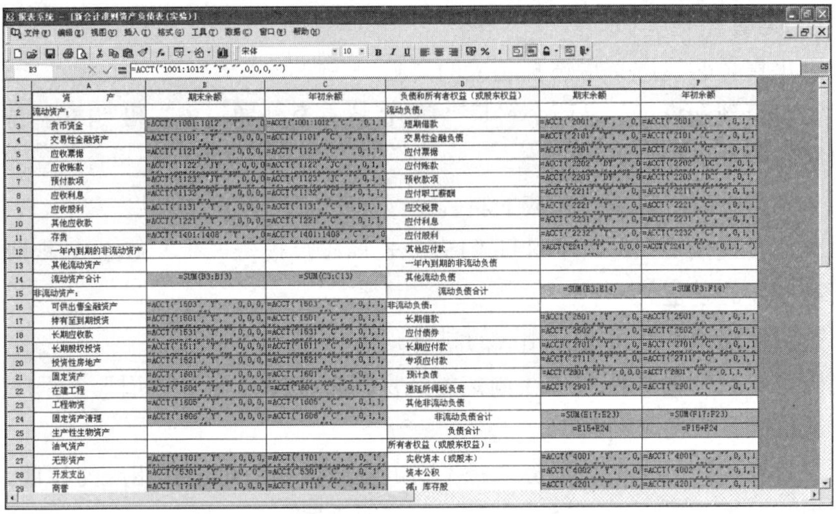

图 11-7　资产负债表的公式

在弹出的 ACCT 公式定义对话框中进行如下设置。

- 【科目】的选择在后面统一讲解。
- 【取数类型】：位于列【期末余额】的项目，选取“Y 期末余额”；位于列【年初余额】的项目，选取“C 期初余额”。
- 【货币】、【年度】不用设置。
- 【起始期间】：位于列【期末余额】的项目，不用填；位于列【年初余额】的项目填 1，表示取第一期的数据。
- 【结束期间】：位于列【期末余额】的项目，不用填；位于列【年初余额】的项目填 1，表示取第一期的数据。

对每个项目的解释如下。

**资产部分：**

- “货币资金”所对应的科目是“1001 现金”到“1012 其他货币资金”。
- “交易性金融资产”、“应收票据”的设置较简单，可选择相应的科目。
- “应收账款”是“1122 应收账款”与“2203 预收账款”之和。“取数类型”分别为“JY 借方期末余额”(对期末数而言)、“JC 借方期初余额”(对年初数而言)。

- “预付款项”是“1123 预付账款”与“2202 应付账款”之和。但“取数类型”分别为“JY 借方期末余额”(对期末数而言)、“JC 借方期初余额”(对年初数而言)。
- “应收利息”、“应收股利”、“其他应收账款”的设置较简单，可选择相应的科目。
- “存货”的科目选择是“1401 材料采购”到“1408 委托加工物资”，减去“1471 存货跌价准备”。
- “流动资产合计”的计算公式是以上各项之和。其计算公式的设置与 Excel 表格中的 SUM 函数类似。
- “可出售金融资产”可选择相应的科目。
- “持有至到期投资”是两个科目“1501 持有至到期投资”和“1502 持有至到期投资减值准备”的差值。
- “长期应收款”可选择相应的科目。
- “长期股权投资”是两个科目“1511 长期股权投资”和“1512 长期股权投资减值准备”的差值。
- “投资性房地产”可选择相应的科目。
- “固定资产”是科目“1601 固定资产”减去“1602 累计折旧”、“1603 固定资产减值准备”两个科目。
- “在建工程”、“工程物资”、“固定资产清理”可选择相应的科目。
- “生产性生物资产”、“油气资产”不用设置。
- “无形资产”是科目“1701 无形资产”减去“1702 累计摊销”、“1703 无形资产减值准备”两个科目。
- “开发支出”、“商誉”、“长期待摊费用”、“递延所得税资产”可选择相应的科目。
- “其他非流动资产”不用设置。
- “非流动资产合计”按照 Excel 表格中的 SUM 函数来设置。
- “资产总计”是以上“流动资产合计”、“非流动资产合计”的和。

负债部分：

- “短期负债”可选择相应的科目。
- “交易性金融负债”可选择相应的科目。
- “应付票据”可选择相应的科目。
- “应付账款”是“1123 预付账款”与“2202 应付账款”之和。但【取数类型】分别为“DY 贷方期末余额”(对期末数而言)，“DC 贷方期初余额”(对年初数而言)。

- “预收款项”是“1122 应收账款”与“2203 预收账款”之和。但【取数类型】分别为“DY 贷方期末余额”(对期末数而言)，“DC 贷方期初余额”(对年初数而言)。
- “应付职工薪酬”、“应交税费”、“应付利息”、“应付股利”、“其他应付款”可选择相应的科目。
- “其他流动负债”可不用设置。
- “流动负债合计”是以上各项之和，可按照 Excel 的 SUM 函数来设置。
- “长期借款”、“应付债券”、“长期应付款”、“专项应付款”、“预计负债”、“递延所得税负债”可选择相应的科目。
- “非流动负债合计”是以上各项之和，可按照 Excel 表格中的 SUM 函数来设置。
- “负债合计”是“流动负债合计”与“非流动负债合计”的和。

**所有者权益部分：**

- “实收资本(或股本)”、“资本公积”、“库存股”、“盈余公积”可选择相应的科目。
- “未分配利润”是两个科目“4103 本年利润”与“4104 利润分配”之和。
- “所有者权益合计”是以上各项之和，但应减去“库存股”。
- “负债和所有者权益总计”是“负债合计”与“所有者权益合计”之和。

### 3. 查询资产负债表

以财务部主管张婷的用户名登录系统。在 K/3 主界面，执行【财务会计】－【报表】－【(行业)-股份制】－【股份制资产负债表(实验)】命令，将弹出前面定义好的报表。选择菜单【视图】－【显示数据】，然后选择菜单【数据】－【报表重算】，可以看到，系统自动取数并形成了报表，如图 11-8 所示。

K3 报表系统 - [新会计准则资产负债表(实验)]

B3　=ACCT("1001:1012","Y","",0,0,0,"")

| | A | B | C | D | E | F |
|---|---|---|---|---|---|---|
| 1 | 资　　产 | 期末余额 | 年初余额 | 负债和所有者权益（或股东权益） | 期末余额 | 年初余额 |
| 2 | 流动资产： | | | 流动负债： | | |
| 3 | 货币资金 | 9,713,760.00 | 9,263,500.00 | 短期借款 | 50,000.00 | |
| 4 | 交易性金融资产 | | | 交易性金融负债 | | |
| 5 | 应收票据 | | | 应付票据 | | |
| 6 | 应收账款 | 3,000.00 | | 应付账款 | 35,500.00 | |
| 7 | 预付款项 | | | 预收款项 | | |
| 8 | 应收利息 | | | 应付职工薪酬 | | |
| 9 | 应收股利 | | | 应交税费 | -170,000.00 | -336,000.00 |
| 10 | 其他应收款 | | | 应付利息 | 250.00 | |
| 11 | 存货 | 246,000.00 | | 应付股利 | | |
| 12 | 一年内到期的非流动资产 | | | 其他应付款 | | |
| 13 | 其他流动资产 | | | 一年内到期的非流动负债 | | |
| 14 | 流动资产合计 | 9,962,760.00 | 9,263,500.00 | 其他流动负债 | | |
| 15 | 非流动资产： | | | 流动负债合计 | -84,250.00 | -336,000.00 |
| 16 | 可供出售金融资产 | | | 非流动负债： | | |
| 17 | 持有至到期投资 | | | 长期借款 | | -1,332,500.00 |
| 18 | 长期应收款 | | | 应付债券 | | |
| 19 | 长期股权投资 | | | 长期应付款 | | |
| 20 | 投资性房地产 | | | 专项应付款 | | |
| 21 | 固定资产 | 1,301,000.00 | 103,000.00 | 预计负债 | | |
| 22 | 在建工程 | | | 递延所得税负债 | | |
| 23 | 工程物资 | | | 其他非流动负债 | | |
| 24 | 固定资产清理 | | | 非流动负债合计 | | -1,332,500.00 |
| 25 | 生产性生物资产 | | | 负债合计 | -84,250.00 | -1,668,500.00 |
| 26 | 油气资产 | | | 所有者权益（或股东权益）： | | |
| 27 | 无形资产 | | | 实收资本（或股本） | 11,035,000.00 | 11,035,000.00 |
| 28 | 开发支出 | | | 资本公积 | | |
| 29 | 商誉 | | | 减：库存股 | | |

表页_1

计算完成，耗时 3.53秒　诚信电子公司　2015年第2期　张婷

图 11-8　资产负债表的计算结果

在报表中填好编制单位、年月等信息，单击【保存】按钮。

如果希望系统重新计算，执行【数据】—【报表重算】命令即可。

## 实验三 现金流量表

### 应用场景

通过编制企业的现金流量表，以反映企业现金流入与流出的信息。

### 实验步骤

- 现金流量表项目和参数设置。
- 编制现金流量表主表。
- 编制现金流量表附表。
- 查询现金流量表。

### 操作部门及人员

现金流量表的编制由财务部主管张婷负责，财务经理许静查询并审核报表。

### 实验前准备

直接采用前述完成的资产负债表设置账套。

### 实验数据

直接取总账系统中的相关数据，具体操作见下面的描述。

### 操作指导

#### 1. 现金流量表项目和参数设置

在 K/3 主界面中，执行【系统设置】—【基础资料】—【公共资料】—【现金流量项目】命令，在界面中列出了现金流量表项目，其设置的内容与财务部的规定相一致，不需要改动。

在 K/3 主界面中，执行【系统设置】—【基础资料】—【公共资料】—【科目】命令，打开【会计科目】对话框。选择页面左侧的【资产】—【流动资产】，双击与现金相关的科目，进入如图 11-9 所示的【会计科目-修改】对话框。确认“库存现金”、“其他货币资金”已经勾选【现金科目】属性，“银行存款”已经勾选【银行科目】属性。

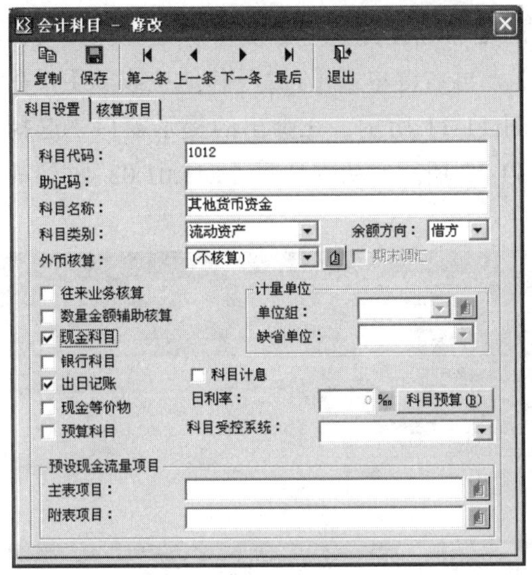


图 11-9　确认现金科目

## 2. 编制现金流量表主表

现金流量表主表的编制主要是通过 T 型账户法，将所有包含现金科目的凭证进行过滤，通过指定凭证内的现金科目对应的主表项目来编制。

在 K/3 主界面中，执行【财务会计】－【现金流量表】－【现金流量表】－【T 型账户】命令，在如图 11-10 所示的【过滤条件】窗口中设置币别为【综合本位币】，再设置期间。单击【确定】，打开【T 型账户】对话框。

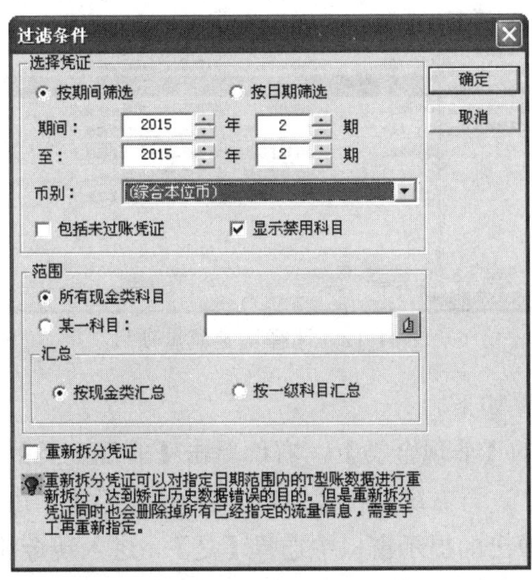


图 11-10　T 型账户过滤条件

借方的现金项目设置如下。

选择【借方】下面的【非现金类】，右键单击【非现金类】，在弹出的快捷菜单中选择【按下级科目展开】，再右键单击【1221-其他应收款】，在弹出的快捷菜单中选择【选择现金项目】，如图 11-11 所示。在弹出的提示窗口中选择【是】，进入现金流量项目的选择窗口，如图 11-12 所示。从中选择【CI1.01.03 收到其他与经营活动有关的现金】，双击返回。

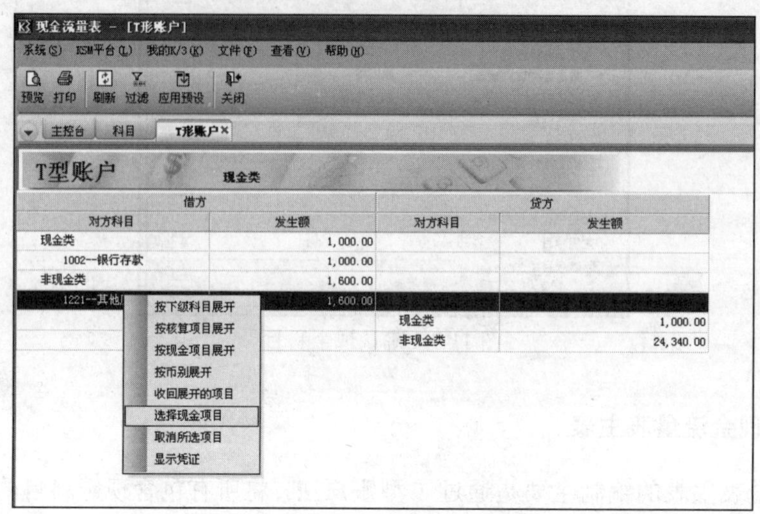


图 11-11　设置现金项目

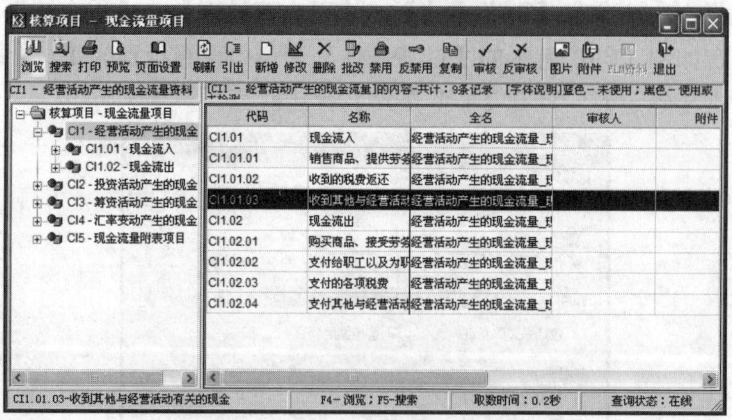

图 11-12　选择现金流量项目

贷方的现金项目设置如下。

选择【贷方】下面的【非现金类】。右键单击【非现金类】，在弹出的快捷菜单中选择【按下级科目展开】。再右键单击【1221-其他应收款】，在弹出的快捷菜单中选择【选择现金项目】，在弹出的提示窗口中选择【是】，进入现金流量表项目的选择窗口。从中选择对应的现金流量项目为【CI1.02.04 支付的其他与经营活动有关的现金】，双击返回。

以同样的方式设置“6603-财务费用”所对应的现金流量表的项目“CI4.01 现金流入”。

设置“6602-管理费用”所对应的现金流量项目为“CI1.02.04 支付的其他与经营活动有关的现金”。

### 3. 编制现金流量表附表

现金流量表附表是从净利润出发，调整相关资产、负债科目后编制而成。另外，附表的编制应基于主表进行。

在 K/3 主界面，执行【财务会计】－【现金流量表】－【现金流量表】－【附表项目】命令。在【过滤条件】对话框中，选择【币别】为“综合本位币”，单击【确定】，进入【现金流量表附表二】。双击【所有科目】，展开具体的科目明细。选择其中的一项具体明细，按照与主表相同的操作方式设置附表项目，具体的对应关系如下。

选择【6602-管理费用】，右键单击，选择【选择附表项目】，按照前面所讲的操作方法，设置所对应的现金流量项目为“CI5.01.16 其他”。

选择【6603-财务费用】，右键单击，选择【选择附表项目】，设置所对应的现金流量表的项目为“CI5.01.09 财务费用”。

### 4. 查询现金流量表

在 K/3 主界面中，执行【财务会计】－【现金流量表】－【现金流量表】－【现金流量表】命令，设置过滤条件为【期间】，并将币别设置为【综合本位币】，进入现金流量表主界面。系统将根据所设置的科目生成相应的数据报表，如图 11-13 所示。

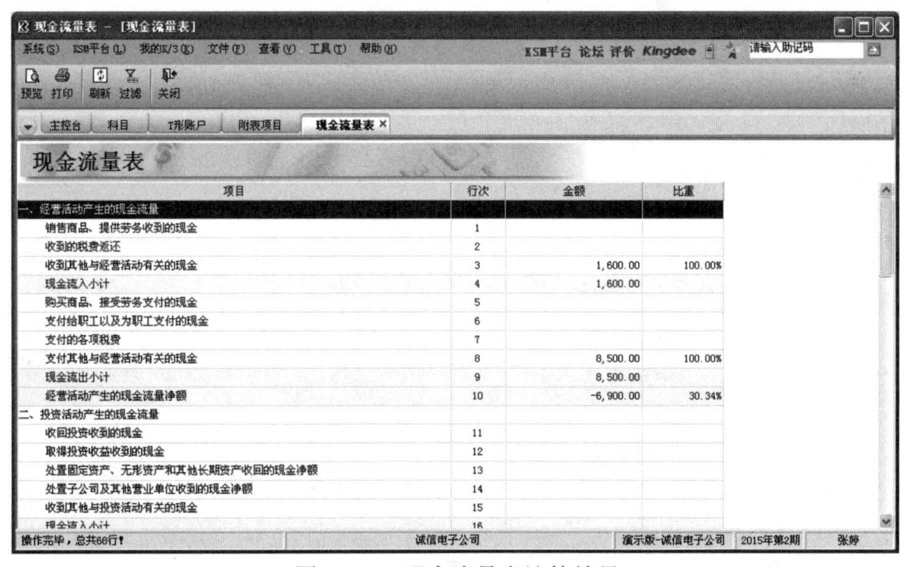


图 11-13　现金流量表计算结果

上述实验做完后，备份账套，备份文件名为“F 诚信电子公司(现金流量表)”。

# 第 12 章 成本管理

## 12.1 系统概述

成本是产品价值中物化劳动的转移价值和劳动者为自己劳动所创造的价值的货币表现。成本信息对企业管理有着重要的意义，成本是生产耗费的补偿尺度，是评估绩效的关键指标，是制定价格的重要依据，也是经营决策的重要参照。

实际业务中，由于数据来源繁多，收集困难，共享费用难以准确分配等，及时精确地核算成本对于许多企业来说一直是个难题。

成本管理系统通过与 ERP 各业务管理系统的集成，实现大部分成本核算数据的自动收集，有效地保证了数据的及时性、准确性和收集效率，并通过灵活的成本核算对象、费用分配方式的设置，实现成本准确核算，满足企业不同管理目标的需要。

### 12.1.1 成本管理基本业务处理流程

成本管理系统中的业务处理主要由以下几个部分组成，如图 12-1 所示。

(1) 数据录入：包括产量归集和费用归集。其中，产量归集是从投入产出的角度录入各环节的产量信息，内容包含投入产量、完工产量、废品产量、在产品盘点产量、在产品材料盘点、劳务耗用量；费用归集是指录入与产品成本相关的各要素费用的发生额，内容包含部门间共耗费用录入、材料费用录入、人工费用录入、折旧费用录入、其他费用录入、废品索赔录入。

以上数据可以直接在成本管理系统中手工录入或引入，也可以从集成的 ERP 系统中自动获取。

(2) 分配标准：包括分配标准设置和分配标准数据录入。其中，分配标准设置是进行各种共耗费用、在产品成本分配及分类法成本分配所采用的具体分配标准的定义；分配标准数据录入提供所有的系统预设分配标准和所有用户自定义非复合类分配标准的数据录入，内容包含系统预设分配标准数据录入、实际工时录入、用户自定义分配标准数据录入、副产品标准成本录入、材料定额(标准用量)查询、材料定额(投料单)查询，它与分配标准定义和分配标准设置功能相互对应并相辅相成，是费用分配和成本分摊是否准确的关键所在。

(3) 费用分配：提供所有归集费用的分配。其中，“材料费用分配”用于分配正常生产耗用的所有生产领料单；“制造费用分配”用于分配所有转入制造费用的费用单据；“辅助生产费用分配”用于分配耗用部门为辅助生产部门的费用单据；“其他费用分配”用于分配人工、折旧以及其他非系统预设的要素费用单据；“部门间共耗费用分配”用于分配基本生产车间之间共同耗用的无法直接确认属于哪个部门的费用；“废品共耗费用分配”用于分配修复废品过程中领用的共耗材料费用、制造费用、辅助生产费用、其他费用。

(4) 产品成本计算：提供各类费用自动分配(含废品耗用)、成本计算合法性检查、产品实际成本计算，以及废品损失计算等重要过程。整个业务流程是通过向导来实现的，用户可以通过对各个界面进行操作选择，从而实现满意的操作结果。在此过程中，突出和集中了成本管理整个业务流程的运算过程，还提供了产品成本计算完成后的各类报表。

(5) 订单成本：指对分批法核算成本的成本对象按照某一原单号进行成本跟踪的过程。这里的原单可以是某一销售订单、某一生产任务单、某一合同，甚至是虚拟的某一成本对象组。用户使用成本跟踪功能前需要首先在对应分批法成本对象的“对应原单号”字段中填入需跟踪的对象。

(6) 期末处理：包括凭证生成和期末结账处理。

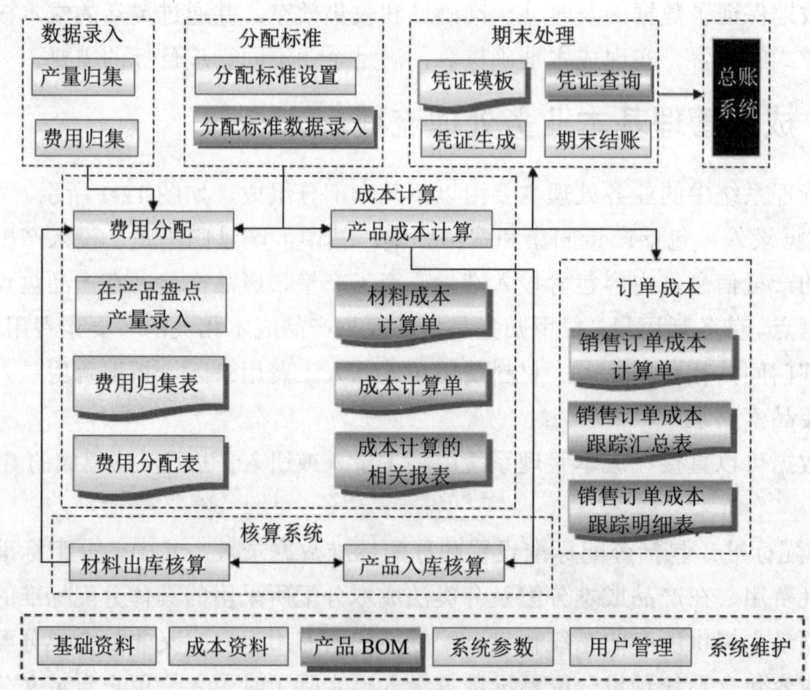


图 12-1 成本管理系统整体流程

## 12.1.2　重点功能概述

### 1. 成本对象

成本对象是成本费用归集、分配、核算、控制、分析等管理活动的对象，成本对象的属性决定了成本计算的方法。金蝶 K/3 ERP 系统中支持 4 种成本计算方法：品种法、分步法、分批法、分类法，并对应 4 种成本计算的对象。

(1) 品种法、分步法成本对象

默认为取物料属性为自制或配置类并且计价方法为非分批计价法的物料(作为预设)。为保持品种法、分步法的成本对象与自制物料一致，不允许直接在成本对象资料中增加品种法、分步法的成本对象，新增自制或配置类物料时自动增加对应的成本对象。此类成本对象不允许修改、删除，只能通过对自制或配置类物料的修改、删除操作实现成本对象的修改、删除。

(2) 分批法成本对象

只有物料计价方法为“分批认定法(批内移动平均法)”、“分批认定法(批内先进先出法)”、“分批认定法(批内加权平均法)”的自制类或配置类产品才能被定义为批次成本对象，批次成本对象的批号为必录项，可按 F7 键选库存批号，也可手工录入。

(3) 分类法成本对象

可选多个物料计价方法为非“分批认定法(批内移动平均法)”、“分批认定法(批内先进先出法)”、“分批认定法(批内加权平均法)”的自制物料作为一个类别成本对象，对应的明细产品必为两个以上。

### 2. 要素费用

要素费用是对生产费用按发生的经济内容进行的分类，系统预设了 3 种要素费用：材料费用、人工费用、折旧费用，可根据管理要求自定义要素费用。

### 3. 成本项目

生产费用按不同用途划分为成本对象的成本项目，系统预设了三种成本项目：直接材料、直接人工、制造费用，可根据实际情况细化。

### 4. 实际成本

以产品、产品+批次、产品组+产品为核算对象，以实际投入的数量和应支付的金额进行成本核算，实际成本体系可分别按实际成本、作业成本、日成本进行核算。

日成本核算跟实际成本类似，只是实际成本一般按照月核算，日成本可以自定义更短的计算期间，如按天、按周等进行成本核算。

作业成本核算的颗粒度较细，成本核算也更精确，对企业生产和车间管理精细度有很高的要求，一般大企业和管理水平较高的企业才会使用作业成本。

5. 标准成本

以事先制订的标准成本进行核算，过程简单，注重分析差异产生的原因。

标准成本系统集成采购管理、仓存管理、计划基础数据、生产任务管理、车间作业管理及总账等系统，提供以标准成本为基础的核算、管理流程。根据企业不同的业务管理状况，标准成本提供 3 个层级的应用策略：物料级、任务单级、工序跟踪任务单级。在标准成本业务数据发生前，用户可以通过系统参数“标准成本体系应用策略”设置应用级次。标准成本核算方法在外资企业应用较多，有一定的管理基础。

## 12.1.3 与其他系统的关系

成本管理系统与其他系统的关系如图 12-2 所示。

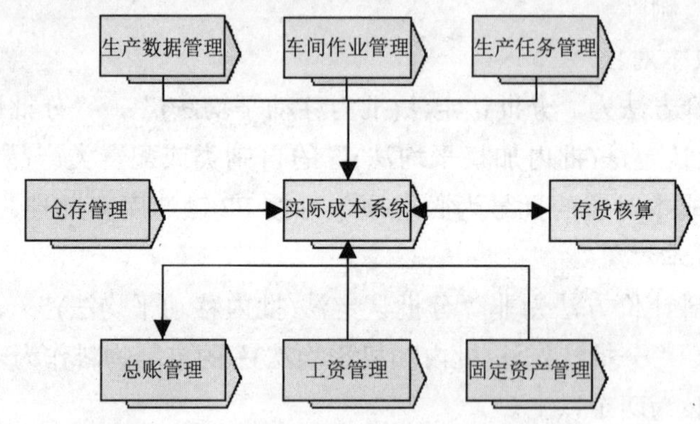


图 12-2　成本管理系统关系图(实际成本)

(1) 与生产数据管理系统的接口：生产数据管理系统提供与 BOM 相关的数据和信息。

(2) 与仓存管理系统的接口：仓存管理系统的生产领料单提供成本系统的材料费用数据来源，仓存管理系统的产品入库单提供成本系统的完工产量数据来源。

(3) 与生产任务管理系统的接口：提供投入产量、废品产量和工时耗用信息。

(4) 与车间作业管理系统的接口：提供工时耗用和计时计件工资信息。

(5) 与存货核算系统的接口：在成本系统中可直接调用存货核算的材料出库核算、产品出库核算、委外加工入库核算，成本系统为存货核算系统提供产品入库成本数据。

(6) 与固定资产管理系统的接口：固定资产管理系统提供折旧费用数据。

(7) 与工资管理系统的接口：工资管理系统提供人工费用数据。

(8) 与总账系统的接口：总账系统的折旧费用、人工费用、其他费用凭证提供成本系统的折旧费用、人工费用、其他费用的数据来源；成本管理系统中的业务数据生成的凭证自动传入总账系统。

## 12.2　实验练习

### 实验一　初始化设置

**应用场景**

以实际成本为例进行成本管理系统的操作练习，在开始业务处理前，需要进行初始的业务数据设置及相关参数设置，设置顺序如下所示：

基础资料设置→系统参数设置→初始化设置

**实验步骤**

- 设置基础资料：物料、部门属性、成本对象、劳务。
- 设置系统参数。
- 分配标准定义。
- 设置初始化数据。

**操作部门及人员**

成本管理初始化设置由财务部系统管理员许静负责。

**实验前准备**

- 将系统日期调整为 2015-02-01。
- 恢复前述备份账套“F 诚信电子公司(费用管理)”。

**实验数据**

(1) 物料属性如表 12-1 所示。

表 12-1　物料属性

| 物料代码 | 物料名称 | 物料属性 | 成本项目 | 参与结转式成本还原 | 上级组 |
|---|---|---|---|---|---|
| 01.02 | MP3 | 自制 | | 是 | 产成品 |
| 03.04 | MP3 芯片 | 外购 | 直接材料 | 是 | 原材料 |
| 03.05 | MP3 面板 | 外购 | 直接材料 | 是 | 原材料 |

原材料组的物料设置存货科目：1403。销售收入科目：6051。销售成本科目：6402。计价方法为加权平均法，计量单位组为“存货组”，计量单位为“个”，其他参数采用系统默认选项。

(2) 部门设置如表 12-2 所示。

表 12-2 部门属性

| 部门代码 | 部门名称 | 部门属性 | 成本核算类型 |
|---|---|---|---|
| 005.03 | 辅助生产车间 | 车间 | 辅助生产部门 |

(3) 成本对象如表 12-3 所示。

表 12-3 成本对象

| 成本对象代码 | 成本对象名称 | 成本计算方法 | 对应自制物料代码 |
|---|---|---|---|
| 01.02 | MP3 | 品种法 | 01.02 |
| 01.04 | 移动存储器 | 品种法 | 01.04 |

(4) 劳务设置如表 12-4 所示。

表 12-4 劳务

| 劳务代码 | 劳务名称 | 计量单位 | 单位标准成本 | 默认成本项目 | 数量精度 | 单价精度 | 劳务供应部门 |
|---|---|---|---|---|---|---|---|
| 01 | 劳务 | 个 | 1 000 | 制造费用 | 0 | 0 | 辅助生产车间 |

(5) 成本项目和费用要素直接使用系统预设。

(6) 核算参数设置如表 12-5 所示。

表 12-5 基础设置与维护(会计期间)

| 项 目 | 值 |
|---|---|
| 启用年度和启用期间 | 2015.02 |

(7) 成本资料设置(费用分配标准)如表 12-6 所示。

表 12-6 分配标准自定义(费用分配标准)

| 费用分配标准 | 值 | 备 注 |
|---|---|---|
| 投入产量 | [投入产量]=[本期投入产量] | |

(8) 分配标准设置如表 12-7 所示。

表 12-7　分配标准设置

| 项　　目 | 值 | 备　　注 |
|---|---|---|
| 部门间费用分配标准<br>(统一设置)(所有要素费用) | 实际完工产量 | 各基本生产部门共耗费用的分配标准 |
| 共耗材料费用分配标准<br>(统一设置) | 投入产量 | 正常生产耗用的材料共耗费用在基本生产部门已投产的成本对象间分配的标准，可按部门设置，也可统一设置 |
| 其他共耗费用分配标准<br>(统一设置)(所有要素费用) | 实际完工产量 | 除材料费用以外的其他共耗要素费用在基本生产部门已投产的成本对象间分配的标准，可按部门设置，也可统一设置 |
| 辅助生产费用分配标准<br>(统一设置) | 实际完工产量 | 辅助费用分配至成本对象时需要的分配标准，可按基本生产部门+劳务设置，也可统一设置 |
| 制造费用分配标准 | 实际完工产量 | 基本生产部门发生的各要素费用中转入制造费用且用途不是“修复废品费用”的共耗费用设置分配标准 |
| 在产品成本分配标准<br>(统一设置) | 按完工产品计算<br>其中：材料成本分配标准设置为“参与分配标准列分配” | 在共耗费用分配后，对按成本对象+成本项目归集的期初在产品成本与本期发生成本之和在本期完工产量与期末在产品产量之间分配的标准，可统一设置，也可按成本对象设置 |
| 物料对应共耗分配标准<br>(统一设置) | 实际完工产量 | 对物料设置的标准是用于当该物料被作为“共耗费用”领用的时候，材料费用分配或修复废品共耗材料费用分配时可引用的分配标准，不作为在产品和产成品之间的成本分摊使用，可统一设置也可按物料设置 |

(9) 初始化数据如表 12-8 和 12-9 所示。

表 12-8　初始化数据(生产一车间)

| 成本对象代码 | 材料名称 | 期初在产品产量 | 本年累计完工产量 | 成本项目代码 | 成本项目名称 | 材料明细 | 期初在产品成本 | 本年累计发生费用 | 本年累计完工成本 |
|---|---|---|---|---|---|---|---|---|---|
| 01.02 | MP3 | 100 | | 4001 | 直接材料 | | 6 000 | 6 000 | |
| | | | | 4002 | 直接人工 | | 7 000 | 7 000 | |
| | | | | 4003 | 制造费用 | | 2 000 | 2 000 | |

表 12-9 材料明细

| 材料代码 | 材料名称 | 数量 | 单价 | 金额 | 本年累计发生材料数量 | 本年累计发生材料成本 | 本年累计完工发生材料数量 | 本年累计完工发生材料成本 |
|---|---|---|---|---|---|---|---|---|
| 03.04 | MP3芯片 | 100 | 10 | 1 000 | 100 | 1 000 | | |
| 03.05 | MP3面板 | 100 | 50 | 5 000 | 100 | 5 000 | | |

生产二车间初始化数据为零。

## ↗ 操作指导

### 1. 设置基础资料

将系统日期设置为 2015 年 2 月 1 日。

(1) 以财务部经理许静的身份登录 K/3 主控台。进入路径为：【开始】－【程序】－【金蝶 K/3 WISE】－【金蝶 K/3 WISE】。

(2) 设置物料。

在 K/3 主界面，执行【系统设置】－【基础资料】－【公共资料】－【物料】命令，打开【基础平台-物料】窗口。在【物料】列表中，找到“01.02 MP3”物料，双击弹出【物料-修改】窗口，依据实验数据完成属性的修改。

在 K/3 系统主界面，执行【系统设置】－【基础资料】－【公共资料】－【物料】命令，打开【基础平台-物料】对话框。单击【新增】，打开【物料-新增】对话框，如图 12-3 所示。单击【上级组】，先新增物料组，如“02 半成品”、“03 原材料”，然后根据实验数据完成原材料组下面明细物料的新增。

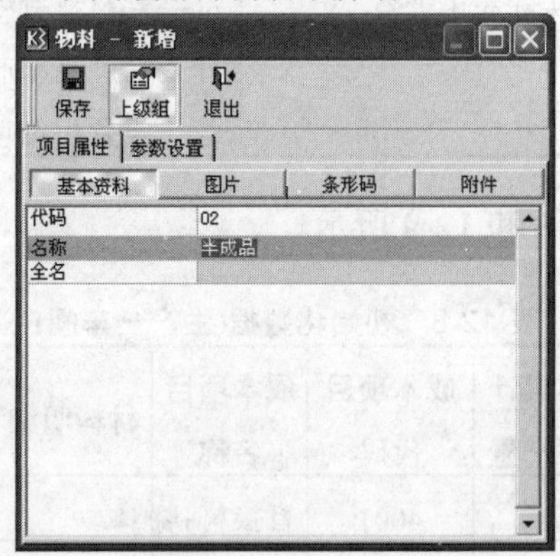


图 12-3 物料组设置

(3) 设置部门。

在 K/3 主界面，执行【系统设置】－【基础资料】－【公共资料】－【部门】命令，打开【基础平台-部门】窗口。在【部门】列表中，单击【新增】，打开【部门-新增】

对话框，如图 12-4 所示，依据实验数据完成部门的新增。

图 12-4　部门设置

(4) 成本对象查看。

在 K/3 主界面，执行【系统设置】－【基础资料】－【公共资料】－【成本对象】命令，打开【基础平台-成本对象】窗口。在【成本对象】列表中，找到“01.02 MP3”，双击弹出【修改成本对象】窗口，如图 12-5 所示，依据实验数据进行成本对象属性的查看或修改。

注意

属性为自制或配置类并且计价方法为非分批计价法的物料(作为预设)，不允许直接在成本对象资料中增加品种法、分步法的成本对象，系统会根据符合这些条件的物料自动生成相应的成本对象。

图 12-5　成本对象设置

(5) 设置劳务。

在 K/3 系统主界面，执行【系统设置】—【基础资料】—【公共资料】—【劳务】命令，打开【基础平台-劳务】对话框。单击【新增】，打开【劳务-新增】对话框，如图 12-6 所示，根据实验数据完成劳务的新增。

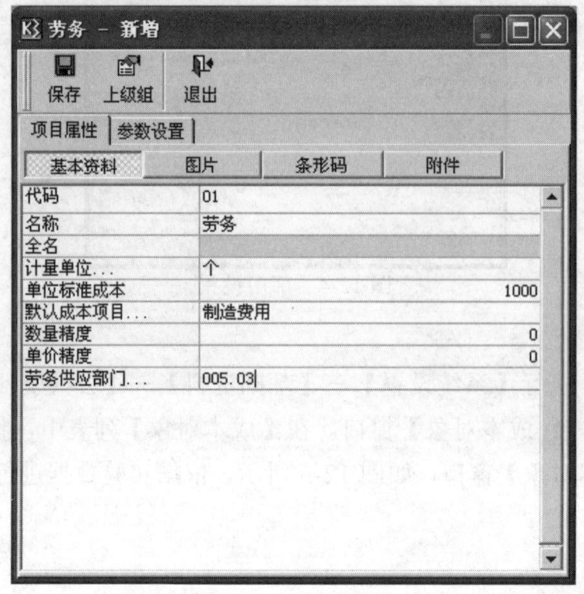


图 12-6　劳务设置

(6) 查看成本项目和费用要素。

在 K/3 主界面，执行【系统设置】—【基础资料】—【公共资料】—【成本项目】命令，打开【基础平台-[成本项目]】窗口，如图 12-7 所示，在此窗口进行系统预设成本项目的查看，了解预设成本项目的类别。

在 K/3 主界面，执行【系统设置】—【基础资料】—【公共资料】—【要素费用】命令，打开【基础平台-[要素费用]】窗口，查看系统预设的要素费用，如图 12-8 所示。

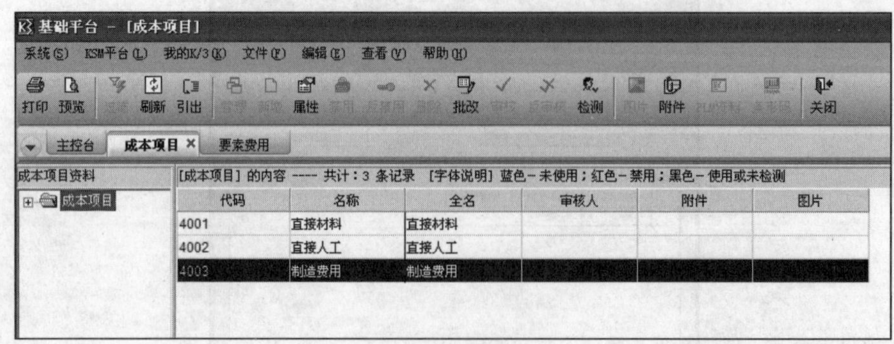


图 12-7　查看成本项目

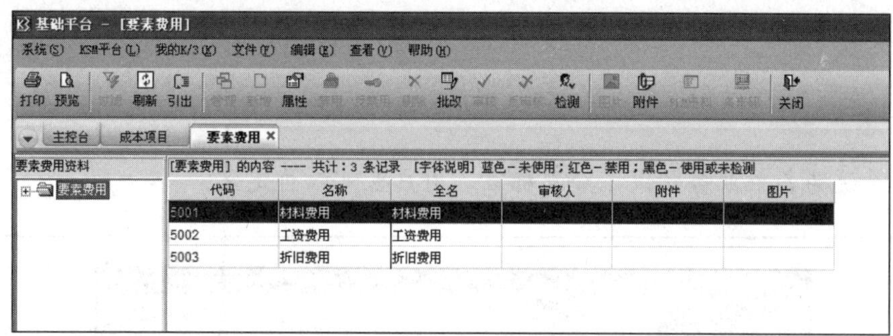

图 12-8 查看费用要素

### 2. 设置系统参数

在 K/3 主界面，执行【系统设置】－【系统设置】－【实际成本】－【基础设置与维护】命令，进入【实际成本系统[基础设置与维护]】窗口，如图 12-9 所示。选择【账套参数设置】页签，依据实验数据完成会计期间启用年期的设置。

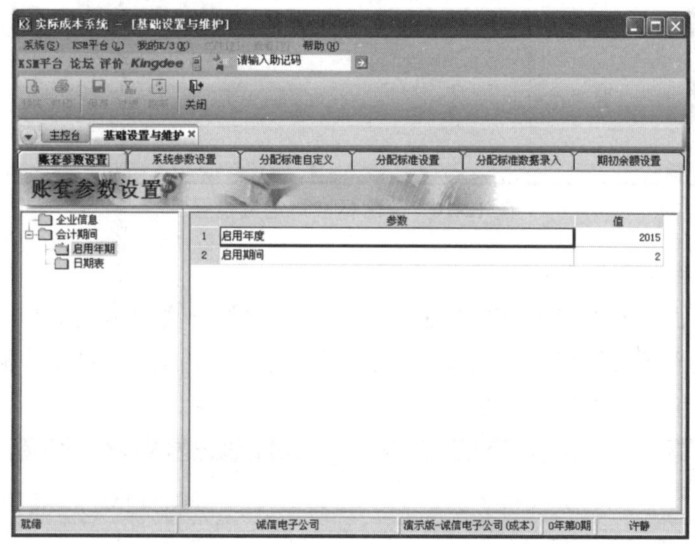

图 12-9 基础设置与维护(启用会计期间)

### 3. 分配标准设置

(1) 分配标准自定义查看。

在 K/3 主界面，执行【系统设置】－【系统设置】－【实际成本】－【基础设置与维护】命令，进入【实际成本系统-[基础设置与维护]】窗口，如图 12-10 所示。选择【分配标准自定义】页签，选中“费用分配标准”，单击工具栏中的【新增】按钮，在弹出的窗口中依据实验数据进行费用分配标准的新增。另外，可在【分配标准自定义】列表进行系统预设各项分配标准的查看。

**注意**

系统为各个业务预设了分配标准，用户也可以自定义。

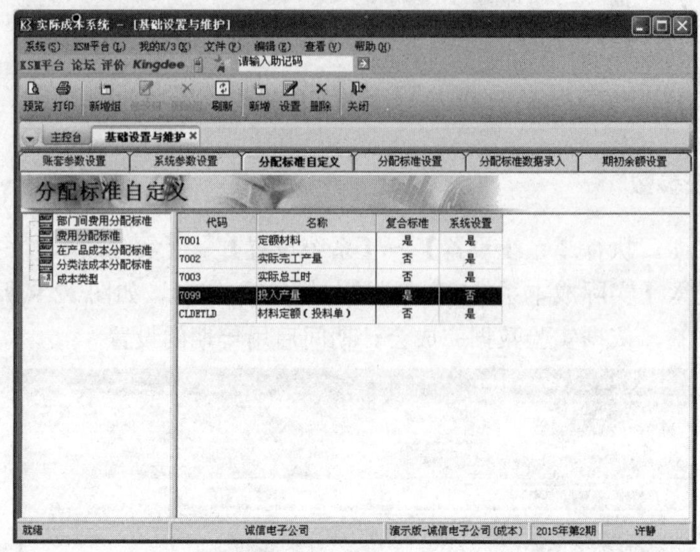


图 12-10　分配标准自定义设置

(2) 分配标准设置。

在 K/3 主界面，执行【系统设置】－【系统设置】－【实际成本】－【基础设置与维护】命令，进入【实际成本系统-[基础设置与维护]】窗口，选择【分配标准设置】页签，如图 12-11 所示，根据实验数据进行分配标准的设置。

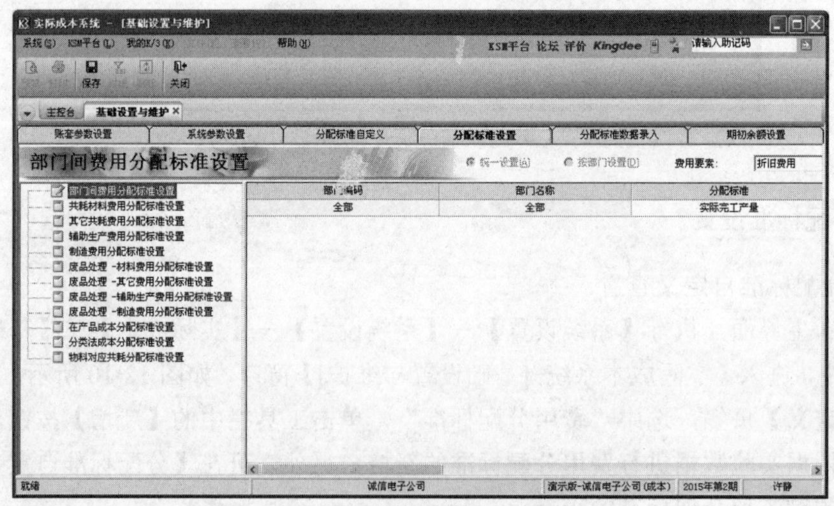


图 12-11　分配标准设置

(3) 分配标准数据录入。

在 K/3 主界面，执行【系统设置】—【系统设置】—【实际成本】—【基础设置与维护】命令，进入【基础设置与维护】窗口，选择【分配标准数据录入】页签，可进行系统预设或自定义分配标准数据的录入。此案例中，我们选择的分配标准为“实际完工产量”和“本期投入产量”，将直接从产量归集中的“完工产量录入”和“投入产量录入”中取数，不用重复维护。

### 4. 录入初始数据

在 K/3 主界面，执行【系统设置】—【初始化】—【实际成本】—【基础设置与维护】命令，选择【期初余额设置】页签，系统弹出【过滤】窗口。从中选取部门为“005.01 生产一车间”，单击【确定】后进入【期初余额录入】窗口。单击【新增】按钮，系统弹出【成本对象选择】窗口，选择“01.02 MP3”，系统将显示成本对象“01.02 MP3”的初始数据维护界面。在此界面，依据实验数据完成材料明细及其余初始数据的录入，如图 12-12 所示。其中材料明细的录入通过单击【材料明细】栏的[...]按钮进入，如图 12-13 所示。完成期初余额录入后，单击【保存】按钮保存数据。

期初余额录入　部门：生产车间_生产一车间

|  | 成本对象代码 | 成本对象名称 | 产品规格型号 | 期初在产品产量 | 本年累计完工产量 | 成本项目代码 | 成本项目名称 | 材料明细 | 期初在产品成本 | 本年累计发生费用 | 本年累计完 |
|---|---|---|---|---|---|---|---|---|---|---|---|
| 1 | 01.02 | MP3 |  | 100.00 | 0.00 | 4001 | 直接材料 | ... | 6000.00 | 6000.00 |  |
| 2 |  |  |  |  |  | 4002 | 直接人工 |  | 7000.00 | 7000.00 |  |
| 3 |  |  |  |  |  | 4003 | 制造费用 |  | 2000.00 | 2000.00 |  |
| 4 |  |  |  |  |  | 小计 |  |  | 15000.00 | 15000.00 |  |
| 5 |  |  |  |  |  | 合计 |  |  | 15000.00 | 15000.00 |  |

图 12-12　期初余额录入

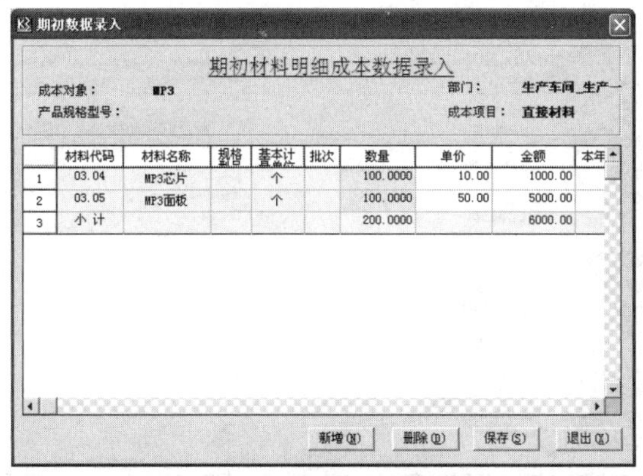


图 12-13　材料明细录入

### 5. 结束初始化

在结束初始化之前，需要先完成存货核算系统的参数设置。执行【系统设置】—【初始化】—【存货核算】—【系统参数设置】命令，如图 12-14 所示。按照向导提示完成核算期间的设置，核算启用期间设置为 2015.2 期，其余选项采用系统默认，然后单击【系统设置】—【初始化】—【存货核算】—【启用业务系统】命令，完成供应链业务系统的启用。

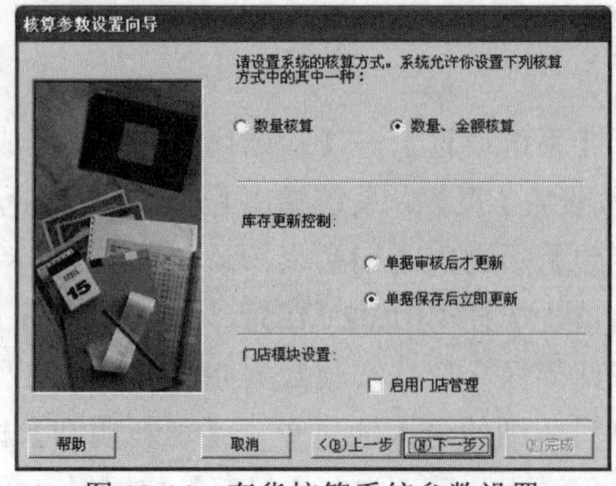


图 12-14　存货核算系统参数设置

如图 12-15 所示，执行【系统设置】—【初始化】—【实际成本】—【结束初始化】命令，在系统弹出的提示窗口中，单击【确定】按钮，结束初始化工作。

注意

① 一旦结束初始化，所有的初始数据将不能再修改、再录入。

② 如果发现初始化数据错误，可以通过反初始化再进行修改。

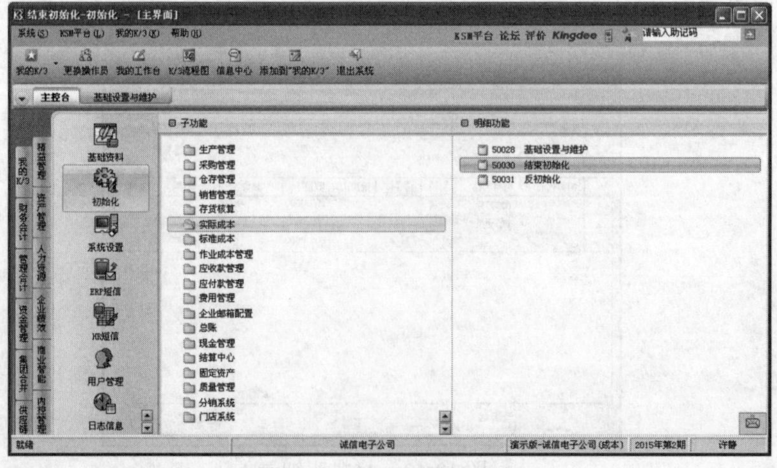


图 12-15　结束初始化

## 实验二　成本计算(实际成本)

### 应用场景

财务部进行自制产成品实际成本的计算，其中生产一车间生产产品 MP3；生产二车间生产产品 MP3 和移动存储器，这两个产品所用的原材料假设都是 MP3 芯片和 MP3 面板。辅助生产车间提供的劳务用于生产一车间和生产二车间的生产。

### 实验步骤

- 产量归集。
- 费用归集。
- 费用分配。
- 成本计算。

### 操作部门及人员

成本计算业务由财务部系统管理员许静负责。

### 实验前准备

按照前述账套继续操作。

### 实验数据

(1) 完工产量如表 12-10 所示。

表 12-10　完工产量

| 生产车间 | 物料代码 | 物料名称 | 计量单位 | 数量 |
|---|---|---|---|---|
| 生产一车间 | 01.02 | MP3 | 个 | 50 |
| 生产二车间 | 01.02 | MP3 | 个 | 100 |
| 生产二车间 | 01.04 | 移动存储器 | 个 | 50 |

(2) 劳务耗用量如表 12-11 所示。

表 12-11　劳务耗用量

| 生产车间 | 受益车间 | 劳务代码 | 数量 |
|---|---|---|---|
| 辅助生产车间 | 生产一车间 | 01 | 2 |
| 辅助生产车间 | 生产二车间 | 01 | 3 |

(3) 投入产量如表 12-12 所示。

表 12-12　投入产量

| 生产车间 | 成本对象代码 | 成本对象名称 | 数量 |
| --- | --- | --- | --- |
| 生产二车间 | 01.02 | MP3 | 100 |
| 生产二车间 | 01.04 | 移动存储器 | 100 |

(4) 部门间共耗费用如表 12-13 所示。

表 12-13　部门间共耗费用

| 要素费用代码 | 要素费用名称 | 成本项目代码 | 成本项目名称 | 分配标准代码 | 分配标准名称 | 金额 | 费用代码科目 | 用途 |
| --- | --- | --- | --- | --- | --- | --- | --- | --- |
| 5002 | 工资费用 | 4002 | 直接人工 | 7002 | 实际完工产量 | 30 000 | 5101 | 一般耗用 |
| 5003 | 折旧费用 | 4003 | 制造费用 | 7002 | 实际完工产量 | 3 000 | 5101 | 一般耗用 |

(5) 材料费用录入如表 12-14 所示。

表 12-14　材料费用录入

| 领料部门 | 物料代码 | 物料名称 | 计量单位 | 实发数量 | 单价 | 金额 |
| --- | --- | --- | --- | --- | --- | --- |
| 生产二车间 | 03.04 | MP3 芯片 | 个 | 200 | 10 | 2 000 |
| 生产二车间 | 03.05 | MP3 面板 | 个 | 200 | 50 | 10 000 |

(6) 人工费用录入如表 12-15 所示。

表 12-15　人工费用录入

| 部门代码 | 部门名称 | 成本项目代码 | 成本项目名称 | 金额 | 费用科目代码 | 工资科目代码 |
| --- | --- | --- | --- | --- | --- | --- |
| 005.02 | 辅助生产车间 | 4002 | 直接人工 | 5 000 | 6002.03 | 2211 |

(7) 折旧费用录入如表 12-16 所示。

表 12-16　折旧费用录入

| 部门代码 | 部门名称 | 成本对象代码 | 成本对象名称 | 成本项目代码 | 成本项目名称 | 金额 | 费用科目代码 | 折旧科目代码 |
| --- | --- | --- | --- | --- | --- | --- | --- | --- |
| 005.01 | 生产一车间 | MaterielShareID | 共耗费用 | 4003 | 制造费用 | 2 000 | 5101 | 1602 |

## ➚ 操作指导

### 1. 产量归集

(1) 投入产量录入。

在 K/3 主界面，执行【成本管理】－【实际成本】－【产量与工时归集】－【投入产量录入】命令，在弹出的【条件过滤】对话框中，单击【确认】按钮，进入【投入产量录入】列表。单击列表工具栏中的【新增】按钮，系统弹出【投入产量录入-新增】窗口，如图 12-16 所示，依据实验数据完成生产二车间投入产量的录入。

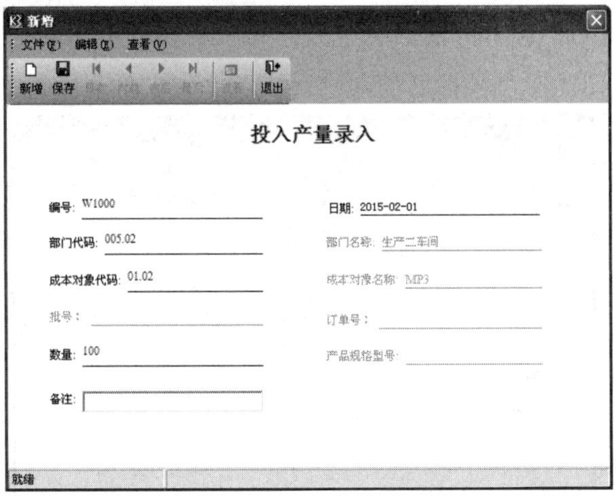

新增
文件(F)　编辑(E)　查看(V)
新增　保存　退出

投入产量录入

编号: W1000　　日期: 2015-02-01
部门代码: 005.02　　部门名称: 生产二车间
成本对象代码: 01.02　　成本对象名称: MP3
批号:　　订单号:
数量: 100　　产品规格型号:
备注:

就绪

图 12-16　投入产量录入

(2) 完工产量录入。

在 K/3 主界面，执行【成本管理】－【实际成本】－【产量与工时归集】－【完工产量录入】命令，在弹出的【条件过滤】对话框中，单击【确认】按钮，进入【产品入库】列表。单击列表工具栏中的【新增】按钮，系统弹出【产品入库单-新增】窗口，如图 12-17 所示，依据实验数据完成生产一车间、生产二车间完工产量的录入。单据录入完成后，审核单据。

图 12-17　实际产量录入

(3) 劳务耗用量录入。

在 K/3 主界面，执行【成本管理】－【实际成本】－【产量与工时归集】－【劳务耗用量录入】命令，在弹出的【条件过滤】对话框中，单击【确认】按钮，进入【劳务耗用量录入】列表。单击列表工具栏中的【新增】按钮，系统弹出【劳务耗用量录入-新增】窗口，如图 12-18 所示，依据实验数据完成生产一车间、生产二车间劳务耗用量的录入。

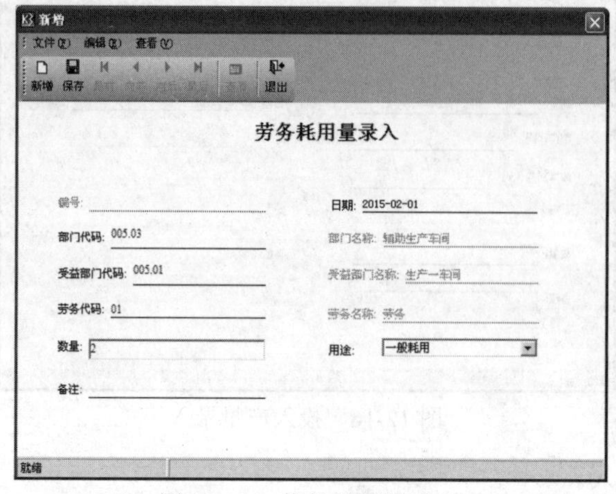


图 12-18 劳务耗用量录入

## 2. 费用归集

(1) 部门间共耗费用录入。

在 K/3 主界面，执行【成本管理】－【实际成本】－【费用归集】－【部门间共耗费用录入】命令，在弹出的【过滤】对话框中，单击【确定】按钮，进入【部门间共耗费用录入】列表。单击列表工具栏中的【新增】按钮，系统弹出【部门间共耗费用录入-新增】窗口，如图 12-19 所示，依据实验数据完成部门间共耗费用的录入。

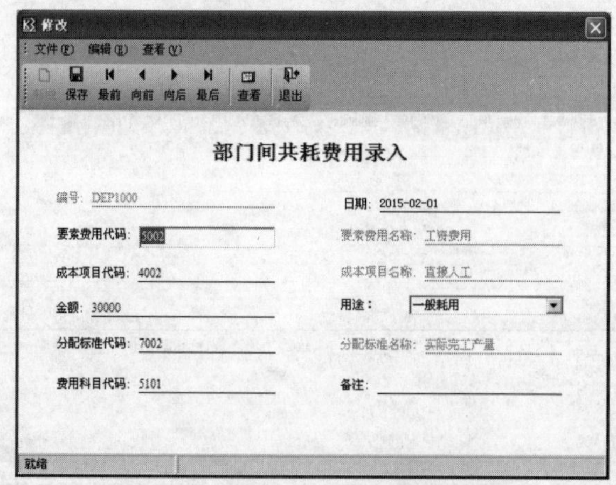


图 12-19 部门间共耗费用录入

(2) 材料费用录入。

在 K/3 主界面，执行【成本管理】－【实际成本】－【费用归集】－【材料费用录入】命令，在弹出的【条件过滤】对话框中，单击【确定】按钮，进入【材料费用录入】列表。单击列表工具栏中的【新增】按钮，系统弹出【领料单-新增】窗口，如图 12-20 所示，依据实验数据完成材料费用的录入，新增成功后方可修改单价。单据录入无误后，审核单据。

**注意**

在材料费用录入之前，需要通过下列操作将仓库设置为允许负结存，否则只有先作材料入库，才能进行领料出库。具体方法是：执行【系统设置】-【基础数据】-【公共资料】-【仓库】命令，在弹出的【仓库】列表中选中对应的仓库，双击进入仓库修改界面，选中【允许负结存】，再单击【保存】按钮完成修改。

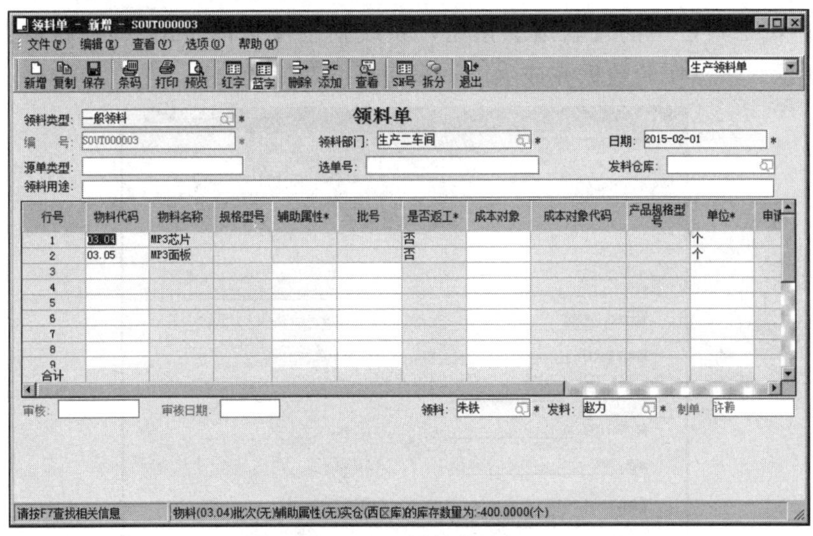


图 12-20 领料单录入

(3) 人工费用录入。

在 K/3 主界面，执行【成本管理】－【实际成本】－【费用归集】－【人工费用录入】命令，在弹出的【过滤】对话框中，单击【确定】按钮，进入【人工费用录入】列表。单击列表工具栏中的【新增】按钮，系统弹出【人工费用录入-新增】窗口，如图 12-21 所示，依据实验数据完成辅助生产车间人工费用的录入。

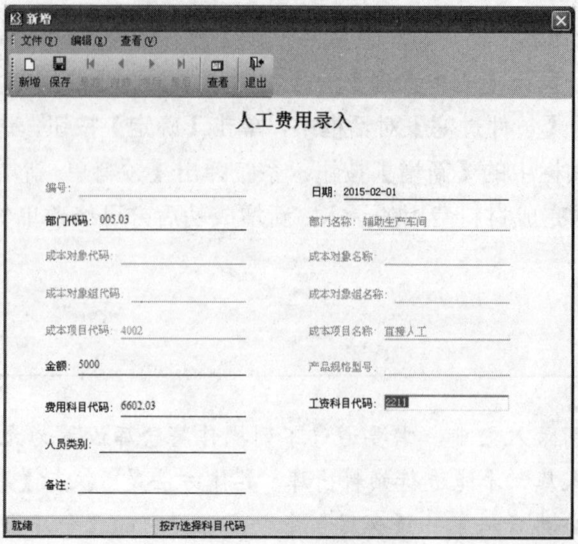

新增
文件(F) 编辑(E) 查看(V)
新增 保存 查看 退出
人工费用录入
编号:
日期: 2015-02-01
部门代码: 005.03
部门名称: 辅助生产车间
成本对象代码:
成本对象名称:
成本对象组代码:
成本对象组名称:
成本项目代码: 4002
成本项目名称: 直接人工
金额: 5000
产品规格型号:
费用科目代码: 6602.03
工资科目代码: 2211
人员类别:
备注:
就绪
按F7选择科目代码

图 12-21　人工费用录入

(4) 折旧费用录入。

在 K/3 主界面，执行【成本管理】－【实际成本】－【费用归集】－【折旧费用录入】命令，在弹出的【过滤】对话框中，单击【确定】按钮，进入【折旧费用录入】列表。单击列表工具栏中的【新增】按钮，系统弹出【折旧费用录入-新增】窗口，如图 12-22 所示，依据实验数据完成生产一车间折旧费用的录入。

新增
文件(F) 编辑(E) 查看(V)
新增 保存 退出
折旧费用录入
编号:
日期: 2015-02-01
部门代码: 005.01
部门名称: 生产一车间
成本对象代码: MaterielShareID
成本对象名称: 共耗费用
成本对象组代码:
成本对象组名称:
成本项目代码: 4003
成本项目名称: 制造费用
金额: 3000
产品规格型号:
费用科目代码: 5101
折旧科目代码: 1602
固定资产类别:
用途: 一般耗用
备注:
就绪

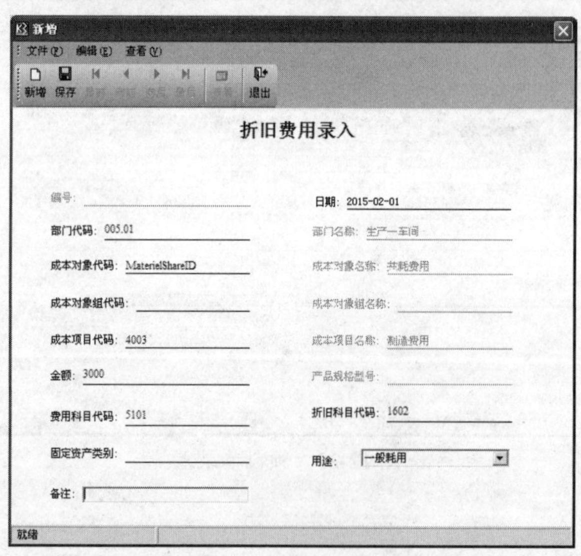

图 12-22　折旧费用录入

### 3. 费用分配

(1) 部门间共耗费用分配。

在 K/3 主界面，执行【成本管理】－【实际成本】－【费用分配】－【部门间共耗费用分配】命令，在弹出的【过滤】对话框中，单击【确定】按钮，进入【实际成本系统-[部门间共耗费用分配]】窗口，如图12-23所示。系统将显示需要分配的部门间共耗费用。选中需要分配的记录，单击列表工具栏中的【手工】或【自动】或【向导】按钮，系统将按照生产一车间和生产二车间的“实际完工数量”在生产一车间和生产二车间中进行分配。

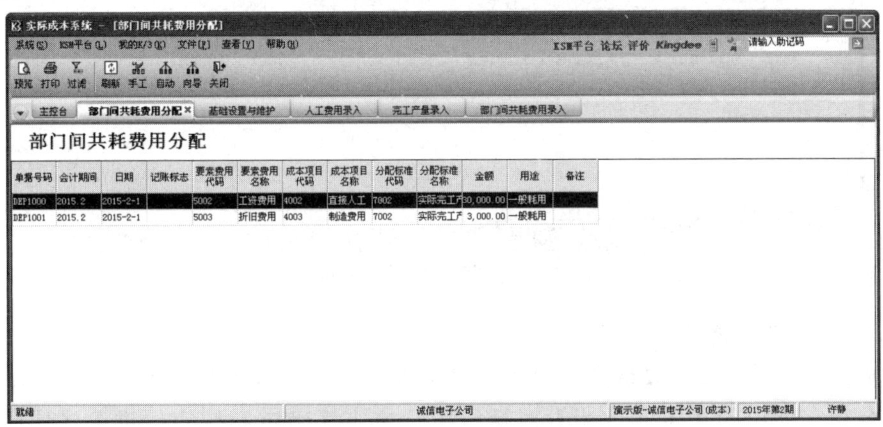

图12-23 部门间共耗费用分配列表

注意

部门间共耗费用的分配结果可在费用归集中的相应费用列表中查看，本实验数据可以在【人工费用录入】列表(如图12-24所示)和【折旧费用录入】列表(如图12-25所示)中查看。在系统通过分配产生的费用单中，【备注】栏会自动显示为“由部门间共耗费用单据生成”。

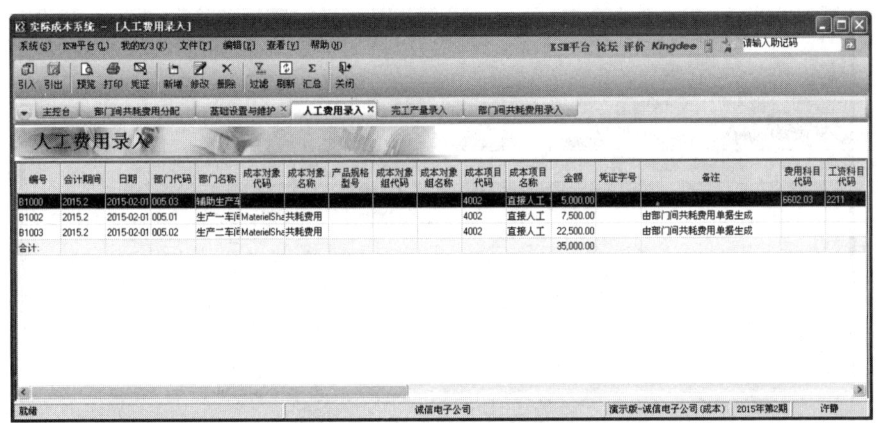

图12-24 人工费用录入列表

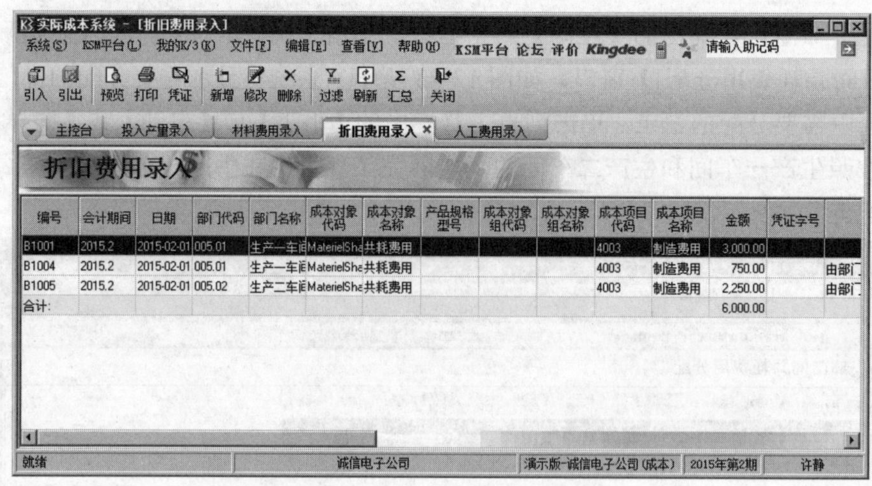

图 12-25　折旧费用录入列表

(2) 材料费用分配。

在 K/3 主界面，执行【成本管理】－【实际成本】－【费用分配】－【材料费用分配】命令，在弹出的【条件过滤】对话框中，单击【确定】按钮，进入【实际成本系统-[材料费用分配]】窗口，如图 12-26 所示。系统将显示需要分配的材料费用，选中需要分配的记录，单击列表工具栏中的【手工】或【自动】或【向导】按钮，系统将根据材料费用分配标准完成分配。

注意

材料费用分配结果可在“费用分配报表”中的“材料费用分配汇总表”和“材料费用分配明细表”中查看。

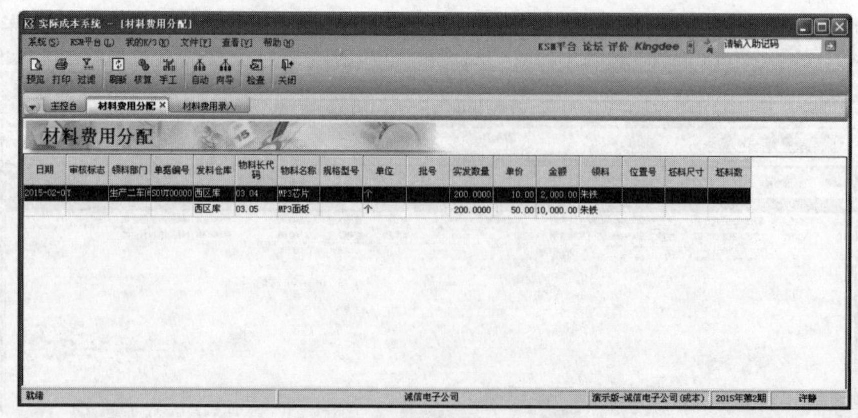

图 12-26　材料费用分配列表

(3) 辅助生产费用分配。

在 K/3 主界面，执行【成本管理】－【实际成本】－【费用分配】－【辅助生产费用分配】命令，系统弹出【实际成本系统-[辅助生产费用分配]】窗口，如图 12-27 所示。单击列表工具栏中的【手工】或【自动】按钮完成分配。

**注意**

辅助生产费用的分配结果需要在成本计算完成后才能查看到，可以通过“费用分配报表”中的“辅助生产费用计算表”和“辅助生产费用分配表”进行查看。

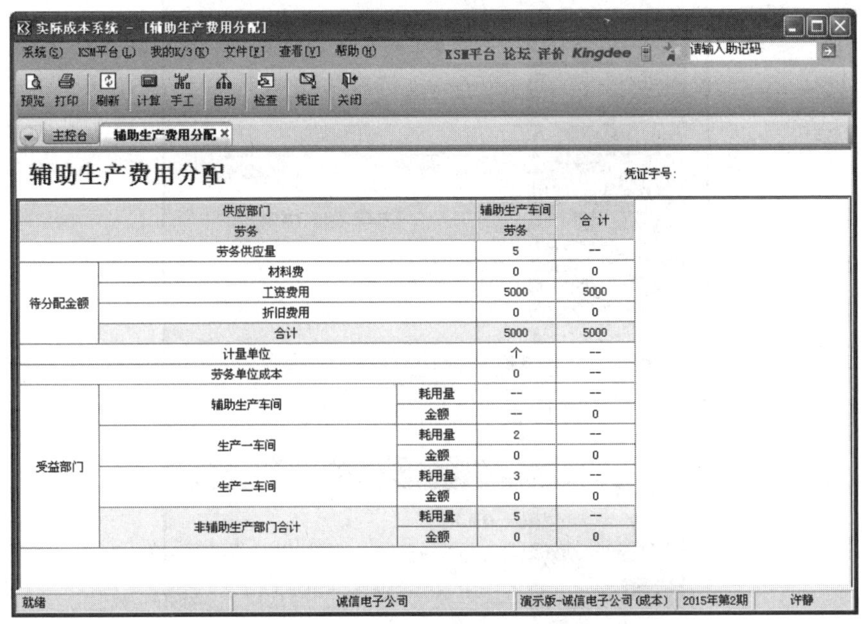


| 供应部门 | | 辅助生产车间 | 合计 |
|---|---|---|---|
| 劳务 | | 劳务 | |
| 劳务供应量 | | 5 | -- |
| 待分配金额 | 材料费 | 0 | 0 |
| | 工资费用 | 5000 | 5000 |
| | 折旧费用 | 0 | 0 |
| | 合计 | 5000 | 5000 |
| 计量单位 | | 个 | -- |
| 劳务单位成本 | | 0 | -- |
| 受益部门 辅助生产车间 | 耗用量 | -- | -- |
| | 金额 | -- | 0 |
| 生产一车间 | 耗用量 | 2 | -- |
| | 金额 | 0 | 0 |
| 生产二车间 | 耗用量 | 3 | -- |
| | 金额 | 0 | 0 |
| 非辅助生产部门合计 | 耗用量 | 5 | -- |
| | 金额 | 0 | 0 |

图 12-27 辅助生产费用分配

## 4. 成本计算

在 K/3 主界面，执行【成本管理】－【实际成本】－【成本计算】－【产品成本计算】命令，在弹出的【成本计算向导】对话框中，根据向导指导可完成产品成本计算。如图 12-28～图 12-35 所示。

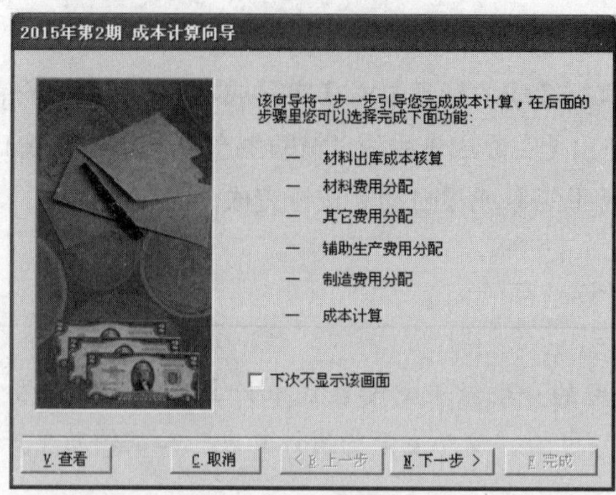


图 12-28　成本计算向导(一)

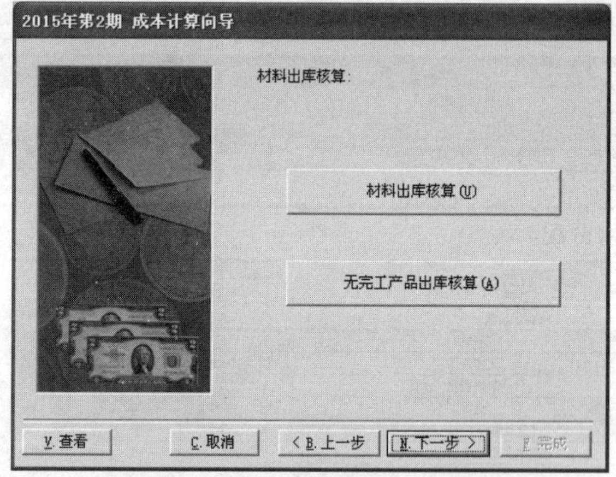


图 12-29　成本计算向导(二)

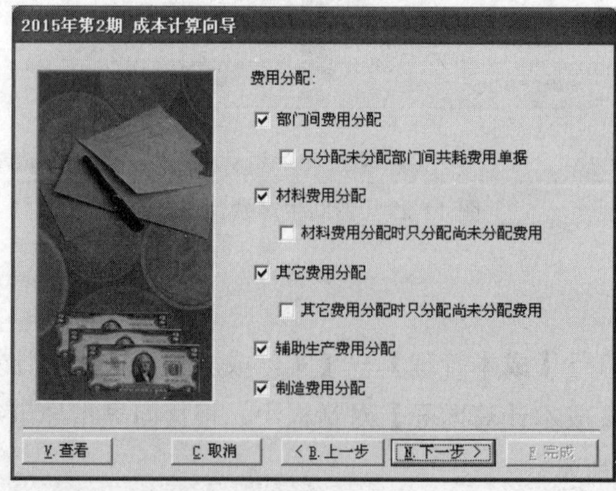


图 12-30　成本计算向导(三)

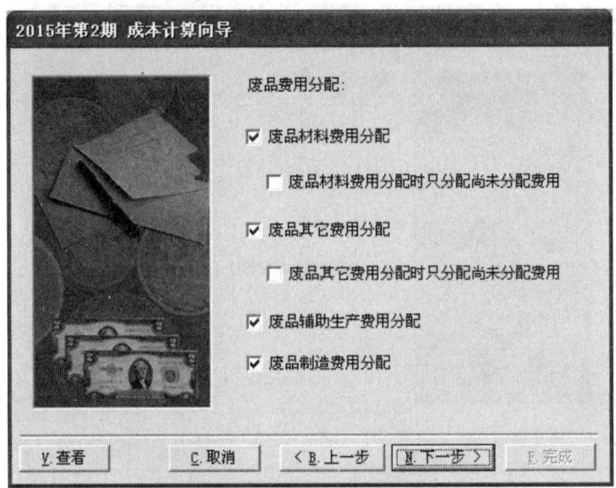


图 12-31　成本计算向导(四)

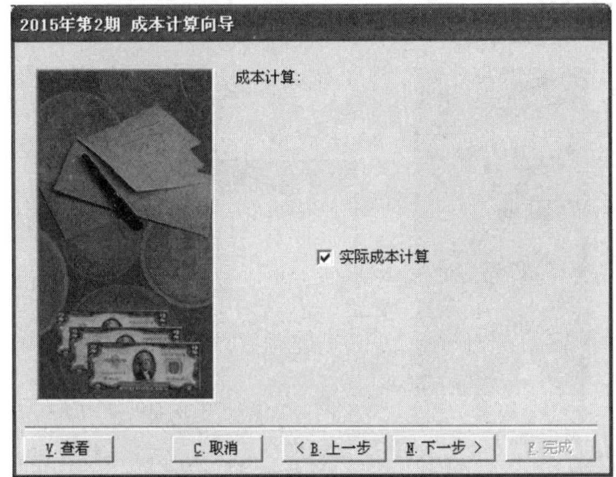


图 12-32　成本计算向导(五)

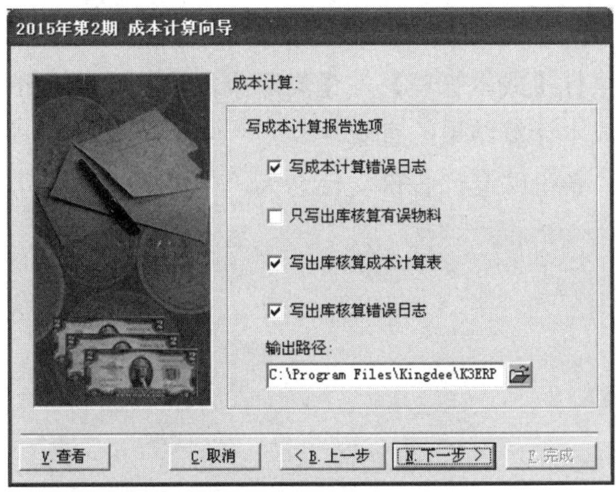


图 12-33　成本计算向导(六)

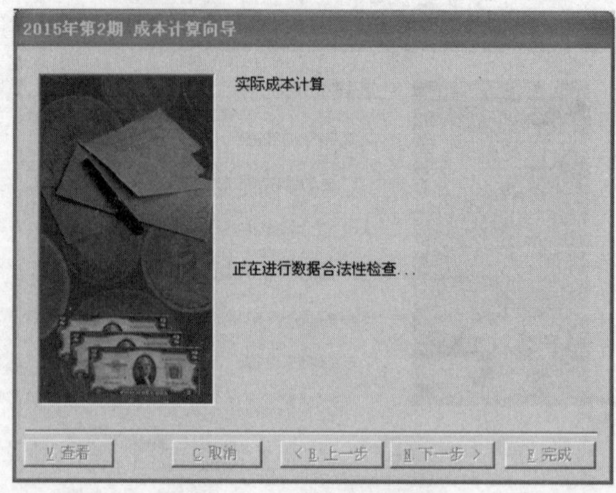


图 12-34　成本计算向导(七)

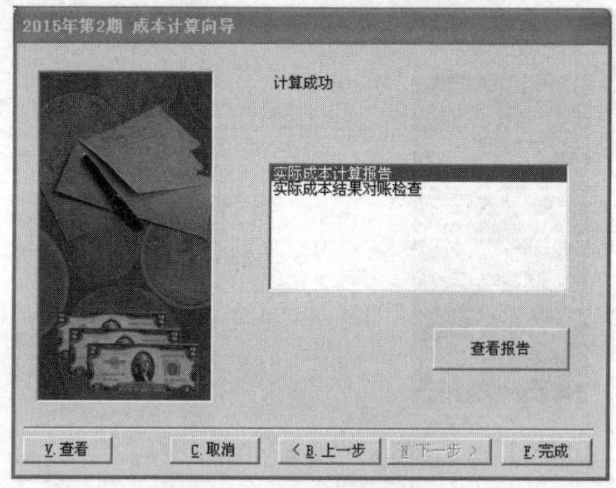


图 12-35　成本计算向导(八)

### ↗ 输出表单

在 K/3 主界面，执行【成本管理】－【实际成本】－【成本计算报表】命令，可以选择相应的报表进行成本计算结果的查看。

上述实验做完后，备份账套，备份文件名为“F 诚信电子公司(成本管理)”。

# 第 13 章 内控分析

## 13.1 系统概述

1995 年，以美国注册会计师协会为首的权威机构对内部控制提出了一个新的定义：内部控制是受企业董事会、管理当局和其他职员的影响，旨在取得经营效果和效率、财务报告的可靠性、遵循适当的法规等而提供合理保证的一种过程。它包括 5 个方面：①控制环境；②风险评估；③控制活动；④信息与沟通；⑤监督。

现代企业管理下的内部控制作为企业生产经营活动的自我调节和自我制约的内在机制，处于企业中枢神经系统的重要位置。企业规模越大，其重要性越显著。可以说，内部控制的健全与否，将会是影响企业经营成败的关键。

### 13.1.1 重点功能概述

内控系统不涉及具体的业务流程和功能，而是通过从各业务系统中取数形成各种内部控制相关的分析报告供管理者决策参考。

#### 1. 不相容权限报告

为了保障企业对用户授权的安全性，K/3 提供不相容权限报告，用户权限管理人员可对某个角色或某个业务领域设置方案，将该角色所拥有的所有权限和该角色不该拥有的权限列在方案中，再根据所选方案进行检测。当检测到某用户同时存在该拥有权限和不该拥有的权限时，给出相应的报告，管理人员再根据报告进行及时调整，能及时避免出现用户权限过大的情况。

#### 2. 业务预警报告

企业将已发送的预警业务记录形成一个可查询报表，以便管理人员对预警服务的跟踪与管理。

#### 3. 审批风险报告

用户根据实际业务需要进行审批风险判断配置，将相应项目设置为风险项或者非风险项，系统将依据设置判断并出具报告。

### 4. 业务控制模式报告

业务控制模式报告能从全局反映企业的业务流程内部控制情况。业务控制模式报告分为供应链、制造和财务三大块，再细分业务类型，例如供应链可分为供应链整体、进口系统、出口系统、分销系统、核算系统、采购系统、仓存系统、委外加工和销售系统。根据既有的判断逻辑帮助用户分辨风险、预警风险以及控制风险，加强企业内部控制，提高管理水平。

## 13.1.2 与其他系统的关系

内控分析系统与其他系统均有关系，通过其他系统所提供的业务数据和信息，分析企业经营过程中的风险。

# 13.2 实验练习

## 实验一 基础设置

### 应用场景

进行内控分析需要的基础设置。

### 实验步骤

- 不相容权限设置。
- 业务预警设置。

### 操作部门及人员

内控分析相关基础设置由财务经理许静负责。

### 实验前准备

恢复前述备份账套“F 诚信电子公司(成本管理)”。

### 实验数据

- 启用财务部_出纳不相容权限。
- 启用全部业务预警。
- 进行采购订单审批风险配置。
- 查看业务控制模式配置。

### 操作指导

#### 1. 不相容权限设置

财务部许静登录 K/3 系统，在 K/3 主界面，执行【内控管理】－【内控评价】－【风险配置】－【不相容权限设置】命令，打开【不相容权限方案】窗口，如图 13-1 所示。选择“财务部_出纳”，单击工具栏中的【启用】按钮即可。

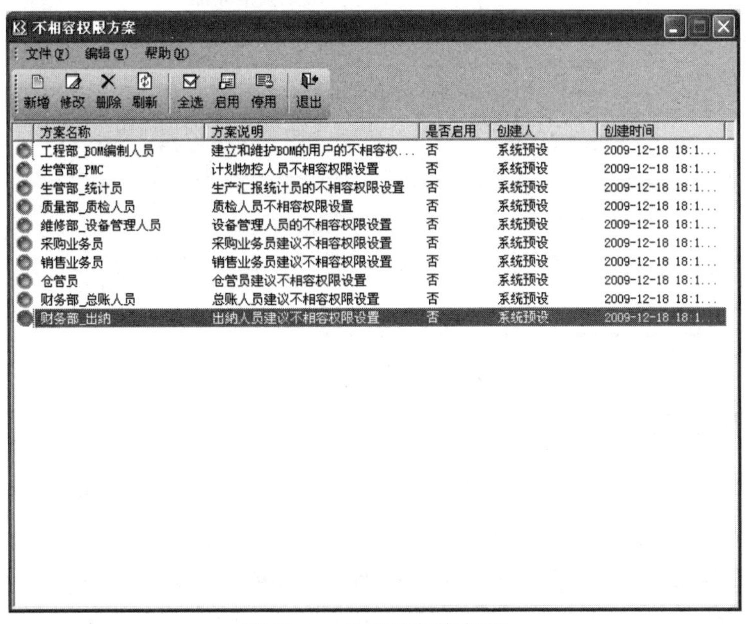


图 13-1　设置不相容权限

注意

可以单击【新增】按钮，参照系统预设的不相容权限进行其他角色不相容权限的设置。

#### 2. 业务预警设置

在 K/3 主界面，执行【系统设置】－【系统设置】－【业务预警】－【业务预警服务管理】命令，打开业务预警设置界面，如图 13-2 所示。先单击工具栏中的【全选】按钮，选中所有预警服务，然后单击【启用】。

| 序号 | 服务代码 | 服务名称 | 信息类型 | 发布信息 | 预警周期 | 是否启用 |
|---|---|---|---|---|---|---|
| 1 | ZJGJ | 资金归集 | 二次开发插件 | K3ESCMobile.ESCCapitalSetting | 每1天，发生在18:00 | 是 |
| 2 | ESC | 结算中心贷款、定期存款到期预警 | 二次开发插件 | K3ESCMobile.ESCMobileInstruction | 每1天，发生在09:00 | 是 |
| 3 | GRTemp | 合并账务基础资料下发定时服务 | 二次开发插件 | K3GRItemMobile.CGRItemMobile | 每1天，发生在09:00 | 是 |
| 4 | CGDDZDQR | 采购订单自动确认 | 二次开发插件 | K3ICMobile.CPOAutoConfirm | 每1天，发生在09:00 | 是 |
| 5 | DDQRYJ | 采购订单确认预警 | 二次开发插件 | K3ICMobile.CPOConfirmAlarm | 每1天，发生在09:00 | 是 |
| 6 | PZYCBGYJ | 品质异常报告预警 | 二次开发插件 | K3ICMobile.CQualityExecptRptAlarm | 每1天，发生在09:00 | 是 |
| 7 | GYSBJYJ | 供应商报价预警 | 二次开发插件 | K3ICMobile.CSMInPriceAlarm | 每1天，发生在09:00 | 是 |
| 8 | SRMSJTB | 数据同步 | 二次开发插件 | K3ICMobile.CSRMSynData | 每1天，从00:00到23:59，每隔00:02 | 是 |
| 9 | SRMXXTB | 消息数据同步 | 二次开发插件 | K3ICMobile.CSRMSynMessageData | 每1天，从00:00到23:59，每隔00:02 | 是 |
| 10 | WYDDQRYJ | 委外订单确认预警 | 二次开发插件 | K3ICMobile.CSubcontractOrderAlarm | 每1天，发生在09:00 | 是 |
| 11 | WYDDZDQR | 委外订单自动确认 | 二次开发插件 | K3ICMobile.CSubcontractOrderAutoConfirm | 每1天，发生在09:00 | 是 |
| 12 | DQRRWYJ | 待确认任务预警 | 二次开发插件 | K3ICMobile.CSupWorkAlarm | 每1天，发生在09:00 | 是 |
| 13 | MG | 预算预警信息 | 二次开发插件 | K3MGMobile.CMobileInstruction | 每1天，发生在09:00 | 是 |
| 14 | APBALD | 应付款余额 | 二次开发插件 | K3RPMobile.CMAPBalance | 每1天，发生在09:00 | 是 |

图 13-2　业务预警设置

### 3. 审批风险配置

在 K/3 主界面，执行【内控管理】－【内控评价】－【风险配置】－【审批风险配置】命令，打开【审批风险配置】窗口，如图 13-3 所示，进行采购订单审批风险的配置。

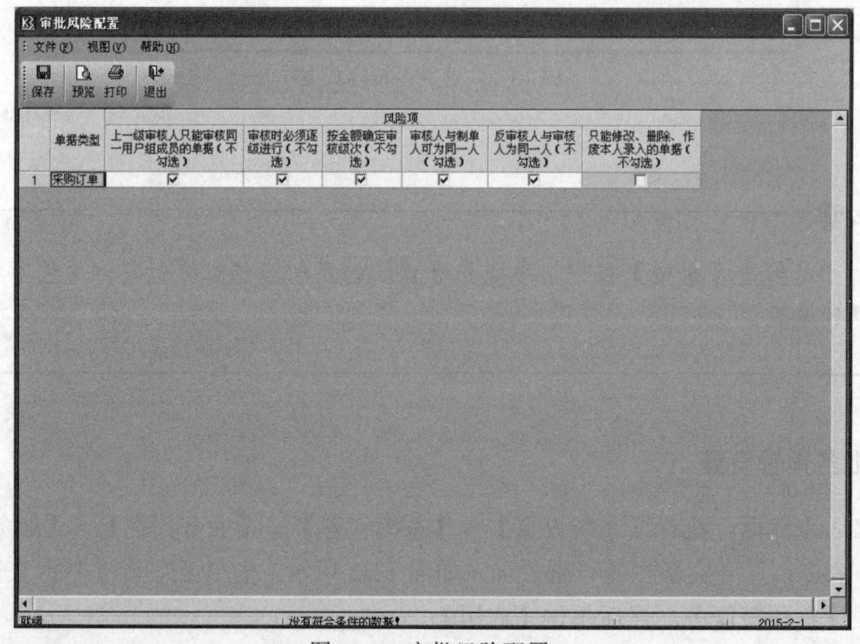


图 13-3　审批风险配置

**注意**

在设置采购订单的审批风险配置之前，需要执行【系统设置】-【系统设置】-【采购管理】-【多级审核管理】命令，如图 13-4 所示。在多级审核管理界面，单击工具栏中的【管理】按钮，进入如图 13-5 所示的窗口，完成采购订单的多级审核设置。

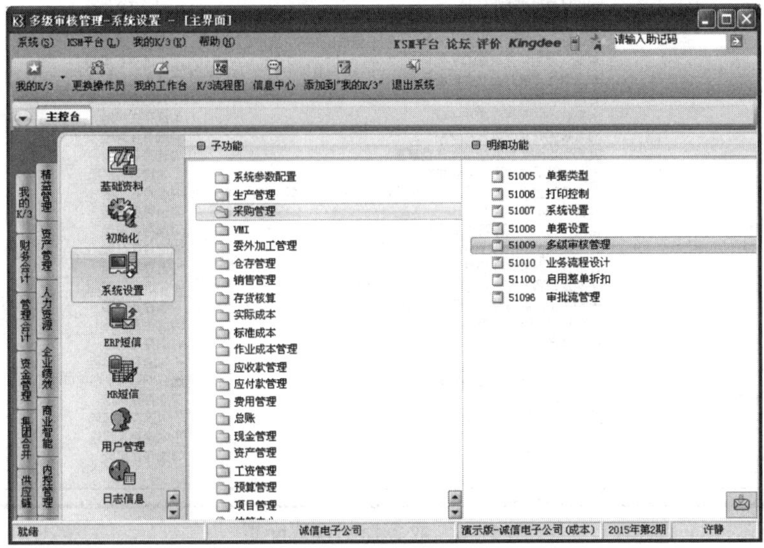


图 13-4 多级审核管理(采购管理)

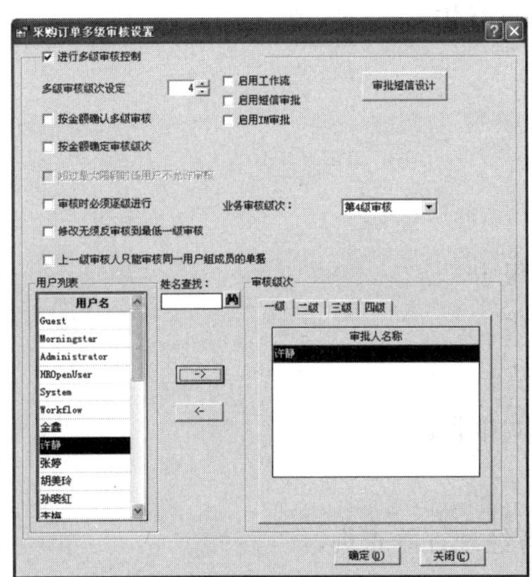


图 13-5 采购订单多级审核设置

### 4. 业务控制模式配置

在 K/3 主界面中，执行【内控管理】－【内控评价】－【风险配置】－【业务控制模式配置】命令，打开【业务控制模式配置】窗口进行查看，如图 13-6 所示。

| | 系统 | 控制模式 | 风险逻辑 | 是否风险项 |
|---|---|---|---|---|
| 1 | 供应链整体选项 | 单据操作权限控制到操作员组 | 不勾选存在风险 | ☑ |
| 2 | | 若应收应付系统未结束初始化，则业务系统发票不允许保存 | 不勾选存在风险 | ☐ |
| 3 | | 启用多级审核 | 不勾选存在风险 | ☐ |
| 4 | | 启用锁库功能 | 不勾选存在风险 | ☐ |
| 5 | | 启用订单批次跟踪功能 | 不勾选存在风险 | ☑ |
| 6 | | 允许红字销售出库录入历史曾销售过，但未在系统中维护的序列号 | 勾选存在风险 | ☐ |
| 7 | | 允许红字其他出库录入历史曾出库过，但未在系统中维护的序列号 | 勾选存在风险 | ☐ |
| 8 | | 单据保存后检查单据的序列号 | 不勾选存在风险 | ☑ |
| 9 | | 单据编号重复时自动生成新号并保存 | 勾选存在风险 | ☑ |
| 10 | | 启用保税监管 | 不勾选存在风险 | ☑ |
| 11 | | 对等核销时允许仓库不一致 | 勾选存在风险 | ☐ |
| 12 | | 对等核销时允许批号不一致 | 勾选存在风险 | ☐ |
| 13 | | 发票引出到金税系统后允许反审核 | 勾选存在风险 | ☐ |
| 14 | | 发票审核后才能引出到金税系统 | 不勾选存在风险 | ☑ |
| 15 | | 允许红字生产领料单录入历史曾领料过，但未在系统中维护的序列号 | 勾选存在风险 | ☐ |
| 16 | | 单据中的汇率可修改 | 勾选存在风险 | ☐ |
| 17 | 采购系统选项 | 已关闭的采购订单可以变更物料 | 勾选存在风险 | ☐ |
| 18 | | 现购发票(费用发票)不传递到应付系统 | 勾选存在风险 | ☐ |
| 19 | | 订单执行数量允许超过订单数量 | 勾选存在风险 | ☑ |
| 20 | | 采购发票和入库单钩稽数量不一致不允许钩稽 | 不勾选存在风险 | ☑ |
| 21 | | 采购申请分配前允许修改供货比例 | 勾选存在风险 | ☐ |
| 22 | | 被跟踪的采购申请单允许合并 | 勾选存在风险 | ☐ |
| 23 | | 订单允许超额付款 | 勾选存在风险 | ☐ |
| 24 | | 严格按申请采购 | 不勾选存在风险 | ☑ |
| 25 | | 订单供应商评估检查严格度控制 | 选择"不控制"存在风险 | ☑ |
| 26 | 委外加工管理选项 | 委外订单允许超额付款 | 勾选存在风险 | ☐ |
| 27 | | 投料单审核时自动锁库 | 不勾选存在风险 | ☑ |
| 28 | | 库存不足时允许投料单按照库存量锁库 | 不勾选存在风险 | ☑ |
| 29 | 销售系统选项 | 已关闭的销售订单可以变更物料 | 勾选存在风险 | ☐ |

图 13-6 业务控制模式配置

## 实验二 查看内控分析报告

### ↗ 应用场景

查看内控分析报告。

### ↗ 实验步骤

- 查看不相容权限报告。
- 查看业务预警报告。
- 查看审批风险报告。
- 查看业务控制模式报告。

### ↗ 操作部门及人员

内部分析报告由财务经理许静查询。

### 实验数据

直接取系统中的业务预警设置，具体操作见下面的描述。

### 操作指导

#### 1. 不相容权限报告查看

在 K/3 主界面，执行【内控管理】－【内控评价】－【风险报告】－【不相容权限报告】命令，将弹出过滤条件，单击【确定】后，系统将显示相应的报告，如图 13-7 所示。

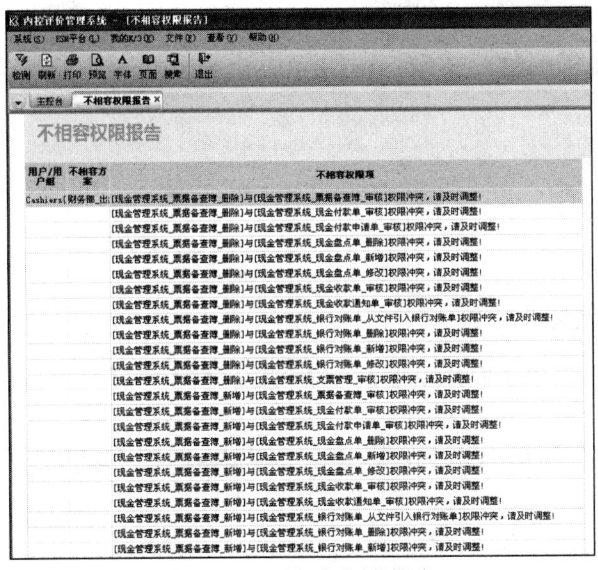


图 13-7　不相容权限报告

#### 2. 业务预警报告查看

在 K/3 主界面，执行【内控管理】－【内控评价】－【风险报告】－【业务预警报告】命令，系统将显示相应的报告，如图 13-8 所示。

业务预警报告

| 序号 | 服务代码 | 服务名称 | 信息类型 | 预警标题 | 预警正文 | 发送方式 | 发送日期 | 接收人 | 本月已预警次数 | 累计已预警次数 | 是否启用 |
|---|---|---|---|---|---|---|---|---|---|---|---|
| 1 | ZJGJ | 资金归集 | 二次开发 | | | | | | 0 | 0 | 是 |
| 2 | ESC | 结算中心贷款、定期存款到期预警 | 二次开发 | | | | | | 0 | 0 | 是 |
| 3 | GRTemp | 合并账务基础资料下发定时服务 | 二次开发 | | | | | | 0 | 0 | 是 |
| 4 | CGDDZDQR | 采购订单自动确认 | 二次开发 | | | | | | 0 | 0 | 是 |
| 5 | DDQRYJ | 采购订单确认预警 | 二次开发 | | | | | | 0 | 0 | 是 |
| 6 | PZYCBGYJ | 品质异常报告预警 | 二次开发 | | | | | | 0 | 0 | 是 |
| 7 | GYSBJYJ | 供应商报价预警 | 二次开发 | | | | | | 0 | 0 | 是 |
| 8 | SRMSJTB | 数据同步 | 二次开发 | | | | | | 0 | 0 | 是 |
| 9 | SRMXXTB | 消息数据同步 | 二次开发 | | | | | | 0 | 0 | 是 |
| 10 | WYDDQRYJ | 委外订单确认预警 | 二次开发 | | | | | | 0 | 0 | 是 |

图 13-8　业务预警报告

### 3. 审批风险报告查看

在K/3主界面，执行【内控管理】－【内控评价】－【风险报告】－【审批风险报告】命令，系统将显示相应的报告，如图13-9所示。

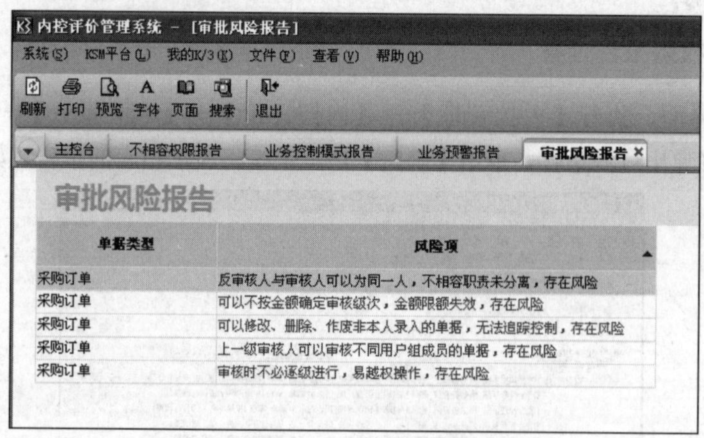

审批风险报告

| 单据类型 | 风险项 |
|---|---|
| 采购订单 | 反审核人与审核人可以为同一人，不相容职责未分离，存在风险 |
| 采购订单 | 可以不按金额确定审核级次，金额限额失效，存在风险 |
| 采购订单 | 可以修改、删除、作废非本人录入的单据，无法追踪控制，存在风险 |
| 采购订单 | 上一级审核人可以审核不同用户组成员的单据，存在风险 |
| 采购订单 | 审核时不必逐级进行，易越权操作，存在风险 |

图13-9　审批风险报告

### 4. 业务控制模式报告查看

在K/3主界面，执行【内控管理】－【内控评价】－【风险报告】－【业务控制模式报告】命令，系统将显示相应的报告，如图13-10所示。

业务控制模式报告

| 控制类型 | 系统 | 控制模式 |
|---|---|---|
| 未启用的挂 | 供应链整体选项 | 单据操作权限控制到操作员組 |
| | 供应链整体选项 | 启用订单批次跟踪功能 |
| | 供应链整体选项 | 单据保存后检查单据的序列号 |
| | 供应链整体选项 | 单据编号重复时自动生成新号并保存 |
| | 供应链整体选项 | 启用保税监管 |
| | 供应链整体选项 | 发票审核后才能引出到金税系统 |
| | 采购系统选项 | 订单执行数量允许超过订单数量 |
| | 采购系统选项 | 采购发票和入库单钩稽数量不一致不允许钩稽 |
| | 采购系统选项 | 严格按申请采购 |
| | 采购系统选项 | 订单供应商评估检查严格度控制 |
| | 委外加工管理选项 | 投料单审核时自动锁库 |
| | 委外加工管理选项 | 库存不足时允许投料单按照库存量锁库 |
| | 销售系统选项 | 销售发票和出库单钩稽数量不一致不允许钩稽 |
| | 进口系统选项 | 进口订单执行数量允许超过订单数量 |
| | 进口系统选项 | 进口单证和入库单钩稽数量不一致不允许审核 |
| | 出口系统选项 | 出运通知单装箱后才能出库 |
| | 出口系统选项 | 装箱数量与出运通知数量完全一致 |
| | 仓存系统选项 | 录单时物料的仓库和默认仓库不一致时给予提示 |
| | 仓存系统选项 | 更新库存数量出现负库存时给予预警 |
| | 仓存系统选项 | 库存总数量高于或等于最高库存量时给予预警 |
| | 仓存系统选项 | 库存总数量低于或等于最低库存量时给予预警 |

图13-10　业务控制模式报告

上述实验完成后，备份账套，备份文件名为“F诚信电子公司(内控分析)”。

# 第 14 章 模拟练习案例

经过前面的学习，我们基本可以了解会计信息系统的各项实际操作。下面请根据给出的模拟练习案例独自完成企业的会计电算化操作。

## 14.1 案例背景

为创公司是深圳一家销售生活用纸的批发公司，主要面向深圳的超市、商场等销售面巾纸、卷筒纸、湿纸巾等纸类用品。由于业务发展需要，拟于 2015 年 1 月使用金蝶 K/3 信息系统。该企业的组织架构如图 14-1 所示。

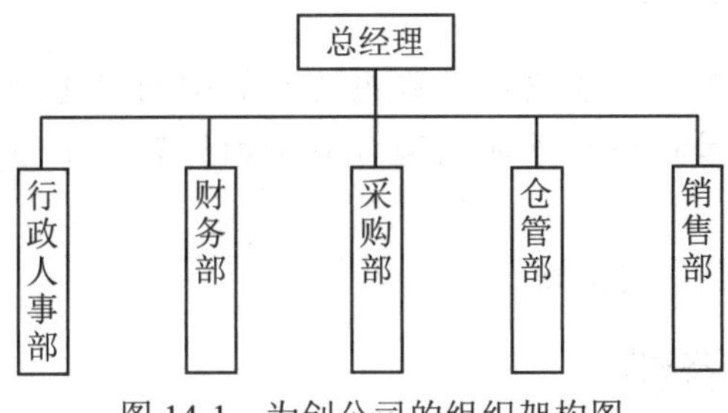


图 14-1　为创公司的组织架构图

## 14.2 初始化

### 14.2.1 建账

#### 1. 新建账套

(1) 账套号：001。

(2) 账套名：为创。

(3) 账套类型：标准供应链解决方案。

#### 2. 添加用户

添加的用户信息如表 14-1 所示。

表 14-1 用户信息

| 职员 | 部门 | 职务、职责 |
|---|---|---|
| 李明 | 行政人事部 | 总经理 |
| 唐兵 | 行政人事部 | 工资计算、资产管理 |
| 陈民 | 财务部 | 经理 |
| 高起 | 财务部 | 会计 |
| 王明 | 财务部 | 出纳 |
| 刘雨 | 采购部 | 经理 |
| 许三 | 采购部 | 采购员 |
| 罗元 | 销售部 | 经理 |
| 任武 | 销售部 | 销售业务员 |
| 龙英 | 仓管部 | 经理 |
| 张才 | 仓管部 | 宝安仓管员 |
| 常胜 | 仓管部 | 广州仓管员 |

## 14.2.2 设置系统参数

根据要求设置系统参数。建议在总账系统参数中勾选【录入凭证时指定现金流量附表项目】及【现金流量科目必须输入现金流量项目】，学习现金流量表的多种编制方法。

费用管理选择与总账系统集成。

## 14.2.3 设置基础资料

### 1. 会计科目

引用新会计准则会计科目。

### 2. 计量单位

计量单位信息如表 14-2 所示。

表 14-2 计量单位

| 计量单位组 | 计量单位代码 | 计量单位名称 | 是否为基本计量单位 | 系数 |
|---|---|---|---|---|
| 数量组 | 01 | 包 | 是 | 1 |
| | 02 | 卷 | 否 | 1 |
| | 03 | 盒 | 否 | 10 |
| | 04 | 箱 | 否 | 20 |

### 3. 客户

客户信息如表 14-3 所示。

表 14-3 客 户 信 息

| 客 户 代 码 | 客 户 名 称 |
| --- | --- |
| 001 | 沃玛超市 |
| 002 | 万佳商场 |
| 003 | 天红商场 |

### 4. 供应商

供应商信息如表 14-4 所示。

表 14-4 供应商信息

| 供应商代码 | 供应商名称 |
| --- | --- |
| 001 | 为达公司 |
| 002 | 洁霸公司 |
| 003 | 花柔公司 |

### 5. 物料

物料信息如表 14-5 所示。

表 14-5 物 料 信 息

| 代 码 | 名 称 | 计 量 单 位 | 计 价 方 法 |
| --- | --- | --- | --- |
| 001 | 面巾纸 | | |
| 001．01 | 为达面巾纸 | 包 | 加权平均 |
| 001．02 | 洁霸面巾纸 | 包 | 加权平均 |
| 002 | 卷筒纸 | | |
| 002．01 | 为达卷筒纸 | 包 | 加权平均 |
| 002．02 | 洁霸卷筒纸 | 包 | 加权平均 |
| 003 | 湿纸巾 | | |
| 003．01 | 花柔湿纸巾 | 包 | 加权平均 |

## 14.2.4 初始化数据

### 1. 出纳初始数据

- 年初库存现金 5 000 元。
- 年初银行存款日记账余额 120 0000 元。
- 银行对账单余额 1150 000 元。

年初的银行存款余额调节表如表 14-6 所示。

表 14-6 年初的银行存款余额调节表

| 银行日记账余额 | 1 200 000 | 银行对账单 | 1 150 000 |
|---|---|---|---|
| +银行已入企业未入 | | +企业已入银行未入 | 30 000 |
| -银行已付企业未付 | 20 000 | -企业已付银行未付 | |
| 合　计 | 1 180 000 | 合　计 | 1 180 000 |

### 2. 固定资产初始数据

2014 年 2 月 1 日，购入东风运输车 5 台供仓管部送货用，每台单价 60 000 元，预计使用 5 年，采用平均年限法计提折旧，无预计净残值，截至 2015 年 1 月 1 日，已提折旧 10 000 元。

### 3. 应收、应付初始余额

应收、应付初始余额如表 14-7 和表 14-8 所示。

表 14-7 应收初始余额

| 客户名称 | 单据类型 | 单据日期 | 应收金额 |
|---|---|---|---|
| 沃玛超市 | 普通发票 | 2014-12-23 | 500 000 |
| 万佳商场 | 其他应收单 | 2014-12-23 | 20 000 |

表 14-8 应付初始余额

| 供应商名称 | 单据类型 | 单据日期 | 应付金额 |
|---|---|---|---|
| 为达公司 | 增值税发票 | 2014-12-20 | 400 000 |
| 洁霸公司 | 其他应付单 | 2014-12-20 | 100 000 |

### 4. 总账科目初始余额

总账科目初始余额如表 14-9 所示。

表 14-9　总账科目初始余额

| 科目名称 | 方向 | 期初余额 |
|---|---|---|
| 现金 | 借 | 5 000 |
| 银行存款 | | |
| ——工行 | 借 | 1 200 000 |
| ——建行 | 借 | 0 |
| 应收账款 | | |
| ——沃玛超市 | 借 | 500 000 |
| ——万佳商场 | 借 | 20 000 |
| 库存商品 | 借 | 55 000 |
| 固定资产 | 借 | 300 000 |
| 累计折旧 | 贷 | 10 000 |
| 短期借款 | 贷 | |
| 应付账款 | | |
| ——为达公司 | 贷 | 400 000 |
| ——洁霸公司 | 贷 | 100 000 |
| 实收资本 | 贷 | 1 570 000 |

### 14.2.5　结束初始化

现金管理、固定资产、应收应付、总账依次进行结束初始化操作。

## 14.3　日常业务处理

### 14.3.1　费用预算

2015 年，公司拟对手机话费进行控制，规定员工的报销额度为 150 元/月，经理为 300 元/月。超额不补，额度内实报实销。

### 14.3.2　网上报销

(1) 2015 年 1 月 10 日，许三拟出差南京，借款 5 000 元。

(2) 2015 年 1 月 20 日，许三从南京返回，报销差旅费 5 800 元(其中机票等交通费 3 000 元，补助 100 元/天，共 10 天，住宿费 200 元/天，共 9 天)。

(3) 月末，罗元、许三分别报销手机话费，金额分别是 280 元、165 元。

### 14.3.3 费用管理

(1) 2015 年 1 月 21 日，核销许三借款。

(2) 由于出差南京时，帮助销售部进行了一些业务处理，2015 年 1 月 21 日，许三报销的差旅费有 1 000 元要转入销售部承担。

(3) 2015 年 1 月 25 日，所有报销业务生成凭证。

### 14.3.4 应收管理

(1) 2015 年 1 月 25 日收到万佳商场银行票据 30 000 元。

(2) 2015 年 1 月 28 日收到万佳商场转账支票 4 000 元。

(3) 万佳商场于 2015 年 1 月 20 日向销售部任武订购为达面巾纸和花柔湿纸巾各 500 盒，销售价分别是 50 元(不含税价)、40 元(不含税价)。当日，宝安仓库发货，销售部门开具销售发票。

(4) 天红商场于 2015 年 1 月 25 日向销售部任武订购洁霸卷筒纸 100 箱，销售价 50 元(不含税价)。但月底，天红商场退回 3 箱受潮卷筒纸，销售部门开具 97 箱卷筒纸的销售发票。

### 14.3.5 应付管理

(1) 2015 年 1 月 20 日支付为达公司货款(电汇)30 000 元。

(2) 2015 年 1 月 20 日支付洁霸公司转账支票 20 000 元。

(3) 采购部采购员许三于 2015 年 1 月 15 日向为达公司订购面巾纸 1 000 箱，单价 50 元(不含税价)。2015 年 1 月 20 日货到，当日采购部门通知宝安仓库入库，同日收到为达公司开出的增值税发票。

### 14.3.6 资产管理

(1) 2015 年 1 月 5 日，财务部提出申请，拟申请三台笔记本电脑给新进的员工使用。

(2) 采购部收到财务部的申请后，2015 年 1 月 6 日找到联想的经销商进行采购，根据财务部的配置要求，每台电脑采购价为 6 000 元(含税价)。

(3) 2015 年 1 月 7 日，三台笔记本电脑到货，联想经销商一并带来了销售发票。验货后，采购部即通知财务部开出了一张转账支票。

(4) 2015 年 1 月 28 日，财务部新进员工到岗，申请领用三台笔记本电脑。

(5) 月末计提折旧，并生成凭证。

### 14.3.7 工资管理

工资的计算公式如下：

应发合计=基本工资+奖金

扣款合计=病假+事假+代扣所得税+三险

实发合计=应发合计-扣款合计

一月实际工作天数为 20 天，病假只能领取基本工资的 70%，事假则无工资。所以：

病假所扣工资=基本工资/20*30%*病假天数

事假所扣工资=基本工资/20*事假天数

所得税的基本扣除额为 2 000 元，三险按基本工资的 10% 缴纳。详细数据如表 14-10 所示。

表 14-10　工 资 数 据

| 职员姓名 | 基本工资 | 奖金 | 病假天数 | 事假天数 | 代扣所得税 | 三险 |
|---|---|---|---|---|---|---|
| 李明 | 9 000 | 5 000 | | | | |
| 唐兵 | 3 000 | 1 000 | | | | |
| 陈民 | 7 000 | 3 000 | 3 | | | |
| 高起 | 6 000 | 3 000 | | | | |
| 王明 | 4 000 | 2 000 | | 2 | | |
| 刘雨 | 7 000 | 3 000 | | | | |
| 许三 | 4 000 | 1 000 | | | | |
| 罗元 | 7 000 | 3 000 | | | | |
| 任武 | 2 000 | 5 000 | | | | |
| 龙英 | 6 000 | 3 000 | | | | |
| 张才 | 1 000 | 1 000 | | | | |
| 常胜 | 1 000 | 1 000 | | | | |

## 14.3.8　总账管理

(1) 5 日，提取现金 10 000 元备用。

借：现金　　　　　　　　　　10 000

　　贷：银行存款——建行　　　　10 000

(2) 20 日，任武等报销本月通信费。

借：管理费用——通信费/销售部/任武　　500

　　　　　　——通信费/行政人事部/李明　　800

　　　　　　——通信费/财务部/陈民　　300

　贷：现金　　1 600

### 14.3.9 现金管理

(1) 月底库存现金 13 400 元。

(2) 从工行拿回的对账单如表 14-11 所示。

表 14-11 对 账 单

| 日 期 | 摘 要 | 借贷方向 | 金 额 |
|---|---|---|---|
| 2015-01-05 | 取现 | 借方 | 10 000 |
| 2015-01-20 | 支付货款 | 借方 | 30 000 |
| 2015-01-20 | 支付货款 | 借方 | 20 000 |
| 2015-01-28 | 货款入账 | 贷方 | 4 000 |

### 14.3.10 报表管理

编制资产负债表、损益表、现金流量表。

## 14.4 期末处理

按照核算管理系统→应收应付系统→固定资产系统→工资系统→现金管理系统→总账系统的顺序进行期末业务处理。